U0110073

村上春樹的 *3* 張面孔

潘小嫻·著

一本關乎中國文化時尚、作家解讀、
新書品談的獨特觀點書

認識大陸作家系列

村上春樹
的 三張面孔

CONTENTS

第一部分 城色

第二部分 | 符號

第三部分｜美人

第四部分｜ 書話

第五部分｜閒侃

第一部分

城
色

有多少傳奇可以成為懷念

半個月前，廣州的雨，下得絕對離譜，綿長也罷，還猛得很，撐著花傘，走在街上，才兩三分鐘，就全身濕漉漉的找不著一處乾片。雨水浸滿大街小巷，那情那景，都頗有水城威尼斯的格調了。有報導說，廣州今年的夏雨，是五十年難得一遇。五十年難得一遇，那實在是一種傳奇。當然，這樣的傳奇，令人傷神。但同樣是傳奇，有些卻非常趣致動人。我說的便是《查令十字街84號》。

《查令十字街84號》是一本書話式的信集，它是一本關於傳奇的書。成書的元素很簡單很文化也很家常：一條街、一家書店，一個男人，一個女人，二十年的書信緣。那條查令十字街，是南端直抵泰晤士河長約一公里的蜿蜒市街。那間書店，是位於84號、「一間活脫從狄更斯書裏頭蹦出來」的專門經營古舊書籍的馬克斯與科恩書店。那個女人，就是本書的作者海蓮‧漢芙，一個住在紐約的窮作家，執拗邋遢得像「百老匯的乞丐一樣時髦」。那個男人，就是英俊的倫敦舊書商弗蘭克‧德爾。

緣起，很質樸。一心好古的海蓮受不了紐約昂貴庸俗的古舊書店，當她知道位於倫敦查令十字街84號的馬克斯與科恩書店專營絕版書時，便寫了一封信，求購一些絕版的便宜書。此後，書信成為了漢芙和德爾平靜流淌生活中溫暖的旁白。驕蠻趣致的漢芙與溫文爾雅的德爾，談英國文學、古本圖書、倫敦巷陌，這些文化話題不經意間成了他們之間的一種共鳴。而穿插書信間的煙

火細節,又散發著一種隨意和溫馨的家常味道,讓他們之間已經完全超越了純粹的商業行為:在倫敦物資緊張時,漢芙給德爾和書店朋友寄去了生雞蛋、火腿、牛舌頭等食品,一度幫助他們度過了生活的難關。德爾說:「當我帶著你(漢芙)送的肉回到家裏……所有的不開心也就隨之煙消雲散。」而漢芙卻道:「你們送給我的禮物(書),卻能和我早晚相處、致死方休,我甚至還能將它遺愛人間而含笑以終。」

也許,像死生契闊與子成說,執子之手與子偕老的理解卻總需要悠悠歲月一樣,書緣也是這樣一種耐得住悠悠歲月打磨的理解。所以,緣起,就永不緣落,傳奇也才會成為永遠的懷念。漢芙與德爾通了二十年的信,最終仍未謀面。對書的激情之愛,和對德爾的精神之愛,成為了孤獨漢芙的快樂之痛。這種氤氤氳氳的邊緣情感,秘密而又率性,因為都是信手寫來,原本並不是為寫給別人看的,如果不是因弗蘭克不幸早亡,這些書信可能永遠不會面世。漢芙把真誠的情感家底全都掏了出來,在私密和率性中,成就了塵世間一段橫跨大西洋的二十年動人情誼和動人傳奇。

當然,也有一些女人像漢芙一樣掏出了家底,成就了傳奇。像木子美,一部性愛寫真《遺情書》,成就了性慾的傳奇;像竹影青瞳,網上裸體,成就了肉慾的傳奇;像芙蓉姐姐,經典的前凸造型,「堅挺」成了「前無古人」的自誇和擺醜的傻大妞傳奇。這些傳奇中的女人展示的也是日記,但這些日記原本便是為了吸引眼球專門為給讀者看而記的,總歸有些矯揉造作。因而就算她們也掏出了家底——「隱私隨想」和「隱私照片」,這些家底早已攙雜了表演成分。表演也許可以成為傳奇,但這樣的傳奇

因為天生就少了率性和真誠，因而也就缺少了一種懷念的特質。木子美們演繹的只不過是一種「隱私」人生。「隱私」是什麼呢？它是一種飯後的甜點，偶嚐，還可，再嚐，乏味。而漢芙演繹的私密關乎文化關乎家常，文化與家常卻是塵世間斷不了的底蘊和煙火，它就像一貼溫潤滋補的藥，每嚐一次，都暈暈乎乎，舒舒服服，讓你的心智熨貼，讓你的感覺窩心。這樣的傳奇自然便成為了一生一世的懷念。

溫溫婉婉的《查令十字街84號》傳奇，與廣州猛猛的的雨季，是一種絕對的對比。大體說來，猛的東西，總是來得快，去得也會快。所以，傷神的五十年難得一遇的雨季，再纏綿也終將過去，現在的廣州不是炎陽當空照了嗎？而木子美們的傳奇，刮得地動山搖，也不過各領風騷三五月，從木子美到竹影青瞳，一朵朵地開一朵朵地敗，而芙蓉姐姐，雖然還在狂蜂浪蝶的鬧騰中，但她的傳奇遲早也像木子美、竹影青瞳一樣敗得灰飛煙滅。但那間曾經蝸居於「查令十字街84號」的書店呢，雖然早已沒了，書架也都空了，書店裏的風景再也看不見了，但舞台和銀幕都還經常上演《查令十字街84號》這本書的經典傳奇，互聯網上也有名為「重訪查令十字街84號」的紀念網站，而且每年仍有數不清的世界各地書迷到倫敦查令十字街朝聖。「查令十字街84號」──已然成為全球愛書人之間的一個暗號。

暗號是陰性的、柔軟的，如絲如線，韌韌地扯著你。漢芙說：「你們若正巧路經查令十字街84號，代我獻上一吻，我虧欠它良多。」──漢芙的蒼涼與歡愉，讓所有的愛書人，在酸酸甜甜的憑弔中，都想代漢芙「獻上一吻」──真誠、傳奇而又讓人永遠懷念的「一吻」。

閒敲棋子落燈花

　　這段時間上班，經常會聽到電梯旁的電視螢幕飄出〈甜蜜蜜〉那首歌的熟悉曲調，不過，歌詞已略有改變，改得很優雅和休閒——「甜蜜蜜，笑得多甜蜜，想到下午茶的味道，我就好歡喜。」原來，這是一個關於「喝下午茶」的廣告。

　　每次聽到，我的心總是有點茫然。在鋼筋水泥構築的城市叢林中穿行，為了那些糾纏在我們面前的俗利，生活的節奏全都快得像影碟機按下了「快速」鍵，人人的神經都吊在可能突然乍響的緊張之中。現代忙碌的生活幾乎把優雅和休閒的因子擠出了我們的生活，喝下午茶，這樣溫暖、休閒、優雅的光景，有誰還那麼在意呢？但是，那天一看到《簡單生活》，我卻立馬就與「喝下午茶」勾連了在一起。在人人都忙碌著用金錢、精力和時間換取一種有目共睹的優越生活的時候，敢於提出「簡單」二字，不僅質疑了浮誇的生存方式的垢病，還張揚了對節制生活的讚賞。

　　《簡單生活》的作者史達德爾，是美國「新簡樸主義」時尚思潮的倡導者，在她看來，現代人之所以難於簡單，就是因為喜歡製造和購買一些取悅自己的贋品，讓家成為了一個不折不扣的裝飾品。錄放影機、V8小攝影機、整套的滑雪設備、電腦、CD-ROMS（唯讀光碟）、寬螢幕電視……人們為找到時間來用這些東西，於是每天的行程表更加緊迫、壓力更大。生活因為這些東西變得臃腫起來，就像我們日漸變粗了的腰身，但是，我們卻只記得給自己粗壯的腰身去「瘦身」，卻有多少人想起給自己的生活去「瘦身」？

史達德爾說，新簡樸主義的觀念就是要「減少生活中的繁縟雜亂」，要放慢腳步，與自己相處，與他人相處，與物質相處，要多「用手過生活」，不要一味地讓高科技牽著你走，要記得「點燃家庭溫馨」，經常搞一些「歡樂的慶祝」活動……可以說，《簡單生活》就是一本手把手地教生活在現代社會的人如何將生活刪繁就簡，回歸一種複雜之後的簡約，華貴之後的淡雅。這種以最少代價換回最大樂趣的生活藝術，就像一些好詩歌，因為節制，產生了外形單純內涵豐富的美感。

在追求富裕催得我們跑得比兔子還快的現代生活中，史達德爾的《簡單生活》卻傳達了一種在「慢」中如何變得簡單的個性化生存方式。當然，生活中的我們不可能讓世界慢下來，但我們至少可以讓自己的腳步慢下來，讓時間不再時時刻刻變得有稜有角，而是能夠像流水那麼柔軟一點，再柔軟一點。通俗點講，這種「slow（慢）」文化的簡單本質，就是提醒人們要經常記得找時間去喝一喝下午茶，這樣生活才會優雅而又休閒得「甜蜜蜜」。從這點上看，新簡樸主義這種時尚風潮，是一種綿柔的力量，是一種恰好的溫度，是一種均速的行駛，具有著非常底色的純淨生活態度。

這情這景，也非常像我們中國人說的那句詩「閒敲棋子落燈花」──休閒、自在、悠長。每當把腳步放慢一些，燈才不會那麼快熄滅，點亮的燈會更長久地照亮生活中原本十分平凡或者曾經被隱匿的簡單瞬間，讓人生充滿真實的幸福和嫵媚，讓生活恣意撒播出一種詩意和柔情。簡單，這是一個真正的生活者的情懷，貴族式的優雅與平和，以及舒緩自在的生命態度，都包含於其中了。

炫耀性消費的幸福與禁錮

　　還有一事我曾經不懂：憑什麼一套西裝可以賣到幾萬塊？我盯著那玻璃鋼模特之暗藍色的面孔，心裏問：「憑什麼呀你？」一旁的售貨小姐看不過了，細語鶯聲地點撥道：「牌子呀，先生！」「牌子？就這麼一小塊兒織物？」小姐笑笑，語氣中添了幾分豪邁：「您可知道這種牌子的西裝，全世界才有幾套嗎？」

　　上面這個故事，出自作家史鐵生的《花錢的事》。看到這故事的剎那，我就想起了一個流行語彙：炫耀性消費。索爾斯坦‧魏伯倫於1899年在他的《有閒階級論》一書中首創了「炫耀性消費」這一名詞，書中談到了富人們炫耀他們的財富與奢侈的手段：社交、酒店、旅館、消暑別墅等等都是富豪們出入的場所。毋庸置疑，出入高級的場所，當然是要盛裝的，所以，牌子自然就成了代表一個人消費高度的標準，而全世界只有幾套的西裝牌子，就更成為了一個消費高度標準中的標準。

　　富貴階層的炫耀性消費是牌子，而一般小民也自然有自己的炫耀性消費之道。請看這樣一個場景：在鄭州街頭出現了一個「零消費才是真奢侈」的廣告，而在廣告旁邊打的是「23-70M2精裝小豪宅」。哈哈，我想一般人看到這麼小的房子，怎麼也算不上豪宅的。不過，這個廣告強調的所謂的「豪」，其實是空間的一點都不浪費。儘管〈問君可識「真奢侈」〉一文把這個廣告批駁得體無完膚，說一個是強調建築設計與施工的合理，一個是強調室內裝修與配備的豪華，根本不能把它們扯到一起。但我覺

得這文章只是對字義解讀了，而沒有從一種消費觀念更深地分析，那就是人人都有一種炫耀性消費的觀念在做怪，房產商只不過是很好地利用了這一種消費觀念而已。

回頭再說說魏伯倫所說的「炫耀性消費」。魏伯倫還接著指出「這些消遣娛樂（社交、酒店、旅館、消暑別墅等），對來自中產階級的人，可以炫耀他們新晉的社會地位；而對於女性，特別是那些上班或是性格比較活躍的女士們，這些消遣娛樂幾乎就是『解放』的代名詞。」在這裏，魏伯倫把炫耀性消費與女性解放聯繫了起來，讓炫耀性消費具有了一種性別色彩。

張念的〈步行街：城市空間的性別魅影〉就非常明確地印證了魏伯倫的這一「解放」觀點。張念認為當男性知識份子滿大街閒逛，記錄下了現代城市的精神罪案的時候，女人們的主要活動空間依然是家庭，但街道的出現，解放了女人的步履。於是女人走上街，迅速「佔領」了百貨公司，以至逛街似乎成為一個陰性辭彙。隨著那些允許天空與大地拋頭露面的商業步行街的出現，人們來這裏躲避汽車、躲避繁忙、躲避戰爭，但卻躲避不了消費的強迫症。此時，由於消費沒有了私密性，人們總是以花多少錢來完成對你的辨識，於是消費不在意使用價值觀，而更在意的也許是你的虛榮心。

由此可見，「解放」使女人享受炫耀性消費的幸福的同時，又更進一步呈現出對虛榮心的追求，雖然這種虛榮心也許會禁錮女人的某種快樂。林行止在〈大手袋：奴役女性徵象？〉說到了美國高罕教授對手袋源起的看法。高罕認為，與生俱來的天性令女性要擁有伸手可及的一切日常必需品才有安全感，而最安全莫若隨身攜帶日常必需品，所以，描繪原始人遊牧生活的圖畫中經

常見到這種景象——男人手持木棍，拖著獵物，女人則背著小孩和拖著獸皮做的大袋「家當」。如今「時代進步」令女性不必拖「家當」遷徙，可是為了束縛女性，「不懷好意的白種男性」發明了女人無法抗拒的手袋，令她們永遠「負重」，永受奴役。顯而易見，手袋的性質早已變質，雖然女性的日常必需品已大異於從前，精緻化令這些現代生活的必需品小巧玲瓏，手袋的體積相應精巧化，可是作為女性專用物品，很多手袋卻越來越大，而且越來越成為一項炫耀性消費的商品，因此才有售價數十萬的品種。

　　高罕教授從人類學的視角看手袋的變遷，推斷出了手袋是女性被奴役的新穎觀點。這麼看來，炫耀性消費，其炫耀與虛榮的實質，是直接導致了人們可以在享受幸福的同時承受一定的禁錮。畢竟人的天性，註定了是脫不了虛榮的。於是，炫耀性消費，在虛榮中走向幸福，卻也在幸福中承受禁錮。人們的炫耀性消費，就在禁錮與幸福中不停地來回折騰，不僅吧自己折騰得色彩斑斕，而且更讓城市充滿了蓬勃生機。

舊時尚　慢生活

　　《潮流反潮流》是曾經鬧得較紅火的一本書。它是SOHO網上一些知名作家與寫手的博客文章合集，內容全是關於身邊的日常生活事件。比如，過年、城市、女人觀、潮流觀等等，一切都是指向了城市的私人生態。而在這種私人生態中，總會有主流的、非主流的，順著主流，還是逆向主流，在某種程度上，當然可以代表著一個人的生活方式——是潮流的，還是反潮流的。潮流看起來也許是比較順眼的花，而反潮流就顯得刺眼多了，這種刺眼，也連帶出了一些反叛心態和反叛生活方式。

　　Lomo是一種照相機的名稱，這是一種玩具化的「傻瓜」相機。〈時尚Lomo：當心你的生活遭暗算——玩具新時代終結數位舊時代〉主張：「Lomo不科技、不高檔，若論科技含量跟現在的任何一款相機根本沒法比，但它的鏡頭寬，速度快、色彩強烈、沒有閃光燈。正因為Lomo相機這些特點所帶來的種種『不確定性』與『非主流』，因此在使用的時候，Lomo可以簡單到不用考慮對焦、光圈。但奇異的是，它拍出來的照片沒有一張是色彩正常的。」換句話說，用Lomo，你拍出的所有照片都是不可計算的作品。

　　「不可計算」——這個詞在如今激烈的競爭社會，對我們來說，已是一個陌生的辭彙。放眼望望，大部分人都過著一種按部就班、謹小慎微的生活。我們秉承著完美的數位精神，就像那句時髦語錄；「一切盡在掌握！」而Lomo的隨意性，讓人們

永遠也不知道結果。本來嘛，人生計算的越精準，知道的越確切，卻越來越覺得全無興趣。而不知道，才有了探索和猜測的可能。而Lomo生活無標準，使生活變得新奇刺激充滿趣味。懷舊「Lomo」相機的風行，為無休止追求更新飛快數位產品的人找到了一個停下來的理由，更重要的是為人們按部就班的生活提出了一種反叛的道具與可能。以至於，很多人玩Lomo，就是愛上了這一種在叛逆中，屬於自己特有的多彩人生。

二手，從字面上講，就是舊的意思。在這個急躁、焦灼的新世代，一次性消費充斥我們的生活之中，人們普遍認可新東西，什麼都是新的好的時代，二手當然就意味著不合潮流。但這種不合潮流的「舊」，卻被廣泛地推崇。〈二手生活，一流幸福〉如此描繪二手主義生活的美妙樂趣：「生活充滿可能，嶄新的，原汁原味的，千人一面的生活模式未必最好，與傳統背道而馳的二手生活，也許更適合自己。時下翻拍不厭的清裝戲或武俠劇，橋段不怕舊，處理得好，二手貨照樣風行。」而〈二手玫瑰〉更鮮明地高舉二手主義的反叛旗幟：「二手正在塵埃裏開出一朵時間的玫瑰。二手時尚，舉起了反對速食式文化的旗幟。喜歡二手貨的人們更少商業上的功利目的，更多的是情感的考量。」的確，東西不怕古舊，聰明的人可以靠智慧將平凡的二手生活改造為非比尋常的幸福人生。愛上「二手」生活，也就是愛上屬於自己風格的時尚生活！

當然，我們得承認，生活是沒有一成不變的公式和萬用守則的，每個人都有權利選擇自己的步調生活。但是目前中國的消費文化，物質進步的進程很快，人人都在趕，小雞快跑，急促得就像在一小時內快進著看完三部DVD電影。所以，「快生活」

成了人人的真實寫照。而《時尚慢生活》卻提出了「慢生活」的觀點：「有一股鼓勵放慢腳步的潮流在興起，已經有五十五個國家、八十幾萬會員加入了這個叫做『Slow Movement緩慢生活』的運動中，目的是喚醒被速度綁住的人，勸導人們放慢生活的節奏。」慢生活這種提倡儘量以音樂家所謂的Tempo Giusto（正確的速度）來生活的方式，雖然與「快」節奏相反，但是，因為「慢」，我們才不會一路快跑追趕而忽略了道路兩旁美麗的風景和本該細細品嚐的生活況味。這樣的「慢生活」提醒人們更關愛自己，實在是刺中了如今被快節奏壓得喘不過氣來的人們的神經。

　　Lomo、二手生活、Slow Movement緩慢生活，這種既「舊」又「慢」的生活方式，雖然都與潮流背道而馳，但是，它們的確給予了人們一種常規生活下的新鮮和刺激。因而，也成為了當下某些人一種追求自我精神的時尚標籤。說到底，時尚本來就是人們對生活一種標新立異的註解，我們大可選擇合乎潮流的，也大可選擇反叛潮流的。因為，活出自我，才是最好的人生哲學。

不一樣的城市記憶

「用一個跳躍的比喻：如果說芒德福像是以寫小說《子夜》來批判上海大都會的中國作家茅盾，雅各斯則像敢以庸俗抗當代、以參差美學包容上海小市民的張愛玲。」——這個精彩的評論來自香港作家陳冠中先生。簡·雅各斯就是那位寫出了《美國大城市的生與死》的作者，她站在居民立場，生動地利用實例，道出了一個城市之所以成為好城市的秘密：小街區、高密度、功能混合、不同年齡的建築並存、保持街頭熱鬧、減少沉悶地帶，甚至不要亂建面積過大的公園。路易斯·芒德福是與雅各斯生活在同一時代的城市研究史家，其卻在《紐約客》上撰文譏諷說：雅各斯大媽用家庭藥方對治城市癌症。

不管是芒德福式的批判，還是雅各斯式的包容，它們都能讓我們認清的一個事實是，城市在不同人的眼裏，會呈現出不一樣的審美與解讀。就像茅盾式的上海，張愛玲式的上海，也可能只是城市的某一個不同的層面和側面的呈現。也正因為有了那麼多不同的層面與側面，城市，這個與我們枝脈相連並且共同呼吸的棲息地，有了不一樣的風味與記憶。

比如說伊斯坦布爾。諾貝爾文學獎得主帕慕克，卻把兩個詞「廢墟」和「呼愁」作為了既是歷史的廢墟也是文明的廢墟的伊斯坦布爾這座城市的隱喻。他在《伊斯坦布爾——一座城市的記憶》裏，就生動地寫有一章「廢墟上的呼愁」。

「呼愁」（hüzün），土耳其語，憂傷之意。帕慕克認為，橫跨歐亞的土耳其，處境尷尬。對比亞洲，它的文化底蘊與歐洲文明更同聲同氣，但之於歐洲，它散發著神秘的東方異國情調。它似乎總是格格不入，無從歸屬，呼愁無邊。所以，在帕慕克筆下，呼愁是伊斯坦布爾的大街小巷、廢墟、行人，所有損壞、破舊、風光不再的一切，這層深沉的呼愁，像薄膜一樣覆蓋著這個城市的居民與景觀。但帕慕克不想讓他的城市及個人生命廢墟化，他檢視著廢墟中的遺跡，尋找文明有意義的印記，藉以在書中重建伊斯坦布爾的魂靈。所以，他如此堅定地說：「『呼愁』源自他們對失去的一切感受的痛苦，但也迫使他們創造新的不幸和新的方式以表達他們的貧困。」就像他自己一樣，「無論發生什麼事情，我隨時都能漫步在博斯普魯斯沿岸。」

順著作家帕慕克的文字，我們走進的是一個「呼愁」卻又具有創造性的詩意國度，這是一個觸及了伊斯坦布爾靈魂質地的審美向度。而順著普通人的角度，我們又能看到怎樣的伊斯坦布爾呢？

曾經看過某雜誌做的一個關於伊斯坦布爾的專題。專題雖然涉及了伊斯坦布爾如何把文明、財富和苦難緊緊地聯繫在一起的歷史，那也是蜻蜓點水式的介紹。文中更多地涉及的是成了伊斯坦布爾最神秘的地方——後宮，還有與《東方快車謀殺案》有關的東方快車。

伊斯坦布爾是著名的東方快車始發地。一百多年來，東方快車載著歐洲的王公貴族、政界要人、大富豪、間諜、社交名媛，遠從巴黎來到「神秘色彩和東方情調」的伊斯坦布爾，東方快車上形形色色的旅客和他們離奇浪漫的故事，成為眾多小說和電影

追捧的對象。不言而喻，對很多到伊斯坦布爾旅遊的人來說，東方快車本身就是一個最有吸引力的旅遊地。所以，專題自然也在這方面很張揚。專題還特別介紹了東方快車候車室旁邊一家1809年就開始營業的飯館，「陽光被彩色玻璃阻擋，室內的光線不足，有土黃色的台布、排列整齊的高腳杯和餐具，在滿牆的老照片中可以找到《東方快車謀殺案》電影的海報以及作者阿嘉莎‧克莉絲蒂的肖像。」

本雅明曾經說過說，「外人看一座城市，感興趣的是異國情調或美景」。可以說，這個專題完全是以「外人」的眼界，給讀者留下的伊斯坦布爾，像柔媚輕曼的薄紗，透著華麗又神秘的異域氣韻和妖嬈感覺。這無疑正是來這裏做短暫停留的人想看到的伊斯坦布爾。對每一個當地人來說，一個城市，其聯繫始終會摻透著回憶，就像帕慕克眼裏，伊斯坦布爾就成了「廢墟」與「呼愁」。

這麼說吧，如果說，城市是一個湖面，那麼，那些出自與這個城市枝脈相連的人的眼裏的感官文字，就是蘊藏在湖面下面的沉甸甸的關乎民族主義和遵循規範的歷史記憶；而出自短暫停留的人眼裏的，就是湖面上泛起了細碎浪花，關乎的是美景與情調。正是這兩種不同眼界與層面的審美向度，更能真正地體現出一個城市的喜怒哀樂。

城市的幸福感

　　二十世紀被譽為最傑出的建築大師、城市規劃專家之一的柯比意，曾經毫不留情地批判過二十世紀初的布達佩斯與君士坦丁堡。他批判布達佩斯追求不同風格的雄偉高大的公共建築「就像仙女身體上長的惡瘡，非常迷惑人的浮華外表掩蓋著無可救藥的混亂。」他批判君士坦丁堡街道的逼仄冷酷：「石砌的房屋一座高過一座……沒有什麼東西來沖淡這拔地而起的建築的冷酷無情。街道像瘋子一樣衝上山來，人就像因為追求錢財累得氣喘吁吁一樣，上氣不接下氣。」

　　柯比意的批判，讓我們很真實地看到了二十世紀初建築人文藝術裏，蘊涵著的功利，給城市帶來的巨大破壞性，已經到了多麼讓人焦慮的地步。而這焦慮，直接觸動了一個最民生的話題：城市的開發與建造，如何才是幸福的、健康的。尤其在現在這樣一個經濟持續快速增長、城市每天都在發生著翻天覆地變化的二十一世紀社會裏，「豪宅」、「巔峰鉅獻」等等眩目的房地產廣告字眼鋪天蓋地，這種對民生與人文的關注就更尤為重要了。

　　《健康的設計》談到了歐洲當代城市與建築設計，用了「很健康」三個字。文章認為，不同地域的建築與城市，都是一代代逐步積澱、扎實前行的，呈現出一種繼承、發展、逐步演變的健康狀態。換句通俗點的話說，所謂「新」的城市建築的背後閃爍著的是不同國家歷史文化的「舊」身影。比如，法國建築設計師

對比例、尺度、色彩、形狀等影響視覺的造型要素異常敏感，其設計過程彷彿一個家境優裕、教養良好、性格溫和的畫家，借助一筆一畫，細緻入微地描繪出既有新意又不超出公眾普遍接受限度的「美的」建築形象。而荷蘭設計師，喜歡將多種材料與建築體根據不同需要直接組裝在一起，從不囉嗦修飾。這與荷蘭先輩在製造遠航船隻、填海造地時的使用態度如出一轍——快速、牢靠、機智、經濟地解決當下問題。由此其設計過程與法國優雅、節制的建築形象相比，多呈現出一種生猛、直接。

無疑，《健康的設計》提出了一個鮮明的健康城市觀念：所有的新潮或先鋒的城市建築，都應該是有源之水，而不是強做硬做所謂的「創新」狀。這對那些一味地注重表面形態模仿傳統惟妙惟肖，但內裏本質卻大相徑庭的建築，提出了一種強有力的譏諷。以這種健康的理念，去觀照和反思中國城市建築的現狀，不啻是一種警醒。

以歷史演變去觀照那些出自設計師手筆的有關城市建築的健康狀態，會讓城市變得越來越可以擁有幸福的未來。而那些有著普通市民參與的關於城市未來的設想，也可以呈現出一種幸福感。這種幸福感，不僅體現出了一種「以人為本」的理念，也更具有一種凝聚力。

《城市應當如何開發？》談到了一家名為「資產一號不動產開發公司」的私人房地產開發商，購置了奧地利第二大城市格拉茲市中心一百二十九英畝的土地（名為萊寧豪斯）。誰都知道，開發商的首要目的當然是要賺錢。所以，通常在購置土地以後，就著手聘請建築師做設計圖樣，經濟師核算成本、售價與利潤，測量師編制施工招標文件，等等。但是，這個開發商著手的第一

件事卻是出版《期望的概念》一書。書裏沒有一張設計圖，連構想圖也沒有。但是規定了一個期限：要在2017年把城市建成。更讓人感動的是，這本書不是由開發商也不是由建築師寫成的，而是出自格拉茲市三十二位市民之手，他們中有生物學家、記者、文學家、政治家、歷史學家、建築師、社會工作者、企業家和學生等。這三十二位作者，編成「生活」、「工作」、「教育」和「城市性」組，分別選擇了哥本哈根、劍橋、倫敦和巴賽隆納這四個歐洲城市作為考察對象。他們每人考察完後，各寫一兩篇文章，探討「2017年的城市將是怎樣的，又應當是怎樣的」的話題。這真是一個溫暖人心的舉動。是呀，給民眾提供機會參與城市的構想，這不僅提升了民眾對城市的熱愛，更體現出了一種「當家做主」的幸福感。

　　歐洲中世紀有句諺語說：「城市的空氣使人自由。」如果每個人都能喜歡上自己居住的城市，如果各種各樣的人都能滋生出「當家做主」的幸福感，當他們呼吸著自由的空氣時，自然地也會使城市的空氣更加自由。

另一面鏡子

英倫才子阿蘭·德波頓寫了一本有關旅行的書，書名《旅行的藝術》頗有誘惑氣息，書中的文字也非常的逗趣，他回答了關於旅遊的很多問題，比如為什麼人要去旅遊？為什麼曾經被描繪得非常美麗的地方，實地到了以後總覺得不過如此，等等。尤其是在書中，阿蘭·德波頓「聘請」的導遊是詩人波德賴爾、小說家福樓拜、畫家梵谷、科學家洪堡、政治思想家伯克……《旅行的藝術》用這些名人的生平，攪拌現代人的旅途生活，使人的耳聞目睹穿越時空與歷史場景交匯，讓原本無奇的旅程充滿各種鮮活的色彩。而非常有意思的一點是，全書的最後一個部分是談旅行後的回歸，回到自己的書房，旅行卻沒有完結，因為一個充滿對生活的熱情的人哪怕是在斗室之間也可以完成一場旅行。

阿蘭·德波頓的「旅行的藝術」讓我們更深刻地理解了旅行的「自我」主張與好奇個性。的確，旅行對不同的人不同的生活階段都會有不同的選擇，每個愛旅行的人都有自己的方式去感受一座城市，一個地方，甚至某一處異鄉的風景。當紅女主播魯豫認為，很多好玩的冰箱貼，比較小，容易帶，她就去每一個地方旅行都買，她的夢想是把一面牆都貼上冰箱貼，所以，她認為能夠買到好玩的東西，每頓飯都吃得好，比較休閒，就是一場完美的旅行。影星佟大為則說，美食便是他每次旅行途中最大的享樂，所以，他每次忙裏偷閒地尋找美食的過程本身就是特別的旅行經歷。

　　相比上面這些比較私性化的休閒旅行，鄉野的博物旅行與比較城市的工業景觀旅行，這兩種看似對立的新興的旅行方式，卻更體現出了一種博大與新奇的個性。

　　《工業景觀，中國製造》向讀者展現了中國百年工業發展史積澱下來的豐富的工業旅遊資源，上海江南造船廠、北京首都鋼鐵廠、福州馬尾造船廠、貴陽鋼鐵廠、滿洲里扎賚諾爾露天煤礦，這些蔚為壯觀的工業遺跡，讓人驚訝它們與歷史如此地可以切接、切近到可以觸摸，蒸汽機如何衝破長天的嘶吼展示出工藝流程的神秘，造船廠巨大的孤獨身影中有幾代人的海洋夢想。還有，現在一些人去樓空後的工廠廠房，已被直接改造成藝術區，譬如北京798，貴鋼的部分廠區也變成了受當地人喜歡的花鳥市場。製造和生活交織在一起，老廠房框架與創新產業碰撞出新的人文時尚，這是一種由自身的命運軌跡和特殊年代重疊之後產生的不可替代的情感與質感，自然地也就為旅行者提供了一種懷舊與好奇的旅行心境。

　　〈博物旅行三清山〉一文描繪了正在申報世界自然文化遺產的江西上饒的三清山景區的博物之旅的愜意與樂趣，同時，還解讀了博物旅行的含義：「博物旅行是一種結合了知性與「野性」的旅行方式，讓人們在跋山涉水的同時，從博物學的角度、以孩子般的眼光和心性，進一步認識大自然，從中獲得發現和體驗的樂趣。博物旅行首先強調的是旅行的態度——尊重、關心自然以及人類之外的其他物種，從而豐富和完善人類自己。」毋庸置疑，博物旅行所倡導的欣賞葉子的天然形狀，撫摸岩石裸露的肌理等等優雅旅遊心態，這些簡單的舉動中蘊含著了一種哲理與美學的深意，即使不能使我們達到高僧頓悟的境界，至少也能讓我們從另一個角度看世界。

　　說來，而今有很多人抱怨生活的日漸枯燥，那是因為關閉了自己發現的眼睛和心靈。其實，風景時時就在我們的身邊，比如說，懷舊的城市工業景觀，散漫著鄉野氣息的公園裏的植物花朵，當然，還有我們身邊習以為常的美食以及小玩藝，還有阿蘭·德波頓說的斗室之間的書房之旅。說到底，旅行不僅是一種讓我們懂得生活在哪兒都是一種生活，同時也更讓人看到生活的另一種可能，那就是充滿新奇冒險、不知道結局的生活。這滿足了現代人一種幻想的可能。換句話說，旅行，其實就是生活的另一面鏡子。所以，魯豫如此斷言說：「旅行的魅力和生活的魅力是一樣的，那種未知和好奇就是我要的。」

生生不息的城市傳奇

　　1887年，英國倫敦這個城市誕生了一個人物，按照電影導演奧爾森‧威爾士的形象說法，此人「從未存在過，但也永遠不會死亡」。他的名字叫夏洛克‧福爾摩斯。自從這個天才私人偵探形象問世後，福爾摩斯就成了世界通用的名偵探代名詞，成為二十世紀家喻戶曉的人物。一百二十年來，他創下了銀幕形象的紀錄，先後有七十五位演員在電影中塑造其光輝形象。而福爾摩斯的偵探活動場所大多在倫敦，由此不少與其相關的地方成為了景點。1999年，倫敦貝克街地鐵站站口建了一座福爾摩斯青銅像，他手拿煙斗，注視著過往熙攘的人群。而貝克街從此就成了福爾摩斯的代名詞。〈福爾摩斯的倫敦〉一文非常真切地把讀者的視線帶到了倫敦，走訪了貝克街裏的福爾摩斯的「家」、柯南‧道爾診所、「福爾摩斯」酒吧、福爾摩斯偵探案件的倫敦舊城區、福爾摩斯探案時居住的朗廷酒吧等等，讓讀者如置身於小說中，踏著福爾摩斯的足跡，重溫那些一波三折、扣人心弦的案件場景。毋庸置疑，是福爾摩斯這個文化符號，讓貝克街的傳奇面孔，更錦上添花。

　　有意思的是，同樣是關於偵探的傳奇，讓我想起了2005年我曾經採訪過的旅美華裔作家裘小龍。裘小龍以詩人刑偵隊長陳超為主角創作了一系列關於中國上海的英語偵探小說，其中《紅英之死》還獲得了第二十三屆世界推理小說大獎——「安東尼小說獎」。2005年5月，法國最大的雜誌《Telerama》邀請裘小龍回上

海，「與法國記者同遊書中驚險故事發生的場所」。裘小龍以一種偵探的方式，讓上海以一種新鮮的姿態走進了西方人眼裏。這也就怪不得，有關中國上海城市的故事與面孔，與裘小龍創作出來的東方「〇〇七」陳超這個文化符號緊密聯繫了在一起。

《柏林無企圖漫遊》訴說了作為歷史見證的柏林牆這個文化符號的傳奇變遷。作者說，柏林牆是戰爭留給柏林人最深刻的禮物，「柏林人最喜歡討論的話題是柏林牆，在柏林參加過德語語言班的外國人不可避免要加入到這個話題之中，好像所有柏林的語言學校達成了一個協議一樣。所以，在大多數外來人還沒有看到柏林牆之前，他們就不止一次遭遇這堵牆了。」但自從柏林牆倒塌後，它成了藝術青年最「潮流」的塗鴉地，柏林牆也因此成了最時髦的畫報。而《墨爾本的有軌電車》則告訴我們墨爾本全城是一座有軌電車博物館，在墨爾本街頭，可以看到不同時期生產的電車，既有相對古典的，也有現代的，還有介於兩者之間的。文章既講述了墨爾本電車的發展史，也讓我們看到了澳大利亞人不嫌棄老舊的東西，相反他們更敬重並想方設法保護和利用它們的城市影像與文化姿態。

每座城市都有自己的故事和面孔，行走在城市中，一個地址，一種場景，都會在不經意間喚起對故事的回憶，對文化的閱讀，對傳奇的追尋。就像佛朗茨·赫塞爾說的：「在那兒，人們的臉孔、陳列品，櫥窗、露台咖啡、街道、汽車、樹木，都成了位階相同的字母，不斷構成新書中的文字、句子和書頁」。而那些決定了城市面孔的文化符號，就是不斷構成新書中的文字、句子和書頁，引導著人們去仰望、朝聖，以至與那個城市一起，越來越成為世人眼中生生不息的傳奇。

那些發光發亮的變形蟲

　　一天早晨，格里高爾‧薩姆沙從不安的睡夢中醒來，發現自己躺在床上變成了一隻巨大的甲蟲。他仰臥著，那堅硬的像鐵甲一般的背貼著床，他稍稍抬了抬頭，便看見自己那穹頂似的棕色肚子分成了好多塊弧形的硬片，被子幾乎蓋不住肚子尖，都快滑下來了。——這是卡夫卡《變形記》的開篇描述。卡夫卡《變形記》描寫了一個小人物，一個偶在的個體生命變形成了甲蟲後，其命運充滿了荒謬性。

　　相對薩姆沙變形成蟲子後的荒謬、痛苦，而那些在我們看來本應方正典雅的城市建築，經大膽變形成「蟲子」後，其命運卻幸運得讓人豔羨：不僅具有了娛樂功能，更重要的是，它們還成了一種代表城市生命和未來的招搖色彩，讓城市裏的居民引以為豪。

　　《數碼時代的變形蟲》談及了一些發光發亮的蟲子建築。說實話，看到雜誌上那些建築蟲，我還真真嚇一大跳。你看看，英國曼徹斯特的Urbis（城市生活博物館），長得就像一條光鮮發亮的爬蟲，蟲背上的那條鰭，正巧為建築的室內開發出一條自然採光帶。還有呢，這隻建築蟲頭上竟然還伸出一隻天線般的觸角，不時閃爍發亮。位於英國中部的太空科學館Leicester，中間包了一隻火箭實體的建築，一圈一圈吹氣胖胖的怪形，簡直就像是一棵吊掛在半空中的「蟲蛹」。英國格拉斯哥科學博物館的3D電影院，圓滾肥腸狀的身軀，依然就像一隻正在爬行還會發亮的短毛蟲。

當然，這些蟲子建築，其夠新夠炫的外表下，也著實有著新穎前衛的內涵。比如說，Urbis博物館內容不再只是單一的城市史介紹，而是世界所有的城市，關照的是在城市中人們的生活點滴，東西方城市的互動，呈現出了多元價值與意義。從外表到內涵都如此統一的建築變形蟲，也怪不得會成為曼徹斯特文化的代言人。

「綠色要塞」這座圓形建築，包括商鋪、旅館和五十五套住房，位於德國馬格德堡，是奧地利人弗里頓斯萊希・漢德瓦薩這位狂熱的環保主義者的傑作，也是馬格德堡的一個標誌性建築。《房屋奇觀》刊登了「綠色要塞」的照片。當我眼一觸及照片時，總感覺這座通體粉紅的建築牆上，一條條彎彎曲曲的綠色蟲子搖曳不已。原來，那搖曳的是一條條綠色植物牆呀。而它之所以被稱為「綠色要塞」，就是因為隨處可見的植物，四千平方米的屋頂完全為植物覆蓋，甚至在住宅外牆上也種上了樹。

想來能夠住在這個粉紅色的「綠色要塞」是很幸福的，連牆上屋頂都可以被植物覆蓋著，噪音、污染自然都更能拒之門外，而更讓人欣喜的是，精心裝扮這座建築已成為「綠色要塞」居民的習慣，如果誰想居住其間，就要學會和自己的鄰居一樣勤勞種植。這樣的建築蟲，充滿了生活的親切感，著實讓人溫暖。

相比這溫暖的「綠色要塞」，那座三十層的圓得像條肥溜溜蟲子的摩天樓農場，卻具有了一種憂患意識。《摩天樓裏開農場》講述了紐約哥倫比亞大學的教授迪克・德斯波米爾的天才建築狂想。迪克・德斯波米爾認為，現在地球上百分之八十的耕地已經被開發了，到2050年現有的耕地將難以養活世界人口。為避免這場危機，將來不僅需要在農村裏水平耕種，還須在城市中垂

直耕種。迪克‧德斯波米爾設想在城市造兩百米高的摩天農場，分三十多層。摩天大樓其中大部分樓層將用來種植物，較低的樓層用來養雞和養魚。另外所有的摩天農場都將設有水循環和城市廢水處理間。最後整棟大樓的大部分樓層靠可再生能源運轉：在日照充足的地區可利用太陽能；多風的地區可利用風能；火山活動活躍的地區可利用地熱。

迪克‧德斯波米爾別出心裁，提出了把農田移到城市的摩天樓中的構想，大樓農場不但旱澇保收，讓城市自給自足，而且還可以對資源進行各種手段的再生利用，減輕污染，大大改善城市的生態環境。不管其操作性是否可行，起碼，其關注人類未來生存的憂患意識就著實讓人感動和佩服。所以，有科學家認為，說不定，迪克‧德斯波米爾這個摩天樓開農場的創意也許還能為一些國家城鄉差別這個老大難問題，提供另類的解決途徑。果真如此的話，這絕對是最讓人類引以為豪的建築變形蟲。

劍客藝術與小資藝術

雖然沒有多少藝術細胞，但年度的圖書回顧，我卻選擇了兩本關於城市建築的文化書：《東方遊記》（〔法〕勒·柯比意著）與《幸福的建築》（〔英〕阿蘭·德波頓著）。概因血氣方剛的柯比意，他那融劍客與土匪於一體的文字，實在太具有挑逗性和攻擊性了，讓我充滿了閱讀快感。而英倫才子德波頓，長得溫文爾雅，其文字就像他的長相，非常的迷人，迷人得像個甜膩膩的小資。女人就是這麼俗氣，喜歡快感，喜歡迷人，有時候就連看書也不例外。

柯比意是二十世紀最傑出的建築大師，同時也是優秀的畫家、城市規劃專家和作家。1911年，柯比意開始了他為期五個月的東方旅行，歷經東歐、巴爾幹、土耳其、希臘和義大利。作為他的第一部著作《東方遊記》便是這次旅行的記錄，不僅呈現出他對大自然的迷戀、對古蹟的崇拜，對東方藝術生活之美的熱情讚歎，更多的是他對城市文化、城市建築的口無遮攔的評判。柯比意一直強調「美麗首先是由和諧，而不是由粗大、高大，或者花費的金錢數額，或者產生的舞台光芒構成的。」所以，他對走過的不和諧之地，就大刀闊斧地批判起來。這些批判的文字，刀刀見血，就像一個高超的劍客，讓人聞到腥紅的氣息。

柯比意諷刺維也納的沉悶無趣，不僅「人充滿個性和貴族氣的節慶，帶著其全部芳香與病態」，而且「維也納兩旁的建築很俗氣，不是一種暴發戶的炫耀，就是虛浮的誇張。金融家毫無

情趣的擺闊氛圍使這個城市黯然失色，因為它壓迫人，使人不堪重負，無法快樂。」他批判布達佩斯追求不同風格的雄偉高大的公共建築，「就像仙女身體上長的惡瘡，非常迷惑人的浮華外表掩蓋著無可救藥的混亂。」柯比意把維也納和布達佩斯批判得毫無美感，讓人讀起來不是很舒暢，但不可否認，卻很真實地讓我們看到了二十世紀初建築人文藝術裏，蘊涵著的功利，給城市帶來的巨大破壞性，已經到了讓人焦慮的地步。最過癮的是看柯比意對君士坦丁堡的評判，「石砌的房屋則重重疊疊，一座高過一座。像多米諾骨牌一樣挺立，展現在兩邊開著窗眼的白牆，和兩堵像乾血一樣黑紅的山牆。沒有什麼東西來沖淡這拔地而起的建築的冷酷無情。街道像瘋子一樣衝上山來，人就像因為追求錢財累得氣喘吁吁一樣，上氣不接下氣。」這個形容，把君士坦丁堡逼仄冷酷的街道，刻畫得活靈活現。此時的柯比意，不僅有著劍客的狂傲與犀利，更散發出了一種土匪式的霸氣與粗野。

《幸福的建築》這個書名與溫文爾雅的英倫才子德波頓非常登對。德波頓生於1969年，九十年代初開始成名。關於他的介紹，花俏得很迷人：「他博學雜收，他感受如普魯斯特之纖毫畢現，文筆堪比蒙田之揖讓雍容，趣味又如王爾德之風流蘊籍——而又不至墮入憤世嫉俗。他教我們懂得享受每天的平常歲月，教我們略過蝨子，只管領略那襲華美的生命旗袍。」普魯斯特、蒙田、王爾德，「雍容」、「風流」，這些字眼結合得非常有小資作派。而最後一句乾脆就來自咱們中國的小資鼻祖張愛玲的經典名句：「生命是一襲華美的旗袍，長滿了蝨子」。

《幸福的建築》的話題很有些鋒芒：人為何需要建築？為何某種美的建築會令你愉悅？建築與人的幸福之間到底有何關

聯……德波頓從哲學、美學和心理學的角度對這些問題一一作了解答。可惜的是，解答完了，我就記不住一鱗半爪。其實，說起來我還是十分佩服德波頓的，我們生活中的任何話題——無論是形而上的哲學思考，還是要身體力行的旅遊跋涉，他提起筆來便是洋洋灑灑一本書，比如《哲學的慰藉》，比如《旅行的藝術》。但是，德波頓畢竟不是建築家，而只是個作家，這個局限，讓他只能流於表層的表述：「建築能夠勾留住我們那些轉瞬即逝、膽小羞怯的念想……」、「我們的家居空間所能體現出來的情緒並不需要如何特別地甜蜜或家常。這些空間既能向我們講述溫柔，也同樣能欣然地講述陰鬱」，等等諸如此類的文字，小資得優雅、精美、純淨，幾乎沒什麼漏洞，但卻明顯地不疼不癢。因而，讀起來，黏糊糊的，一整個不爽。

　　德波頓的小資藝術喜歡「略過蟲子，只管領略那襲華美的生命旗袍」，迷人得很美，但卻美得沒了鋒芒，讓人提不起神來。而柯比意的劍客藝術，卻直接抓住蟲子，大刀闊斧得「像飽吸鮮血的大地一樣腥紅」，也許說不上美，經常地還很醜陋，但卻張揚出了一種稜角與激情。打個通俗點的比喻，這就好像兩場足球賽，一場是海水般的平靜，一場是火焰般的渲洩，你說到底誰能讓讀者High起來？

一半是海水，一半是火焰

有關城市建築的兩篇小文章，體現出了兩種冷熱觀念，或者說場景的對抗。

一篇是〈杜拜的建築工人〉。杜拜的建築，誰都知道，已經「瘋狂」得全世界聞名。先不論已經建成的目前世界上唯一的七星級帆船酒店等等的瘋狂建築，就說那些正在建造的很多建築，也照樣是「瘋狂」不輸。比如，建成後將是埃及吉薩金字塔的六倍大、可容納一百萬人同時居住的「吉古拉特」金字塔；從沙子中破土而出、建成後將是整個中東地區唯一的歌劇院等等，但是，瘋狂的建築下，隱藏的卻是八十萬民工聚集於杜拜，他們每個月只能賺取一百五十歐元左右的低廉工資的困頓狀態。文章採用的是圖說故事的形式，五個P的圖片處理非常醒目，黑白的是建築工人的窘困寫真，彩色的是瘋狂建築的張揚姿態。一邊是海水般的冷色調，一邊是火焰般的絢爛狀，冷酷與奢侈，可謂一針見血。

另一篇是〈廢墟重建，拯救還是毀滅〉。文章論及的話題並不新鮮，無非就是說明年或者在不久的將來，就會有一座嶄新的仿古建築長春園宮門出現在圓明園的廢墟上。其實，圓明園是否重建早已成為全民的話題，而且還曾為此出現了一些除「重建」外，還糾纏不休的拗口詞語，比如，「復建」、「仿建」、「部分復建」，甚至有人還提出匪夷所思的建議：用兩百億鉅資，按一比一的比例，在異地他鄉重現圓明園盛時全貌。不過，我更感

興趣的是文中提及的廢墟文化。余秋雨說，廢墟的留存，是現代人文明的象徵。廢墟真正的價值存在於歷史的真實性中；從一座廢墟上，更可以窺見一個民族的歷史。但是，廢墟文化在中國人的意識中一直很淡薄，倒是重修文物的傳統一直被發揚光大，所以，在殘垣斷壁的遺址上凸現一座美輪美奐的建築，就見怪不怪了。

其實，我對余秋雨這個人一直沒多少好感，對他的文字，總覺得參差不齊，好的有學識有銳氣也有擔當，但許多時候他又偏愛賣弄，有以廉價煽情獻媚讀者的成分，偶爾還會夾進個人的炫耀。不過，對余秋雨上面所說的「廢墟」論，我卻拍手稱快，不愧是曾經掀起過「文化散文熱」的一個代表性人物。

當然，以我一介平民，也實在不好多說什麼了。不過，我舉個我身邊的例子吧。我居住的學校，有一個仿建的古建築，它曾經被破壞了，是後來才重建起來的，整體很華麗。結果，有朋友來學校玩，我都叫他們猜這個是什麼建築？朋友們的回答都差不多：是小洋樓吧？是小別墅吧？是院士樓吧？我還真是每次都差點被朋友們的回答嗆死。朋友反駁說：能怪我們沒眼光嗎？你看看一點歷史的風霜都沒有！那麼亮麗嶄新的建築能是文物嗎？由此，我也只好再提出那麼一個不算問題的問題了：在殘垣的遺址上凸現一座美輪美奐的建築，這究竟是對歷史遺跡的拯救，還是對歷史記憶的毀滅？

一小時生活圈

在網上看到一個城市調查專家發表了很長的一通言論，大意是說：城市該怎樣提高自身的價值？他特別提到了廣州，並做了一個形象的說法——廣州要城市區域化，不能搞小廣州，要搞大廣州，要保證交通快速到——一個人上午在北京路上班，中午就可到佛山甚至到東莞吃飯，而下午去抵達深圳會客，晚上呢又安然在廣州睡大覺了。初看時，覺得這樣的城市區域化前景挺誘人的，不過就是不知道有多少人願意這樣去折騰自己？

後來，和做時尚的朋友聊起城市區域化前景這事兒，朋友嘩啦啦飛出一精彩之語：能那麼快地享受色彩斑斕的生活，有什麼不好呢？如果城市真能這樣區域化，那就不叫折騰了，那是最最潮流的「一小時生活圈」生活方式，那當然是一種前所未有的好享受了，這正合忙忙碌碌的現代人無非都想在最短的時間和不同的人交往或者做好不同事罷了的想法。被朋友如此「教育」了一番，我終於弄懂了「一小時生活圈」的含義——那就是要在一小時內或者是更短的時間內，拓寬你的生活圈子和資源。其實專家的話無非就是印證了「一小時生活圈」的可能性。

過幾天，在書城遇著了一位做書的朋友，我問他近段出了些什麼書，他說都是些資訊量很大的圖文書，或者也可叫客廳書或廚房書，意思是說書中賞心悅目的一個個看點，隨便拿起來也看得進去。他感歎說：現在編書是用資訊傳播的方式來替代過去那種知識傳播的方式，知識傳播的方式動不動就是分門別類的全

本，如果不是專門研究這一文化的人該多累呀；而資訊傳播的方式追求雅俗共賞，抓住一般人最想瞭解的興趣點、知識點、焦點去編寫，其實在一本書容納最大量的東西，書的文字必然會越來越少，圖片越來越多，在最短的時間內讓讀者讀到最多的資訊，就算是一些關於人文歷史的書，也最好能讓非專業人士諸如八九歲小孩以及寫字樓的白領都覺得它好。

　　聽了這一番話，我回頭再想想那個城市調查專家的城市區域化論，這一下醍醐灌頂：敢情連做書的都在向拓寬你的生活圈子和資源的「一小時生活圈」的生活方式看齊呀。

　　也怪不得，現在的圖書越出越有色彩，什麼普及本、漫畫本、繪圖本等等讓人應接不暇，就是連一些大名家也不例外，你看連人家王朔把自己那本《看上去很美》的小說也改成圖文本《看上去很美》出版了，愛深刻的人可以去讀小說版的《看上去很美》，愛消譴的人呢花一小時也可看完圖文本《看上去很美》。哈，不同的讀者有了不同的消費點，但書還是我這個作者的書，而消費對象卻早已拓寬了一大把。

　　對任何一種文化產品，雖然說不能必以老少咸宜這樣的觀點去評判它，再怎麼說文化產品應該是適合市場經濟以後的多元化消費的不同需求，但是能把同樣的一種圖書做成不同的版本去出版，讓不同的消費對象能夠找到自己喜歡的版本，讓不同的消費對象分享到不同的閱讀快樂。這樣的雅俗共賞也不失為非常可人的閱讀場面。

以疼痛的姿態閱讀城市

　　早前採訪作家閻連科時，對他說的「疼痛感」印象非常深刻。他說，一部小說，對一個作家最起碼的要求，就是他的小說中必須有一種疼痛感，有一些黃蓮的苦味。他還認為從生活低層往上看，所引發的故事常常都給人一種非常窒息的疼痛感。

　　說來有趣，近來讀到了不少以「疼痛」的姿態去閱讀生活本身、表現當下城市人生活情態的小說，而且主要的視野都鎖住在生活在低層的人物身上。這些小說關注的角度，一種是身份的邊緣疼痛感，由此而引申出另一種情感的邊緣疼痛感。

　　生活在城市裏的每個人，它的身份並不一定是與生俱來的。比如說，現在我們對孩子的成長的價值系統都過於單一，我們的高考系統幾乎是一個青少年成長道路上唯一的成功系統。只要你不在這個系統之內，就會成為海德格爾稱之為的「被拋離的人」，就會成為弱者，成為毫無希望的人，成為被同情的對象。這個成功的系統已對人構成巨大的奴役與壓迫，不用說「被拋離的人」，就是在系統內的人精神上也是傷痕累累、坑坑窪窪。小說《少年行》裏正是講述了一個名叫軍偉的輟學者在我們這個「價值系統」之外的一段青春往事。因為是一個不能繼續升學的少年人，他的「身份」就被刻上了「脫離價值系統」，他成了一個悲劇性的人物，在家無所事事，無目的地混在社會上，抽煙酗酒，打架鬥毆等等。「價值系統」之外的軍偉的這一「身份」，無疑隱含了作者對社會單一價值系統的質疑、批判。

　　相對於軍偉那種被「價值體系」定義為「被拋離」的「身份」，《老樂的執迷不悟》裏關注的是來自於自身對身份的一種困惑。老樂（樂滿倉）是個農民，進城多年了，也買了房子，有了工作，也算是有了家業，兒子樂小勇也早已成為了一個城市裏的「人物」了。照道理說，他的身份應該算個城裏人了。可是城市裏的人，還是拿他當農民，甚至連他兒子也一樣把他當農民看；而老樂自己也還認定自己的家不在城市，他還認定自己是農民。這種執迷不悟的認定是骨子裏的，是血液裏的。所以他經常想回鄉村。但已經揀好包袱的老樂，卻又開始執迷不悟地去追蹤一個城市的敗類——搶劫殺害小區一老太婆的兇手。最後，他搭上了自己的性命，贏得了城市人對他的尊重和認可，這一刻他是真正的擁有了城市人的身份和榮耀了。老樂的這種「執迷不悟」揭示出了一種邊緣的身份交雜著的邊緣情感：城市運轉中的一個有機部分——農民工們的生活矛盾狀態。

　　同樣是關注農民工的主題，《未被捅傷的聲音》表現的疼痛顯得更複雜些。陳大印是被動進城的，因為妻子嫌他沒出息丟下他和孩子出走了，為了尋找妻子，他來到了城裏揀拾垃圾，成了城市裏最為卑微的那個群體。後遇上了一個有錢的被男人拋棄的城裏女人張春玉。張春玉高姿態地花錢請陳大印出演那個負心男人的角色，唯一的要求是要他一直保持沉默聽她的大聲呵斥。而陳大印小時侯因為一次意外事故腦子受傷，變得愛說話，落下了個愛饒舌的毛病。要陳大印這個饒舌者保持沉默，真的很為難，但為了錢，他還是答應了。可是每次聽張春玉的呵斥，他卻從不拿錢，他說，她和自己是患了同樣的「病」——都丟了人。一直沉默的陳大印最後發出了勸解的聲音：「你把你的男人弄丟了，

我把我的女人弄丢了，可我們不能自己把自己弄丢哇。」這一種
勸解讓我們在痛惜中，發現在卑微的生活裏也還隱藏著一種極其
溫情的東西——那是一種關懷他人的人性光輝。也許對陳大印這
個低微身份的人物來說，這種行動有點過於浪漫。但是，正是這
種看似不符身份的浪漫，賦予了身份邊緣人那種讓人敬佩的生存
姿態——雖然自己疼痛，但是卻決不輕視他人的疼痛。

　　軍偉生活在城市，但卻無情地被城市拋棄，他被劃為了城市
的底層「身份」；老樂和陳大印的根在農村，更被自然地化歸為
城市的底層「身份」。這種對被拋棄的底層的疼痛關注，觸及了
城市深處的真實面孔，再現了城市生存的複雜與困惑。

西風裏的華美與惆悵

　　在陳丹燕的心裏，歐洲已成了她的精神故鄉。她背著一隻包，握著一張地圖，走在德國、義大利、法國、西班牙、奧地利、波蘭……層層疊疊的異國文化風味，讓她是那樣的開懷、自在、放縱、緊張、沉迷、感動。所以，這幾年她的文字和出版的書籍都沒有游離開歐洲這個特定的地域：2000年的《咖啡苦不苦》、2001年《今晚去哪裏》、2002年的《木已成舟》，都是歐洲文化隨筆系列圖書，三本書的側重各有不同，《咖啡苦不苦》關注咖啡館，《今晚去哪裏》描述小旅館，《木已成舟》品味博物館，從不同的視角展現出了「陳丹燕的歐洲」。

　　而她最新出版的《漫捲西風》依然還是以歐洲為主角，主要記錄奧地利、德國之行。書中有作者第五次去維也納的細緻觀感。從克里姆特金紅兩色的《吻》，到分離派的金色曲線與巴羅克藝術風格的對比，讓人感受到維也納無處不在的華麗和奧地利人文雅的炫耀和精緻的享樂，層層疊疊的往事，帶著普魯斯特式淡遠的惆悵。

　　《漫捲西風》一方面更強化了歐洲在陳丹燕心中的分量和美麗，同時與前幾部歐洲隨筆不同的是，它著重糾纏於八十年代的旅行記錄，正如陳丹燕在《漫捲西風》的序言裏如此述說：西風浩浩蕩蕩地搖撼著我半生的生活。這本書，是特別為我的同時代人寫的，我們有著共同的回憶。在我的生活裏，那些共同經歷過的浩蕩西風，演化成維也納的日日夜夜。可以說，這是一本糾纏於八十年代的旅行記錄。

　　所以，她的旅行記錄有著很多上海的故事和回憶，這種對比，鮮明得可愛、華美，卻也惆悵，於複雜的感情中，對歐洲有了一種更物化更真實的感知和思索。比如，在八十年代的中國，大學生們學交誼舞是當時的一種時髦。而在作者的筆下，卻把這種時髦融入了歐洲文學史和音樂裏：「當他們終於跟上了拍子，開始小心翼翼地退進，生澀地旋轉了一小圈。眾目睽睽之下，他們不敢看我們，也不敢看對方。他們的臉儘量地莊嚴和抒情，像歐洲文學史的必讀書目裏描寫過的那些舞會裏的人一樣，渥倫斯基和安娜卡列尼娜，羅密歐和茱麗葉，還有普希金的長詩裏描寫過的那些舞會。但是他們的臉上有著我們那個時代的青年才有的勇敢和懵懂，以及彷彿惱怒般的害羞。」

　　這個舞會的場景，的確是那一代人的共同體驗。而在陳丹燕的筆下，卻因為歐洲這個文本的加入，舞會就有了一種不平凡的魅力，那就是一種對文化的共同追尋和嚮往。陳丹燕以一個小小的視角，就透出了與眾不同的風範，這就是她隨筆的獨特耐人的品味。正像陳丹燕的「上海系列」體現的只是陳丹燕個人視角下的上海，雖然所寫也只是「陳丹燕的歐洲」，但她的一雙眼睛很尖也很特別，總是盯上別人熟視無睹的東西，並且有她的新發現。那些她喜歡的，打動了她，多年之後仍留在記憶中的事物，也許別人覺得平常，可經由她的描述，就獨有一種韻味和情調。

　　陳丹燕的文字裏一直有一種「用了許多日子，被客人的紙煙熏黃了的」時間慢慢過去的滄桑感，即使面對血腥和殘酷，她也不會言辭激烈，一筆一筆地慢慢寫來，卻讓你的心隱隱作痛。

　　她如此寫奧地利的滄桑，「那裏無所不在的金色──奧地利人內心真正的顏色──將灰綠色裏的惆悵調和成文雅的炫耀和精

緻的享樂⋯⋯地球上，哪裏能容得下這樣的地方、這樣的人、這樣奢侈的生活態度呢。所以，第一次世界大戰，奧匈帝國成了分割後小小的一塊德語區，像個斷手斷腳的殘廢人。第二次世界大戰以後，差點連國都亡了。奧地利的歷史，簡直像一齣在歌劇院上演的戲。」溫溫婉婉的文字，卻一針見血地道出了奧地利的疼痛，那種痛，卻蘊著溫文爾雅的感傷，纏繞得你透不出氣來。

她對歐洲城市的感悟，文字總是那麼的讓人莞爾。「維也納是個不光有溫文爾雅的感傷，而且也時時把玩這種感傷的絮絮叨叨的城市，非常布爾喬亞。」「在柏林得做個一板一眼負責的人。但在維也納，脆弱和崩潰本身就是正當的理由。有了佛洛伊德和他的病人們，茨威格和他小說裏的女人們，克里姆特，瓦格納和他們那些陰鬱的、充滿情慾的金色曲線、千奇百怪的隱衷都可以得到寬恕。」寥寥數語，就把不同城市的風格如此鮮明地印在了讀者的腦海裏。她的細膩、婉約的文風，使她的文章中雖然不乏瑣瑣屑屑，卻又大雅得讓人共鳴。

黑色畫布上的燦爛小花

「他的周圍開放著三角梅，那是他最喜歡的花，粉粉的、紅紅的，洋溢著愛。如果這些花是人的話，會是世界上最美的人。」「這樣的一個地方得換個名字，於是他就起了個新名字，大聲說，『卡洪莎』。對他來說，這個名字的意思是「沒有悲傷的城市」，他相信總有一天所有的悲傷都會消失，孟買會獲得新生，變成沒有悲傷的城市。」──這是被美國圖書館協會評為「2008年全球最佳好書」的《沒有悲傷的城市》這部小說裏，一個十歲孩子的燦爛夢想。

這個孩子叫祥弟，雖然從出生的那天開始，便被父親遺棄在孤兒院。但祥弟在孤兒院四周那些瘋狂生長著的紅色三角梅裏，卻構想起了一個與他自己相依相守了十年的意念中的孟買形象，他甚至專門為這個想像中的世界起了一個新的名字──卡洪莎。在祥弟的眼裏，卡洪莎是一個魔幻般美麗的天堂，人人不會受到任何傷害，處處是溫柔的撫慰。為了堅守這一種美好構想，當孤兒院被迫遷離孟買時，祥弟逃走了。其實，與其說他是隻身跑到孟買大街去尋找他的父親，不如說他是為了去尋找和驗證天堂般的「卡洪莎」這個城市的存在。

但是，意念中的「卡洪莎」在現實世界中卻被碾成玻璃般的碎片。作者阿諾什·艾拉尼寫這部小說的背景正是1992年到1993年間，當時孟買的暴力衝突正如火如荼地上演著。真實的孟買城，不僅不是一個沒有悲傷的城市，反而是充滿了死亡和腐爛的

氣息。孟買城到處是忍饑挨餓和無家可歸的人，而這些人無論老的還是少的，健全的還是不健全的，都要被迫忍受地痞老大阿南德・拜依的欺凌。為了填飽肚子，祥弟也只好投入了地痞老大的魔下。乃至最後，年僅十歲的他竟被當成衝鋒陷陣的小士兵，不由自主地捲入了一場血腥暴行中。

看這部小說，完全就像在看兩幅畫：一幅是黑雲壓城城欲摧的黑色畫布，散發著一種讓人透不過氣來的絕望；一幅是零零星星的小花，在風中搖曳出一種微弱亮光。阿諾什・艾拉尼的聰明之處，就在於總是讓這兩幅畫面在小說中平行地穿梭，在穿梭中又處於一種角力的對峙狀態。一方面，阿諾什・艾拉尼筆下的孩子們生活在動盪不安的世界，饑餓、疾病、種族衝突，還有死亡會隨時發生，生存的黑暗隨時都在吞噬著他們。但另一方面，當黑色畫布快要把零星小花遮蔽的時候，阿諾什・艾拉尼卻又割開了黑色畫布，投進了一絲亮光。所以，讀這小說，有一種很跌宕的感覺，一下升到明豔的高空，一下沉入灰暗的低谷，猶如坐過山車一般。

阿諾什・艾拉尼讓兩個常年在街頭流浪的兄妹桑迪和古蒂，救了餓得快要昏厥過去的祥弟，這兩個年齡和他相仿的兄妹靠乞討來維持生活，為祥弟提供了食物和住的地方。孟買是冷酷無情的，讓祥弟的卡洪莎之夢顯得遙不可及。但桑迪和古蒂的善良，讓祥弟仍然堅信，孟買一定有它美好的一面。而當這些美好還沒有來臨時，祥弟就努力地用自己的想像去造就它的美好：警察局柱子上那些藍黃相間的條紋一躍而起，變成了活生生的具有強大法力的員警虎，在街上巡邏，以預防犯罪；古怪肋骨從瘦弱男孩的身體飛出，變成鋒利的長牙，教訓阿南德・拜依，然後，所有

的壞人都被長牙追趕著，直到那些壞人意識到自己的錯誤，所有的長牙才又回到那個男孩的身體裏。

　　出生、成長於印度孟買，後於1998年移居溫哥華的阿諾什・艾拉尼說，「作為一名作家，我認為應該去探索黑暗，並逐步走向光明……因為到今天為止，無論你身處哪個國家，地球上還不存在一個完全沒有痛苦的地方。」而他割開黑暗畫布投進的亮光，自然就讓冰冷的現實帶上了愛與關懷的溫度。於是，最殘酷的世界和最美麗的心靈之間的衝突，演變成了充滿無限希望的寓言，讓每天穿行於充斥著殘疾、病痛和惡臭垃圾的孟買街頭的祥弟相信，希望和幸福就存在於這個城市的聲音、顏色、以及他們自己的想像中。這其實也很好地暗喻了當代人類的一個共同夢想——在目睹和經歷了那麼多的動盪之後，想要看到愛與幸福的願望。而祥弟的員警虎與古怪長牙，便是黑色畫布上的燦爛小花，終究會越開越茂盛。就像小說的結尾，一群三角梅做的馬，飛奔在孟買城，而每一個人都可以從馬身上的花瓣裏看到愛看到幸福。

第二部分

符號

村上春樹的三張面孔

　　說起日本作家村上春樹，中國讀者最熟悉的當是那一張「小資」面孔。被譽為「村上專業戶」的翻譯家林少華教授曾在某次村上春樹的新書發表會上談到了自己衡量小資的標準：一是喝不加糖的卡布其諾，二是聽德彪西的音樂，三是讀村上春樹的小說。而被稱為標準的海派小資作家毛尖則認為小資應該有著自己嚴格的藝術趣味和藝術消費：文學類，要懂得欣賞村上春樹的小說；電影類，要懂得欣賞基斯洛夫斯基的影片；音樂類，要懂得欣賞德彪西的印象派音樂。毋庸置疑，有關村上春樹的閱讀，似乎一直成了中國小資最標準的閱讀風格。林少華教授就曾如此斷言：村上春樹的小資情調，就是中國一種特有的讀法。

　　有趣的是，關於村上春樹的小資面孔，在新井一二三撰寫的〈蘆屋因緣：從《源氏物語》到村上春樹〉一文裏也有跡可尋。蘆屋位於大阪—神戶中間，是所謂阪神地區的心臟部分。新井一二三在文中談到了蘆屋這個地方對日本作家的影響：蘆屋在日本名氣之大只有東京的闊人集中地田園調布能相比，描敘日本富貴家族生活的文學作品多以蘆屋為背景，其中著名的，戰前有谷崎一郎的長篇小說《細雪》，戰後有山崎豐子的經濟小說《華麗一族》，如今國際上最有名的日本小說家村上春樹更是在蘆屋長大的，他的早期三部曲《聽風的歌》、《1973年的彈珠玩具》、《尋羊冒險記》均設景於此。更有意思的是，文中還強調了二十世紀初產生的「阪神間摩登主義」給作家創作帶來的深遠影響：

背景設於1930年代末蘆屋上流社會的小說《細雪》，其四姐妹住
的是有壁爐的半西式日本房子，她們熱衷於春天賞櫻花、夏天捉
螢火蟲等傳統遊戲，但是回到家中就大口喝啤酒或者開瓶白葡萄
酒嚐起司；村上春樹的出道作品《聽風的歌》裏出現的音樂、電
影片、飲料、食品等，沒有一個專用名詞是日語的，反之全都是
外來語，他的問題被指出明顯有英語文法的影響，若他沒有受阪
神間摩登主義的薰陶長大，作品風格大概會很不一樣。

　　新井一二三的話，無疑為村上春樹「小資」面孔的形成提
供了一個可以觸摸的視角，同時也為村上春樹的另一種面孔——
「疏離感」的形成，提供了一種真實的視野。林少華教授在《人
生旅途中的風吟》裏，對村上春樹的這種「疏離感」面孔，進行
了進一步的解讀。

　　美國作家哈特費爾德這樣說道：從事寫文章這一作業，首
先要確認自己週遭事物之間的距離，所需要的不是感性，而是尺
度。 林少華教授則認為，村上春樹從創作的第一部作品《聽風的
歌》（大陸譯為《且聽風吟》）開始，就在語言和對人兩個方面
表現出了很強的距離感。村上春樹曾說，日本小說過於利用「日
語性」，以致「自我表現這一行為同日語的特製結合得太深，沒
了界限。」所以，他對語言同自己的距離採取一種玩世不恭的遊
戲態度，「先用日語寫一點點，再翻譯過來。結果覺得很順手，
那以後就一直用這種文體。」因此他的小說語言體現出了明顯的
英語文法。至於對人的距離感，則表現在村上春樹幾乎從不直接
寫自身的經歷和體驗，不寫家庭。其結果，導致了同「日本式土
壤」保持距離，進而同日本這個社會保持距離。林教授說「距離
感或疏離感，連同虛無感、孤獨感、幽默感，構成了村上春樹作

品的基本基調。它無法捕捉，又無處不在，輕盈散淡，又扣擊心扉，涼意微微，又溫情脈脈。」而也正因為這一種溫情脈脈的疏離感面孔，俘獲了眾多讀者。

〈《海邊的卡夫卡》現象及其背後〉一文則為我們提供了村上春樹的第三張面孔。日本文學評論家小森陽一認為村上春樹的《海邊的卡夫卡》提供了一種心理「療癒」，其故事結構中明顯貫穿了與戰後日本特殊的歷史性相關的種種隱喻和指涉，這部小說並非一部單純描寫了一個十五歲少年成長經歷的作品，在某種含義上，它已經構成了一個關於戰後日本國家歷史的影射和寓言。而這一個村上春樹的面孔，也正是歐美國家眾多讀者習以為常的閱讀面孔，但與中國那種小資的時尚面孔，卻是大相徑庭的。

從村上春樹的三張閱讀面孔，我們看到了文化的異質性，以及村上春樹文學在中國實現的本土化——在一個特定的讀者群體之中，實現了同一方式的小資閱讀。誠然，對於一部作品，每個讀者都有自己理解和解釋的自由，任何一種闡釋都不可能替代或割裂其他方式閱讀的可能性。所以，不管小資也好，疏離感也好，「療癒」也好，都代表著讀者們對村上春樹的無比的愛。

垮掉一代的反叛與希冀

「垮掉的一代」被文學史家稱為「以扭曲的心理反映扭曲的世界而產生的扭曲的文學現象」。上個世紀四十年代末至五十年代初，第二次世界大戰剛剛結束，美國年輕的一代，對美國的社會制度、道德準則和價值觀念產生懷疑，並以不同方式發洩不滿，進行抗爭。他們憤世嫉俗，放浪形骸，並以文字記述自己的怪誕經歷。他們的生活和作品都是對社會正統及社會禁忌的挑戰與反映。

美國現代派作家傑克‧凱魯亞克，是「垮掉的一代」的代表人物。凱魯亞克認為「藝術家的目的不在於對字詞的選擇，而在於使自己的思想自由馳騁於漫無邊際的路上。」所以，他的一生都在路上探求和尋覓。1957年，凱魯亞克創作了自傳體小說《在路上》。小說以描寫主人公「我」等年輕人在途中搭車的種種經歷，去審視戰後的美國。而為了瞭解「他的時代」，他們失去了所有的安全保障，將自己暴露於危險、困難和生活的悲涼之中。同時，凱魯亞克在小說中還創造了一種全新的自動寫作手法——「狂野散文」，他的「生活實錄」小說往往帶有一種漫無情節的隨意性和挑釁性，其疏狂漫遊、沉思頓悟的人生成為「垮掉的一代」的一種理想，而《在路上》宣揚的離經叛道、驚世駭俗的生活方式與文學主張，也使之成為了二十世紀不折不扣的「垮掉的一代」文學運動的宣言書。

《荒涼天使》是凱魯亞克1964年創作完成的又一部不停地在路上探索的自傳體小說。故事從一座叫荒涼峰的山上開始。這是

一種停止的狀態。當時，傑克·杜勞斯（書中的主人公「我」，也就是凱魯亞克自己）選擇在荒涼峰的山上做了六十三天的山火觀察員，對佛教有了深切的理解，也學會了坐禪，但他對安寧的追求卻帶有一種瘋狂，通過佛教，他可以在思想上克服自身的「空」，把它合理化，但他永遠也接受不了它。「色即是空，是我所瞭解到的最悲哀的事實」。所以，到達荒涼峰之後，傑克·杜勞斯在日記裏寫道，他每日凝視霍佐敏峰，日復一日地記下他的感受──他以冷酷的情形和無情的誠實進行記錄。「荒涼峰的問題在於，沒有他人，孤獨、隔絕。」傑克·杜勞斯很快意識到，他必須讓自己重新淹沒於生活的洪流──去「生活、行走、冒險、祈禱，並不為任何事感到內疚」，小說的這一章節貫穿著一種「生命無常、及時享樂」的凱魯亞克式的禪宗感悟。

　　凱魯亞克的傳記作家安·查爾特斯如此評論說：這部小說與其說是一種再創造，毋寧說那就是凱魯亞克引人注目的、通常也是痛苦不堪的生活年鑒。而凱魯亞克則概括自己：「我的生活就是一首自相矛盾的長篇史詩。」1956年的那個夏天，凱魯亞克在荒涼峰頂對「空」的深思與對質，就非常真實地揭示了這個男人的生存狀態：他是一個無家之人，在不同的地方隨處停歇，然後再度出發。也許他總是幻想在某個新的終點，能夠在對新奇事物及友情的渴望和離群隱遁的個性之間找到某種平衡。正像凱魯亞克所言：「如果生活的要義在於追求幸福，那麼，除卻旅行，很少有別的行為能呈現這一追求過程中的熱情和矛盾。」

　　於是，小說的後面三章，記述了主人公傑克·杜勞斯從山頂回到了人間重新走在路上的生活。有趣的是，《荒涼天使》中的人物幾乎都是「垮掉一代」的「精英」──歐文·加登（艾倫·

金斯堡）、布林‧哈巴德（威廉‧巴羅斯）、朱利安（呂安‧卡爾）、傑克‧杜勞斯（即凱魯亞克本人）。他們開著破車橫越美國大陸，甚至到了墨西哥，在路上發生些荒唐古怪的事——一路上他們狂喝濫飲，吸大麻，玩女人，瘋狂聽爵士樂，高談東方禪宗，走累了就擋道攔車，夜宿村落。在他們看來，「唯有瘋狂才能拯救自己」。所以，為了獲得反理性意義上的自由，人就得有點墮落。《荒涼天使》呈現出了多種社會觀念、慾望、理想和無家可歸的迷惘，就像是混合著各種感情、尤其是那種反抗虛無感和絕望感的五十年代的美國模糊影像。

我雷故我在

「好雷呀」，「雷焦了」，「我被你雷到了」……年輕人這一聲聲的感歎，飄蕩在城市的角角落落，不絕於耳！

雷，本是自然現象，而在這裏則表示，一是無意中看到了自己不能接受的東西所產生的不適感，二是主動做出一些匪夷所思的事情讓別人產生不適感。由此可見，不適感是「雷」的重點，其中包含著人們的幾分無奈、幾分自嘲和些許充滿失敗感的無助。在多元化、全球化背景下，高密度的觀念衝突、代際衝突和人際交流方式衝突，由此產生的頻繁的無助與不適感，更成為雷文化真正的催生土壤。而多元化背景下成長的這一代年輕人，個性獨立，對圈子意識執著，對待世界的態度則是既表達又同步消解，於是，「雷」就成了他們這種態度的最佳注腳。所以，他們為區別自己與他人而雷，為頂翻他人而雷，為勝利無望而雷，為欣喜欲狂而雷，為質疑而雷，為理解而雷……一句話，生活處處都是「雷」。

《新週刊》曾經策劃過一個〈我被你雷到〉的專題。從雷的誕生、雷人標準到海內外雷人雷事等等，雷得一片烽火。文章認為，雷得最有聲有色的是著名「雷」人、以博客「胡言卵語」走紅「雷」壇的北大副教授胡旭東。而胡教授則斷言說：雷，是社會人的虛擬「出軌」，是網路匿名狀態下惡情趣和破壞、毀滅慾望的大爆發。全世界人民都在「雷」人，「雷」是對待事物的差異眼光。「雷」，事情還是那個事情，但每個人心中味道不同。

因為，你的世界觀和思維方式和別人不同，自然時刻被「雷」，當然，你也許時刻也想「雷」人。

毋庸置疑，「雷」點在我們現在這個生存壓力越來越大、社會矛盾衝突越來越緊張的時代裏，正在被迅速地大批量地製造出來。在年輕人眼中，但凡荒誕不經，不合常理，不符他們審美標準與邏輯準則的人或事，都可統統以「雷」名之。網路是年輕人最主要的話語陣地。於是，一旦發現奇聞軼事，年輕人就在網路論壇裏無限放大雷原體，主動引雷，擴大雷爆半徑，製造類雷物：葉錦添的紅樓造型，余秋雨的含淚勸告，謝亞龍獨創的「叉腰肌」，韓喬生解說，芙蓉姐姐要開個唱……統統雷倒一片。這些雷人雷事折射出新時代網路主力們對待現實世界的某種遊戲態度──瞬間震撼和長久戲謔。

《功夫熊貓》的上映，曾掀起了對中國動畫片的討論熱潮。其實，日美很多受歡迎的動漫，其主題都圍繞「守護」。例如《功夫熊貓》中烏龜大師、浣熊大師和其弟子們對村民的守護，等等。這種通過故事的情景細節自然而然地讓人去感受守護生命的意義並沒什麼不好，關鍵是美國人用了我們中國的國寶熊貓，結果紙媒網路「雷」聲陣陣：儘管導演馬克認為《功夫熊貓》是他對中國功夫的一次致敬，但藝術家趙半狄呼籲抵制《功夫熊貓》在中國上映，趙半狄他們的「雷點」落在了「《功夫熊貓》『盜竊』中國的國寶和功夫，編織著美式『勵志』故事，虎視眈眈的卻是中國人的錢包。」而很多網友乾脆把《功夫熊貓》「雷」成「很黃很暴力」的動畫。正所謂「葉徒相似。其實味不同。所以然者何？水土異也。」

　　相比較以上這些寔味不同的雷點，有關《風雅頌》的雷點就更是令人刮目相看了。有篇〈焚燒《風雅頌》不是北大的幸事〉這樣說到：「北大三角地曾經很神聖，如今成了焚書場。有同學讀閻連科新作《風雅頌》，認為小說詆毀了北大，於是，『一個人跑到三角地，把書給燒了』。他還號召：『愛北大的同學們都去買了燒，免得謬種流傳，損害北大百年聲譽。』」其實，小說本質上是虛構的，卻有人主動湊屁股挨揍，這樣的「雷」，乍看驚人，但實則有些無聊與滑稽。不過，這也從另一方面體現出了文化的寬容。而正是這一種寬容，讓「雷」越來越響。

　　「我雷故我在」——如今成了很多人掛在嘴邊的一句流行語。在這個時代，一點也不被「雷」到，真的很難。就像譚山山在〈我雷故我在〉一文的評說：「在今天這樣一個想不娛樂都難的時代，再沒有什麼能像『雷』文化那樣有趣又有效地化解我們生活中如此難以化解的生存壓力和社會衝突了。因此，說雷文化是對娛樂至死精神的提升或者落實，未嘗不可。」自然，「雷」是一種釋放生活的姿態和樂趣，那麼，「雷」人「雷」事「雷」現象成為當下生活的常態，也就見怪不怪了。

草根視野與時代表情

作為時代的記錄，或者說記憶，我們一直都喜歡以沿襲一種「精英」的套路去圖解——找成功人士做訪談、採訪、口述，成了一時的風氣，廣受歡迎，不但有賣點，有市場，而且形成了一種以成功人士的自述和懷舊為主題的寫作形式，形成了一種很特殊的文類。早前鬧得比較紅火的《八十年代訪談錄》就是這一種「精英」文類的範本。

《八十年代訪談錄》是圍繞「八十年代」情境及問題意識的對話錄，主持者選取的談話對象多為八十年代引領潮流的風雲人物：北島、阿城、劉索拉、李陀、陳丹青、栗憲庭、陳平原、甘陽、崔健、林旭東、田壯壯，分別屬於詩歌、小說、音樂、美術、電影、哲學及文學研究等領域，對話抽取相關領域裏在今天仍有討論價值的當年熱點內容作為話題，以重現這個在中國二十世紀史上具有特殊意義年代的場景和氛圍。但卻有不少讀者看不順眼。這些看不順眼的讀者如此說：「《八十年代訪談錄》中沒有我們的八十年代。我們的八十年代的記憶是應該被公眾所遺忘的。我們是一群基本被遺忘的、卑微的、看似毫無生命的失語者……我對《八十年代訪談錄》中的精英主義的話語方式感到無比的厭惡。」

作家李陀在〈另一個八十年代〉一文提出了自己的看法，他說，「無比的厭惡」讓我想了很多，這樣的反映是偶然和個別的嗎？我想不是。因為二十世紀八十年代所以被攪動，還攪動得那麼熱火，是參與的人群太多了，官方理論和專家學者，知識精英

和普通百姓，作家和文學愛好者，改革家和下崗工人，政治家和庸眾——所有這些群體都是攪動那個時代的動力，扮演了各自的角色，維護了各自的利益。那是一個非常複雜的歷史發展，不應該被簡化、被化約，尤其不能被簡化成一個文化精英如何發跡，如何成功的故事。他提出建議：「編輯、出版社在找人寫八十年代回憶文字的時候，不一定全找那些『成功人士』，也不一定要找今天在媒體上總有機會拋頭露面的『成功人士』。我覺得有意擴大回憶人的範圍，特別注意找一些在頭上沒有成功光圈的人，也許這些人的記憶更有意思……」

在這裏，李陀提出了一個圖解時代的不應忽視的視角——時代的表情是多樣的，記錄、回憶、評判時代的視角也應該可以是更寬泛的。不可否認，以全「精英」的回憶，對八十年代轟動一時的現象、事件、人物及文化動因進行深入剖析、批評和反省可以代表一種時代文化的表情，但是，同樣的，作為民間的立場、草根的立場，也是不能完全忽視對一個年代的記錄和回憶的表情——因為這一種屬於平民視野的記錄和評判，也許更能貼切地反映出那個時代的豐富多彩的現實表情。

同樣是記錄八十年代，吳亮的〈八十年代瑣記〉就顯得江湖多了，民間多了。文章裏談及了與一些作家、親人、讀者發生的片斷故事，每個片段都以「一次」來言說。「一次，在杭州九溪討論長江三角洲文學。會議開得熱火朝天，沒日沒夜地聊，人人都揣著一肚子的寫作計畫。許多人走火入魔，大談馬爾克斯、川端康成、海明威、福克納，還有算命八卦飛碟外星人野狐禪……」；「一次，我請父親母親吃飯。坐定後我讓父母點菜。父親說，簡單些，我只要一個咕嚕肉，一個蠔油芥蘭。菜端上了

桌，母親不停地問每道菜的價格，還抱怨說，早知這麼貴我就不來了，這裏的菜，我可以為你燒一桌……」；「1987年在香港中文大學，我聽了一次顧城的演講，關於詩。他聲音輕柔、眼睛看到的彷彿是另外一群觀眾。後來，我們坐車去山頂玩，顧城對我說，香港太吵。」這樣的片斷記錄，就像敲在青石板的小巷裏，溫婉動人得想掉淚。而伴隨著這些溫暖的文字，那個攪動著人們神經的對物質和文化都熱切渴望的八十年代的社會面貌，也一一生動地展示在我們的眼前。

易中天的《品三國》已經成了我們這個時代文化的一種燦爛表情，按作家林少華的說法是——「易言九鼎如日中天」。媒體網路評判易中天的文字多如牛毛。但我看到最有趣的卻是《易中天的土豆》。作者的評判立場飄揚著一種很有趣的平民味道：「種土豆的易中天與賣土豆片的易中天，代表了兩種不同的價值理念：以生產為主導還是以消費為主導。種土豆，種好土豆，種土豆好，種出土豆就是好樣的，至於土豆賣不賣得出去，爛沒爛在壟溝地窖裏，那就不是俺的事兒了——這就是我們過去的生活方式。賣土豆片就不是這樣了，他得將消費者的喜好、市場走向、商品經濟規律，統統掛在心上，可不是件容易的事。」作者以市場經濟學調侃易中天，這一種調侃，趣致地道出了現代社會對作家提出的一種時代新表情——在當今，不僅要當個會創作的優秀作家，還得學會當個會推銷作品的作家。這樣一個時代文化表情，以土豆導出，實在讓人讀得莞爾。

其實，說到底，精英，或者平民，與時代表情都是息息相關的，我們不應該顧此失彼，而在關注精英的同時，我們不應該忽視平民草根的這一種大眾立場。如此，我們才能真正看清時代的風雲面貌。

經典的粉絲做派

　　一提起張愛玲，估計只要是稱得上張愛玲粉絲的，一定都會舌燦蓮花，飛出一長串的動聽話語來。畢竟，愛一個文化偶像，對粉絲來說，著實是一件有趣的私事。自然地，不同的粉絲，對偶像的感情拿捏，抑或說是具體表現，肯定是千差萬別的。而正是這一種千差萬別，讓我們看到了偶像的傳奇魅力，也看到了粉絲們的經典做派，如何地百花齊放。

　　陳冠中是張愛玲的粉絲，儘管他這粉絲在上個世紀七十年代才開始看張愛玲的作品，但是，這一看，卻從此沉迷不已。然後，他就做了一件跟張愛玲有關的事——把張愛玲《傾城之戀》小說改編成話劇。他強調說，他是以粉絲的態度改編《傾城之戀》的，雖然有時候會語帶不敬。

　　陳冠中在〈粉絲改編張愛玲〉對這個「粉絲創作」的過程做了一番追憶。最有意思的是陳冠中說起自己在1987年的香港首演場刊上，以一個粉絲口吻寫的那些親切之語：可能因為是上海人，也是香港人，所以喜歡張愛玲，很地域的，也就是很私人的；其他人為什麼迷張呢？大概是所謂文字的美麗吧，張愛玲的無數情懷及蒼涼姿態，慢慢將所有稍有耐性的讀者迷倒，然後一個宏觀，才呈現她通透清明的心靈，「因為懂得，所以慈悲」；看張，令人傷感地愉快，有種「奇異的眩暈」；還是抓住親切感及小聰明，把自己對一篇雋永通俗小說的喜悅傳染上舞台；希望觀眾看話劇《傾城之戀》，會像我初看小說時一

樣,感到心曠神怡;這只是一齣精巧蠱惑的喜劇,其餘是各自修行。

　　陳冠中的話,透出了做一個「粉絲」的張狂與快樂。雖然他只做過一件跟張愛玲有關的事——改編了她的《傾城之戀》。但是,這一種改編,卻成為了一種歷史的經典記錄:2002年,香港話劇團慶祝成立二十五周年,選演了《傾城之戀》這齣戲,雖然不是舊戲重演,但卻是「根據陳冠中1987年的舞台版本重新整理,並加入歌唱與舞蹈,從此,香港追捧《傾城之戀》日盛。2005年張愛玲逝世十周年,香港話劇團再上演《傾城之戀》,幾度加演,再穿梭滬港。自此,《傾城之戀》跨時代、跨地域、跨媒體、跨方言、輪迴變身,終成了香港話劇團的保留節目。《傾城之戀》的風光無比,對粉絲來說,當然是有了張愛玲才可能有化學作用。但是,不可否認的是,是陳冠中這個粉絲,讓張愛玲產生了更強的化學作用,成為了香港話劇舞台上一演再演的經典傳奇。這樣的粉絲做派,實在讓人豔羨!

　　相對陳冠中做張愛玲粉絲的快樂歷史,楊麗娟這個粉絲的歷史卻著實讓人心寒與心痛。

　　楊麗娟當劉德華的粉絲,追逐十三年之久,這算不了什麼;六進京城和三進香港,這也算不了什麼;但弄得全家舉債,這就是問題了;最後導致六十八歲的老父在香港跳海自殺,這更是大大的問題了。朱大可的〈娛樂有毒〉一文指出了導致楊麗娟這個粉絲悲劇的深刻原因:楊麗娟跟芙蓉姐姐是一對孿生的文化姐妹,他們不僅擁有酷似的面容,而且擁有近似的精神特徵,那就是人格上的極度自戀。唯一不同的是,楊麗娟是芙蓉姐姐的反轉

鏡像——她從極度自戀轉向了極度他戀。但即便如此，這種極端的他戀終究只是自戀的某種特殊樣式。

　　無疑，楊父死亡的消息是一次劇烈的電擊，而楊麗娟父女演繹的「卓越」的粉絲樣本，也註定會成為大眾文化的「經典」教材。只是，這一種「經典」粉絲，雖然裏面潛藏了新一代人集體性格中的某些敢愛敢恨的亮點，卻也暴露了他們某種程度不懂好賴的現代版愚昧。其實，偶像是一種商品，而粉絲是一種消費者，這兩者之間，存在著一種隱秘的交流。這種交流，是一種度的問題，而該如何把握這個度，問題在於，在興趣與迷狂間找到一條有益於自己心智舒暢的路。這就仿如良藥與毒藥的關係，藥適量，當然是良藥；但藥一過量，良藥就會變成毒藥。所以，陳冠中說，做粉絲也是需要「各自修行」便是這個道理。

青春為何不可以另類

「另類」這個詞在我們的身邊早已氾濫得水波不興了。不過，要是由另一方天空下的聲音發出的，多少總是會泛起些漣漪。

這不，北京少女作家春樹上了2006年2月2日美國《時代》週刊亞洲版的封面，與韓寒、曾經的黑客滿舟、搖滾樂手李揚等四人被認為是中國八十年代後的代表，並與美國六十年代「垮掉的一代」相提並論；文章以「linglei」（另類）來稱呼他們，認為他們是中國的新激進分子。這個新聞一下就成了各大網站的爭論熱點。對於成了八十後的代表，春樹說：我看到有人在網上說，突然之間春樹就成了我們這些八十後的代表，太讓人不安了；我也很不安呢，我怎麼就成他們的代表了，我還不樂意呢。你看看，人家春樹都不樂意被誤讀呢！

說起誤讀，我就想起了我剛剛看完的一本書，是學者趙毅衡先生寫的《詩神遠遊》，書裏說到了這樣一個有趣的問題——中國古典詩並無女權思想可言，但具有強烈現代婦女意識的美國詩人卡洛琳·凱瑟在她的「仿中國詩」中，卻寫出了很強烈的女權思想，讓我們看到了一首取意樂府詩《子夜歌》的「女權主義」式的中國詩。我想作為一個中國讀者，你無論如何也難於把女權主義與中國古典詩扯到一起的。我舉這個例子只是想說明，中國的文化被西方「誤讀」，這是很正常的，所以春樹被誤讀成「八十後的代表」，本也沒什麼大不了的，國人也沒必要非要辯出個子丑寅卯不可。

　　至於說到「另類」，這好像就有點複雜了，什麼才算是「另類」？有人這樣描述春樹：在聽音樂和看電影時會哭，喜歡虛榮，還有一切虛幻的感覺，天天都塗香水，輕陷在柔軟如天鵝絨的床單上顫抖；她喜歡名牌，喜歡被人愛，喜歡門口貼著五星或者更多星的賓館。我就覺得像春樹這樣的做作姿態，如果有條件有環境的話，青春歲月的女孩子不都是這樣幻想的嗎？為什麼到了春樹的身上，就成了「另類」？如果說這也是另類，那只不過是有的人享受不起、或享受得起卻不願意去享受「另類」罷了。你不去「另類」是你的事，別人要去「另類」那也是別人的事，最要不得的是自個兒不去「另類」卻又閉著眼睛批人家「另類」什麼什麼的。《還珠格格》裏的那個文靜晴兒都說了：紫薇和小燕子，我不知有多羨慕她們，因為她們分別——代表了一個文學的我，一個叛逆的我。晴兒說這話時，眼睛充滿了神往。其實，問一問自己，對春樹們的「文學與叛逆」，我們是不是也帶著晴兒的心思與神往？

　　我這麼說，並不是認為春樹們怎麼怎麼的討人喜歡，我想說的是，春樹們只不過是一種青春的現象，既然是現象，那當然是有主流的，也有非主流的，你喜歡按主流去成長，你喜歡按非主流去成長，那都是你自個兒可以選擇的。像熱愛搖滾熱愛朋克精神的春樹從高中輟學，然後自由寫作，出版了轟動一時的小說《北京娃娃》。像韓寒從中學退學後，創作了《三重門》，一時間成了青春小說的風頭人物。說來說去，他們只不過不按一般人既定的青春軌跡成長，他們是青春期裏長得有點特別的花，或者說是有些刺眼的花罷了。

　　曾經採訪過作家何大草，當時他剛出了本描寫青春的小說《刀子和刀子》，主人公是一個十八歲的女孩子，穿著夾克、牛

仔、陸戰靴,留著板寸,以兩把刀子為吉祥物,以漫畫中的英雄麥麥德作為自己的偶像,她的成長似乎「另類」得迷惘又放縱。何大草說:一味地把青春的生活浪漫化、小資化、瓊瑤化,誰都會有甜得發膩的感覺吧?事實上,沒有迷惘和放縱,又哪來的青春呢?青春充滿了暴風驟雨般的激情,也充滿了南方夏天那種苦悶和壓抑,而壓抑帶來的反彈,就是宣洩和放縱。

是的,青春可以浪漫化,青春可以小資化,青春可以瓊瑤化,為什麼青春就不能擁有「宣洩和放縱」呢?所以,還是覺得北師大社會心理學博士宋振韶說得在理:我從來不覺得如今的少年群體有多「另類」,如果說「另類」的話,只能說明我們的社會對個性的張揚還不夠寬容。就是嘛,別人也不過是張揚了自我的個性,何苦扯那麼多的帽子去吆喝個不停呢?

喧囂中的文化消費

在這個喧囂的時代，不論文學、藝術，傳統或是大眾文化，似乎在市場的消解下，都統一成了「消費文化」，而娛樂這個帶有狂歡性的字眼，更成為了公眾視野中眾人追求的代名詞，深深地滲透著文化的方方面面。

在這些此一輪彼一輪的文化消費或者說是娛樂高潮中，我們看到的是什麼呢？——娛樂狂歡的背後，是獨立判斷和自我意識的缺失、審美能力的下滑。張檸在〈傳統文化：喧囂未必是回歸〉指出，2006年的中國文學以一種極其怪誕的娛樂式狂歡，表達了一個文學繼續淪陷的主題。在其中，我們看到的不是文學，而是對一種粗製濫造的文學商品的消費，以及對炒作出來的文學事件的消費。人們對文學和意義、審美的關係已經毫無興趣。「八十後」創作現象，依然成為2006年文學爭論的焦點之一。但是，對「八十後」的批評一直缺乏有效性，他們或者錯誤地將文學市場當做文學，或者借「八十後」來批評當代精神。「八十後」代表人物韓寒，毫不猶豫地公開表達自己對老一代佔據的文壇的鄙夷，原因是有市場撐腰。從「文壇是個屁」到對當代詩歌說「死了」，韓寒表現了自己作為一個「壞孩子」的破壞能力。在這種破壞面前，文學又能做什麼？蘇童一本《碧奴》成為觀念大於文本的典範。《兄弟（下）》在上海書市創下了簽售兩場的紀錄，市場反應與作品評價的反差，使余華看上去更像是陳凱歌那樣的「大片製造者」；在對傳統文化資源的利用，對文學藝

術的消費之中，河北女詩人趙麗華的一組口語詩掀起文學娛樂和「惡搞」的高潮。

在娛樂化時代下，〈百家講壇現象考察〉則指出，被精英稱為造星運動的背後，是電視台以收視率論英雄的遊戲規則與大眾的文化需求發生的作用，百家講壇「曾有創辦開放式大學」的初衷，可現在，它更像茶館裏的評書。消費文化的特徵它一應俱全：擁有眾多粉絲的明星講者、可觀的廣告收入、創造七百八十萬元競標紀錄的《品三國》等一系列超級暢銷書。

在娛樂化時代下「連小崔式的幽默，都顯得有些古板」。馬戎戎的〈TV2.0時代的談話節目〉如是說。是的，現今的娛樂風潮對於談話節目的影響更偏重於審美取向，以至於談話節目漸漸地從精英文化向消費文化靠攏。開播於2002年的談話節目「魯豫有約」，是「通過對歷史塵封人物的記錄來還原共和國歷史」，精英得讓人不可觸摸。而受到娛樂化大環境的影響，2004年「魯豫有約」開始採訪成龍、張柏芝這樣的熱點明星，吸引了很多青年觀眾的關注。自此後，「歷史塵封人物」只是選題的一部分，新聞人物、熱點人物都開始成為魯豫的座上客。2006年的「魯豫有約」的播出頻率一周五期，成為「日播節目」，節目內容也越來越多元：明星、新聞人物、普通百姓，甚至新聞話題。新版的「魯豫有約」更貼近我們的生活和社會，更像身邊的家長里短。

2007年是格瓦拉逝世四十周年。四十年過去了，世界發生了很大的變化。「在西方和中國，格瓦拉都成了小資們的偶像，在他們眼裏，格瓦拉是那麼酷，那麼性感，可他們將格瓦拉只當作消費的一個符號，無法真正懂得格瓦拉的胸懷和理想。」李雲雷的《青年格瓦拉的轉變》如此擔憂說。在1960年的一次演講中，

　　格瓦拉曾說：「我剛進入醫學院的時候，心裏絲毫沒有今天所抱持的革命理想，那時我只想成功，像所有人一樣追求成功。」可以說那時的格瓦拉跟現在中國的大部分小資一樣，一心只想著個人意義上的成功。但格瓦拉從醫學院畢業後，曾經做過幾次環繞南美洲的旅行，正是旅行中讓他「親身接觸到貧窮、饑餓與疾病」，想靠個人的努力來幫助窮困的人們，正是這一樸素的願望引領格瓦拉走上了革命的道路，使他從研究生理的疾病轉向了對社會疾病的診斷，從1954年開始格瓦拉便參加了政治活動，並且一生為之奮鬥。

　　但我們的很多人，對文化的消解，卻僅僅停留在消費的一個符號的淺表面，如此，當然就沒辦法理解格瓦拉這個文化符號的的真正意義。李雲雷認為，對於今天的我們來說，至少也應該睜開眼睛，看看周圍真實的世界，然後想想我們能做點什麼，或許這就是紀念格瓦拉逝世四十周年的最好方式了。其實，對其他文化的消解，也是一樣的道理——只有弄清了本質，才能在這個大眾娛樂化的時代，找到自己精神上需要的東西。

移情面孔

當一種文化被大眾所認可，而隨著時間的流失，它依然閃光發亮，這一方面是因為這文化本身的魅力，另一方面，不可否認的，也許還因為是其中的「移情」魅力。

前蘇聯著名的文學理論家、語言哲學家巴赫金就曾經說過，「我」只有通過他人才能完整地認識「我」自己，因為「我」總有一些地方是自己看不到的，而他人可以從他自己所處的位置上補充「我」的視野。同樣，他人也需要通過「我的」眼睛才能得到對自己的完整認識。這就可以理解，為什麼人們對一些通過外國人視角看中國的書如毛姆的《中國的屏風上》、芥川龍之介的《中國遊記》等等有著持續的興趣？因為他們看到的是我們司空見怪卻渾然不覺的東西。就像美國人福爾布來特所說的「移情能力」：從他人的角度看世界，並且承認他人有可能看到我們不曾看到的東西，或者比我們看的更仔細。而在國際化語境下，這種「移情能力」顯得尤為重要。

英國瓦立克大學的喬納森・貝特教授和美國內華達大學的埃里克・托斯馬森教授主持的專家小組已經證明，莎士比亞最原始版本的《羅密歐與茱麗葉》中所描繪的愛情悲劇並不像現在看到的那般精緻、傷感，令我們印象深刻的茱麗葉在羅密歐死後給他深情一吻，其實是後來人為了渲染氣氛加上去的舞台主題，莎士比亞最早並沒有寫過這個場景。不容置疑，從莎士比亞的「茱麗葉沒有吻羅密歐」演變到「茱麗葉深情一吻羅密歐」，這樣的

演變，已經完全移情成了另一個「他」者的閱讀。但不可否認，這一個「他」者的閱讀，讓莎士比亞這個文化偶像，雅俗共賞得更大眾化、更富有了生命力，以至讓後人把對莎士比亞作品的多種演繹，變成了一種品味的代名詞。這樣的演繹，就有點像中國有《紅樓夢》的多個續寫版本一樣，正因為不同的「他」者的續寫，「紅樓」這個夢沒完沒了，關於「紅樓」的話題也永遠能出現一些意想不到的風景。

《40年代，話劇的抗戰之光》回顧了中國話劇與易卜生的千絲萬縷的聯繫。黃蜀芹認為，四十年代，當時的進步話劇人普遍受到「易卜生主義」的影響。1918年《新青年》雜誌四卷六期推出了「易卜生專號」，胡適撰文《易卜生主義》，推崇易卜生戲劇中社會問題的部分。其實，易卜生一生的創作風格多樣，但中國話劇人獨獨推崇和學習其中「社會問題劇」的一部分，作為傳播思想的工具。易卜生與中國「結合」，就「移情」成了專一的主題，而這一主題，成為了當時抗戰年代的武器，讓中國戲劇具有了一種獨特的新面孔和蓬勃的生命力。

《包法利夫人們──名媛的美麗與哀愁》這齣戲，是以改編古代名著而聞名的香港鬼才戲劇導演林奕華根據《包法利夫人》改編的。整齣戲以教室作為演出的開場，通過十五堂課，每一場選取一種台灣的綜藝節目形式來探討名媛的愛情背叛、道德命運及消費慾望等命題。劇中以各色名人為原型，在舞台上展現他們真實世界中的八卦。舞台上的包法利夫人化身為名模、明星、名作家，甚至男版林志玲、購物家利菁、偶像歌星蔡依琳、瓊瑤大叔……這部戲就像是台灣名流界的眾生相。林奕華把一百五十年前的福樓拜筆下的包法利夫人對於愛情、物質、精神生活的

追求，與現在社會需要名流、八卦和名牌勾對一起，他的這種「他」者的眼光，將氾濫於台灣綜藝界的媚俗、淫樂之風玩轉得坦蕩、通透，什麼叫真正的「與現世代雜揉」——這便是。

其實，我們實在應該感到慶幸，正因為有了那麼多「他者」的「移情」解讀，文化的面孔才跳出了故紙堆，閃亮出了現世的意義。

可笑的流行標籤

　　隨著時間的變換，有很多文化竟然成為了一種流行的符號。當文化成為一種流行符號，我們還能從中看到多少文化的影子？

　　比如說建築，世界很多大師的建築設計是多麼的讓人神往，它們就像一種明星樣讓人景仰。但是如果一味地拿來主義，建築還成其為讓人歡喜的建築嗎？林鶴在《大時代裏的「小」建築》說到：「明星建築恰如電影明星一樣，某一段時期最頂級的時新風尚就在它們和他們的身上得到了絕無含糊的極端體現，非讓人們望塵莫及；又好比伊夫・聖・洛朗春秋時裝發表會上的天橋雲裳，美則美矣，卻很難容我們披掛在北京的街頭。」林鶴這話說得太妙了，他一針見血地道出了文化成為流行符號的歪曲意義：建築這種消費落到了家居上，升格到極品奢侈的程度，就搖身變出了為世人所豔羨而兼效仿的藝術等級的別墅建築，但可笑的是，被貼上了標籤，並沒有實用價值。

　　「長城」是一個歷史文化符號，「公社」是一個帶有濃重革命色彩的符號，而「凱賓斯基」則是當代一個來自德國的全球著名酒店品牌，它是一個全球性的商業符號，這三個符號，怎麼說也是很難瓜葛在一起了。但是2006年這三個「古老」的符號，終於連綴成了一條並列的直線、一個抑揚頓挫的句子、一個中西合璧的新奇品牌。「長城腳下的公社凱賓斯基飯店」舉行隆重的開業慶典。張抗抗的〈長城・公社・凱賓斯基〉一文說：「歷史開了一個多麼嚴肅的玩笑——長城的烽火台依舊巍然不動，公社的

紅星依然閃閃發光，但雄心勃勃的跨國公司，已經一步躍過厚重的城牆，從天而降悠然著陸。」雖然，新時代的精英們輕鬆地完成了對「公社」的消解和轉化，使得這個符號具有了時尚性、可使用性、流行性，但在這種繁華流行的背後，我們還能理解「長城」、「公社」這些文化符號的歷史意義嗎？

中產階級是優雅的代名詞，中國文學進入新世紀之後，中產階級這個名詞也成為文學寫作中的一個關鍵字。向榮的〈想像的中產階級與文學的中產化寫作〉詳細闡述了當前文學尤其是小說的中產化寫作存在的缺失。他說，當下中產階級的種種故事無非是中產者的慾望化故事。文學中的中產者的生活就只有兩件大事，吃穿住行追逐高檔名牌之外，就是變著法子偷情。作者斷言說，現階段中產階級文學的中產者形象，本質上說就是一個充滿獨自慾望的「花花公子」形象，只不過如今的「花花公子」形象的隊伍中還有不少女人。

也許向榮的評斷有些偏激，但不可否認，文學的中產化寫作的確過於追求所謂「優雅」形式而已，對生活本質的觸摸遠遠不夠。其實，優雅如果只是一種生活方式、一種品味和情調，一種人生態度，毋庸置疑那是每個人都應該享有的自由和權利。但是優雅一旦進入文學寫作，就應該作為一個文化的身份符號，達到揭示生存的真實性。因為文學決不會因為表達了這個優雅的流行辭彙，就變得優雅、變得高貴了，哪怕是一些中產階級文學在一部中篇小說中使用優雅這個詞語的頻率竟然多達幾十次，但優雅最終也只是一句空話而已。

被書撞了N下腰

　　《嗜書癮君子》是一本行文誇張、筆調逗趣的書。作者湯姆・拉伯以幽默詼諧的手筆，娓娓道出對書籍的搜求、閱讀與收藏的癡迷，並把愛書人的種種病狀一一列舉出來，非常生動地勾勒出了那些被書「撞了一下腰」，或「撞了N下腰」的愛書人，在書籍和書店中快樂沉淪的一種幸福體驗。雖然說如今很多奔忙在快節奏裏的城市人，書買得越來越多，但看得卻越來越淺。但對另一部分人而言，讀書正成為一種必要的生活方式。所以，一個人被書「撞了腰」，所有的雅興之事只因為「我為書狂」，還是讓我們感到如此的盡興和幸福。因為，我們和湯姆・拉伯一樣，也始終相信對書產生瘋狂的愛好是一種奇異而耐人尋味的幸福現象。

　　有趣的是，一時間出現了很多與書相關的閱讀主題，呈現出一片「我為書狂」的盡興姿態。比如，《悅讀時代》以書店歷史變遷來關注中國的閱讀環境和閱讀習慣如何發生改變。文章從昔日傳統意義上的封閉性銷售的書店，到開架賣書，再到超大型圖書賣場包括連鎖店的不斷增加，民營書店的誕生，以及以民營書店為起點的中國獨立書店的先後興起，使得有幸生活在大都市的人們，在厭倦了良莠不齊的地攤書市後，開始在本世紀成群結隊走進龐大的購書中心或者找到切合自己氣質和審美的博爾赫斯等獨立書店進行「悅讀」。這種「悅讀」的變遷，不僅見證了書店的歷史發展，同時也見證了中國的讀書人如何把閱讀從一種求

知轉變為一種生活方式。正所謂，做書店的人有做書店的人的快樂，讀書人有讀書人的快樂。

說到讀書人的快樂，估計對土耳其作家帕慕克的閱讀，應該是一種快樂中的快樂了。帕慕克獲得了諾貝爾文學獎，對其作品的閱讀，自然地就成為了一種閱讀方向標，一種特有的文化符號。伊斯坦布爾是帕慕克住了一輩子的城市，所以，帕慕克的書總是與伊斯坦布爾枝脈相連。〈伊斯坦布爾〉一文則從奠定了帕慕克作為歐洲核心作家的《我的名字叫紅》、《雪》談到了《伊斯坦布爾——一座城市的記憶》，文章認為，一個好作家是能夠耐心地花費多年時間去發現一個內在自我和造就了他的世界的人，這本書是對這句話最好的回答。對於厭倦了那種過於自戀的讀書人來說，這一本關於伊斯坦布爾的命運、而且敢於正視一個國家文明衰落所帶來的精神苦難的書，是非常有看頭的。

同樣也是作為一種特有文化符號來閱讀的魯迅先生，在讀者面前卻展現得異彩紛呈。《文化主將身上的煙火氣》談及了不同學人對魯迅先生的不同閱讀。錢理群在《與魯迅相遇》一書中說「人在春風得意、自我感覺良好時，是很難接近魯迅的；人倒楣了，陷入了生命的困境，充滿了困惑，甚至感到絕望，這時就接近魯迅了。」而孔慶東在《正說魯迅》時則如此說：「魯迅的這些智慧倘能被我們學習一半，就算一半都沒有，我覺得就可以像過去說的『閃閃的紅星』一樣，指引我們長夜裏驅黑暗，寒冬裏迎新春……」錢理群彷彿在追憶多年前不期而遇的知己，孔慶東像說著昨天飯局上碰到的「哥們兒」。孔慶東讀魯迅，既不是「主將」也不是「知己」，而是用他的「庸俗」視角勾勒出難得一見的有著煙火氣的人間魯迅：背負著不幸婚姻的中年男人，靠

寫稿子掙外快的教育部公務員，一個避免無謂犧牲、變換各種筆名戰鬥，抽煙、喝酒、看好萊塢大片，寵愛幼子的自由撰稿人。兩代學人，兩本書，兩種不同腔調，活脫脫地勾畫出了不同年代的文化人對文化符號閱讀的時代印記。

　　閱讀是一種時代印記，閱讀也是一種快樂沉淪的體驗。所以，縱然閱讀的風潮如何變幻，仍會有些書籍、有些作家早已刻進讀書人的生命，成為了一種永恆的閱讀風尚，就像魯迅，就像帕慕克。縱然閱讀的未來風雲莫測，仍有人願意回到書店，不知魏晉地親聞到書香。畢竟，那些紙媒之書，不管是顏色、聲響、還是觸覺，都是純看電子版本永遠無法領會的。就像台灣女子鍾芳玲在《書天堂》中說的那段話：「對於藏書家而言，一本書的生命不僅取決於文字所散發的能量與魅力，還有形體所承載的歷史感與美感。」由此，我們就能理解，愛書人，或者說嗜書癮君子們，在書店與書籍面前，那種被書「撞了腰」的姿態，為什麼會沉淪得如此快樂了。

那些熱鬧非凡的文化圈

　　說起林徽因，總是繞不過「太太客廳」這個亮眼的文化符號，在三十年代的北平，林徽因所在的東城北總布胡同是一個富有吸引力的空間，聚集了當時北平一大批對文學、藝術和學術有興趣的文人、學者，其「太太客廳」也成為了現代文學史上的一個經典記憶。林徽因式的文人沙龍和家融為一統。林徽因的沙龍和家是乾淨的，在這個「太太客廳」的沙龍裏，她成為了絕對的中心人物，眾星捧月圍攏了她。唐小兵〈三十年代北平的兩道風景線〉便是對這個我們熟悉的曾經熱鬧非凡的「太太客廳」文化圈做了一番生動的評點，尤其有趣的是，還對與「太太客廳」同時代出現的、並且相互呼應的另一個文化圈──金岳霖的「星期六茶會」做了一番趣致的解讀。

　　唐小兵如此評價「太太客廳」文化圈：不管來訪者的出身，職業或社會地位呈現出怎樣的面貌，只要他們被這個象徵著當時北平知識界頂峰的「客廳」所接納，就可以融入一個知識貴族的公共空間。換言之，林徽因的「太太客廳」，與其說是中國式的文人結社的現代延續，不如說是近代歐洲啟蒙運動時期的沙龍等公共空間的「東方版本」。這個說法實在太妙趣了。

　　轉而說金岳霖的「星期六茶會」，唐小兵則認為，金的單身漢生活為朋友間的交往，提供了自由自在的公共空間，而知識份子最在意的就是這一份不落俗套、不被羈絆的精神自由，單身漢身份使金少了很多俗務，這種生活習性適合在北平的知識群的

「分層」中發揮著隱性而有效的作用。例如作為從歐美留學歸國的教授，吃西餐、喝咖啡、茶會等都是日常生活中必不可少的元素，而金岳霖的「家」恰恰可以提供這些細節的滿足，使得這些學者雖然身處仍舊落後的中國卻可以「象徵性」和「週期性」地緬懷和重溫西方的生活方式。

唐小兵的寥寥點評，讓我們看到了熱鬧非凡的文化圈的深層實際特性。作為沙龍文化的「東方版本」，「太太客廳」、「星期六茶會」這兩個雅致的文化圈，生動地勾勒出了當時中國與西方文化對接的一個縮影。同樣是關於文化圈的盛事，張伍的〈熱鬧非凡的《啼笑因緣》現象〉則呈現出了另一番的光景──那是一番他人熱鬧而作者張恨水卻非常冷靜淡漠的風景。

毋庸置疑，說到張恨水，人們便會想到《啼笑因緣》，說到《啼笑因緣》，人們便會想到張恨水。兩者似乎是一個不可分割的整體。張伍的〈熱鬧非凡的《啼笑因緣》現象〉對張恨水與《啼笑因緣》的火爆現象做了一番回顧，且不說電影電視的改編在當時無窮無盡，還出現了無數的話劇、京劇、河北梆子、木偶劇、連環畫等不斷翻新的眾多版本。但我更感興趣的是張伍對張恨水的那些細節化的訴說。他說，父親張恨水去銀行辦事，惹來人們的注視，很不好意思，他說：「人的面孔被人當小說看，是件很難堪的事。」對人們對《啼笑因緣》一書的捧和罵，張恨水則不做一聲，他認為「只要書在就會說話」。在這樣的旋風與狂熱中，張恨水的坦然實在讓人欽佩，正是「花如解語渾多事，石不能言最可人」。

關注王朔，算得上是近期一個流行又流行的熱鬧文化現象了。〈半是裝瘋半叫賣〉這篇文章從王朔的文學風格去探討中國

文化話語的變遷。作者認為隨著八十年代的到來，話語的暴力代替了身體的暴力，從王朔本人的行為上看，自八十年代到現在有一個從「撒野」到「撒潑」的轉變過程。而〈王朔，你憋壞了嗎？〉則從王朔近期接受的一個訪談，談到了從過著隱居生活的王朔，回到風口浪尖的文化圈中，如何變得一派的矯情。

其實，對於王朔這個文化現象，雖然大眾的看法一味地不那麼厚道，但是，也不可否認，當今的文化已經喧囂得人人都難以承受寂寞。作家是如此，批評家也是如此。而像張恨水的那種「花如解語渾多事，石不能言最可人」，也只能成為一種回憶了。

永不落幕的閱讀

　　《紐約客》是美國影響力卓著的知識份子類雜誌，自1925年創刊後，「紐約客」這三個字，成了全世界文化人一種閱讀的風向標，那些被豔羨地稱為「紐約客的作家」自然就成為了紐約客的一種文化符號，而奠定了《紐約客》爽淨幽默的文字風格的E.B.懷特，更成了文化人最津津樂道的一個重頭文化符號代表。現在的美國人說起E.B.懷特，依然還會如此評說：他是《紐約客》的同義詞。黃昱寧先生在〈《紐約客》的同義詞──關於E.B.懷特的札記〉一文，對E.B.懷特為什麼等同於《紐約客》的細枝末節做了一番生動的梳理，文中說：1800篇長長短短的文章，是安迪（朋友們對E.B.懷特的昵稱）留在《紐約客》裏的遺產。這些文章從各個層面鑄成了《紐約客》綿延至今的風骨。最有意思的是黃昱寧先生後面的一句評論：「安迪像關注天氣一般關注時事，對週遭的一切既熱誠投入又微笑旁觀，他的自嘲永遠讓讀者拍案叫絕的同時產生某種憂傷的衝動，恨不能給他一個結結實實的擁抱。」能讓讀者「恨不能給他一個結結實實的擁抱」的作家，其文化符號的分量由此可見非一般了。

　　相比「恨不能給他一個結結實實的擁抱」的E.B.懷特，咱們中國的魯迅這一經典文化符號就顯得冷傲多了。長期以來，魯迅留給了公眾一張「似匕首，如投槍」、橫眉冷對、嚴峻無情的臉譜。沈嘉祿先生在〈魯迅是誰與還原魯迅〉撰文說：「『橫眉冷對』的形象，不可親，不可近，這樣的魯迅是平面的、單薄的，

是一個概念化的政治符號。其實生活中的魯迅是很有情趣的。」劉效仁先生在〈也說「魯迅在哪裏？」〉則以一個個生動的細節故事還原了情趣中的魯迅，故事中的魯迅不乏親昵、仁厚、淘氣與得意：「先生是一個極歡講『戲話』的人，連送本書給年輕朋友也要順便開玩笑──那年他送書給剛結婚的川島，就在封面上題詞道：我親愛的一撮毛哥呀，請你從愛人的懷抱中彙出一隻手來，接受這枯燥乏味的《中國文學史略》。」更有趣的是陳魯民在〈魯迅是薑湯，胡適是可樂〉對魯、胡二人風格的比喻──「魯迅是薑湯，胡適是可樂：喝薑湯能驅寒氣，喝出一身大汗，主感冒風寒；喝可樂能提神解渴，佐餐下菜，且略帶些異國口味……」透過這些生動的比喻，魯迅這個一貫「橫眉冷對」的文化符號，卻情趣盎然得「剛直、坦然，骨子裏卻透著風流與俏皮」（陳丹青語）。

　　張愛玲被譽為張派小說的「祖師奶奶」，文學界以及張迷們掀起了一場又一場「閱讀張愛玲」的華麗饗宴。蘇偉貞的〈張派與張愛玲在台灣〉解讀了將張愛玲放在台灣文學發展史中來討論，從第一代朱西甯到第三代林俊穎，勾勒了台灣張派作家譜系，文中說：「張派與張愛玲在台灣，多年下來，真實結成了『無窮盡的因果網』這張愛玲的句子了。而張愛玲風格的影響，亦如袁瓊瓊所形容──就像女孩子噴的香水，經過她身邊都會或多或少沾到那味道。」

　　由於文化符號有著獨特的魅力，不管年代如何久遠，人們對文化符號的關注總是傾注著激情。而我以為，對文化符號的解讀與激情，瓊瓊這一句話是最最貼切了──在張迷們的眼裏，張愛玲這個文化符號，是一種永不落幕的閱讀，於何時何地都會流動

出一種動人的「香」味。其實，對《紐約客》，對E.B.懷特，對
魯迅等文化符號的閱讀何嘗不是如此呢？因為文化符號，都是經
過時間洗滌之後沉澱下來的精華，已經成為了某種意義和理念的
載體，不管他們如何的遠去，都永遠「香」存歷史，而且，越咀
嚼，越留香。

名人書潮那個吹

　　2003年6月，因為忙完了一大堆瑣事，便經常跑到大大小小的書店逛了一圈，這一跑，就跑出了一個很具體的感覺——層出不窮的名人書在我的眼裏晃來晃去，晃得眼光辣辣的我，腦瓜兒就只想起了那麼一句歌詞——北風那個吹呀……真是的，名人那個吹呀。

　　在這股名人風潮中，不用我說讀者都猜得到，最熱的當然是村上春樹和米蘭・昆德拉了。這兩位大家的書齊齊地擺在了大大小小書店的最顯眼處。想村上春樹，自把玩孤獨把玩得華麗異常的《挪威的森林》讓國人一見傾心後，他的每一部作品出版都會引起一種閱讀潮流。更何況最新出的《海邊的卡夫卡》又鼓吹說是十年中最有村上春樹風味的作品，還被認為也許是他個人作品中最接近諾貝爾文學獎的作品，光看這一個行頭，就要把那一群小資們的眼睛和腰包盯死了。

　　而昆德拉也來湊熱鬧了，昆德拉的作品早在十年前就成為一個文化話題，像「生命中不能承受之輕」、「媚俗」、「人類一思考，上帝就發笑」這些經典的昆德拉式話語，也流行了十幾年了。想來這次重新再版昆德拉老頭兒的作品，對愛他的讀者來說咋不是一個新的興奮點？你看看，幾乎每個大書店裏都貼著很醒目的介紹昆德拉作品的宣傳單。據書店的人說，銷量還不錯。但昆德拉的書那包裝倒讓人有點怵步，一層薄紙把封面包得好好的，想翻開看看，沒門！不過，大師就是大師，什麼樣的包裝都會有一批愛好者。

　　再說國內的名人之書，最紅的當屬馮小剛和洪晃了。馮小剛的《我把青春獻給你》，甭管他最想「獻給誰」，反正他的書和他的人一樣都已成了當紅的炸子雞，咱就免談他了。值得一談的是洪晃和她的《我的非正常生活》一書。想想名人的隱私，向來可大書大寫；洪晃就更值得大書特書了。洪晃是誰？——章士釗外孫女、喬冠華繼女、章含之女兒、陳凱歌前妻，想想這樣一個光環之下的個性獨立反叛的大家閨秀有話要說，那是一種多好的賣點。而且封面上赫赫打著這樣一行字——章含之：我那走出大紅門的「名門痞女」。夠煽情吧。

　　熱浪之下，我也被煽情得買了一本回家，細細看完，應該說，這書的語言真的充滿了機智，雖然每篇文章都是這樣一個調調，先是洪晃寫一件事，然後就讓朋友們筆墨添彩，「揭發」關於她的樁樁件件，點點滴滴，不管這種添彩是好彩還是爛泥，這本書的內容和格調都不是名門的那種感覺，倒是告訴大家，所謂名門的背景下，一個女人掙扎在名門和個性之間扭曲和自相矛盾的人生側面。當然我在閱讀到了這個「名門痞女」的機智文字之後，得出的另一個結論是：她之所以可以比較自我地活著，因為她有自我的資本，不需要再爭取什麼名利，不需要為生存擔憂，可以完全為了興趣或者為了證明自己的價值而決定做什麼。這樣的狀態是人生的自由狀態；但是並不是人生的普遍狀態。真是個「非正常生活」的名人呀，她讓我看到了資本造就的差距。

　　但生活中有多少人能夠擁有「非正常的生活」？所以，名人寫名人自己隱私的書，多半看了也是白看。

前衛到底　純情到底

　　這個文壇呀，隔三差五的，就會突地冒出一兩個讓你眼球不得不血脈賁張的詞兒，好像都不夠熱鬧似的，比如，早前的美女寫作，身體寫作什麼的，總是曖昧和流香得讓人想入非非。2003年那個名字起得很妖豔而且也著實在文壇上火紅了一把的桃之十一，就宣稱自己「比美女還美女，比作家還作家」，我看了半天也不明白說得是啥。不明白也不打緊呀，面對「比美女還美女」如此香豔的口號，誰能不生發出說不清的流香幻想。嘿嘿！現在還跳出了個讓你更流香幻想的詞語呢──「胸口寫作」。

　　「胸口寫作」的提出者是曾因寫作《胭脂帝國》而名聲鵲起的北京女作家趙凝，她在2004年推出了以「非典」為背景的愛情長篇小說《夜妝》時，宣稱自己是用「胸口寫作的女人」。趙作家解讀說：我所提出的「胸口寫作」與「下半身寫作」是不一樣的，「胸口寫作」是個泛指，可以指人體的器官，但更重要的是指寫作時追求那種胸口湧動的感覺，即創作的激情。

　　姑且不說由「下半身」移到「上半身」的寫作，是作家的進步，還是文壇的倒退和頹廢，但有一點你不得不佩服──在身體寫作被說濫的時候，趙大作家好歹也算個大名人了，但竟然宣稱自己是用胸口來寫作的，誰能不感到疑惑，誰能不感到吃驚？北京作家石康稱「胸口寫作」是胡說八道，是廢話，提這個生造的概念，空洞而無內涵。新一青春女寫手蘇德則說「胸口寫作」是噱頭，是一種變味的身體寫作，胸口代表乳房，那樣的寫作不是

太那個了？至於讀者的評價也好不到哪去，有女大學生毫不留情地說趙凝在出賣色相、出賣女性。毋庸置疑，「胸口寫作」是惹來了片片罵聲，但這「胸口」的「燦爛而逼人」，卻的的確確吸引了一浪高過一浪的眼球呀！

與趙凝的「燦爛而逼人」相比，後來在內地推出「瓊瑤全集」的瓊瑤阿姨就純真可愛得多了。雖然早前瓊瑤也說過要學金大俠將小說好好修改一番，但現在她只重寫了一個序言，至於小說內容本身的修改，瓊瑤覺得沒有必要了：畢竟這些小說都是不同時期、不同年代的代表作，也許它們有幼稚的地方，也有缺點，但畢竟代表了那個年代，有些幼稚就讓它保留下來吧。你看人家瓊瑤，升為阿姨了，也還是純真到底，這「幼稚」純真的自信風範，也的確夠讓「粉絲」們血脈賁張一把了。

也許，文壇就是這樣，總得有些沉得住氣的大家，就像足球場上那個腳功一流，性格卻內斂而自信的齊達內，當然也還得有些「燦爛而逼人」的作家，張張揚揚個不停，就像那個在足球場上全身幾乎無一處不紋身的時尚小貝。我佩服瓊瑤阿姨的「讓幼稚保留下來」的純真，也佩服趙凝美眉「胸口寫作」的前衛。一邊是前衛到底的趙美眉，一邊是純真到底的瓊阿姨，兩者相映生輝，這文壇鬧得多有意思呀，而對讀者而言，我們的眼球既享受了曖昧和驚詫，當然也就可以暫時遠離閱讀上的「審美疲勞」了。

你的品味很享受

在這個充滿誘惑的物質世界，在這個男人女人身上囤積了太多虛榮慾望的世界——很多人為跟隨品味追逐潮流施展出全身的計謀，甚至有一些人還對新潮流還敏感到了近乎神經質的地步，他們為了那些稍縱即逝的卻又瑣碎奢華的時尚潮流不遺餘力，讓「品味」演變得艱難而又莫名其妙。比如，有的人為了擁有一輛時髦的小轎車，情願一家三口擠在三十平方米的蝸居；有的人，為了跟隨某明星的時裝大品牌，連朋友週末聚會也不再光顧，為的是省多點錢好買品牌時裝，過上有品味的生活……他們在這追求「品味」的過程中，丟失了「自我」。其實，品味不都是應該用來享受生活的嗎？可這樣的品味，追逐得實在太累人了，哪還談得上享受二字？

有沒有一種既能不丟失「自我」，又能保留「品味」的生活。當然有！美國文化評論家彼得和藝術家埃菲合著的《品味》，就是這樣一本教你怎樣因地制宜，讓品味成為一種真正的享受的書。彼得和埃菲認為，我們不必成為那些稍縱即逝的時尚潮流的奴隸，而是要樹立「我就是我」的品味觀念，把品味看成是一種「私人化」的範疇，才能達到一種純粹的自我享樂！雖然有時候為了擁有好品味就需要適當作出讓步，但我們還是要以不丟失自我為前提。

比如，在買車這件事上，他們認為，對於非常富裕的人來說，買一輛寶馬也許是個更合理的選擇，但對於收入不是那麼多

的人來說，寶馬車不過是標誌著他在追求社會地位。如果以犧牲基本生活為代價，追求過度消費，就會使人陷入不幸，而按照自己的經濟能力生活，不去模仿那些經濟較為寬裕的人的生活方式，這種做法才能顯示出人們對自己生活的正確判斷，從而也標明自身的良好品味。現實地分配資源創造出一種自己的生活方式，這才是一種獨特的好品味。說到底，好品味從來都只屬於那些擁有平和愜意心境的人，因為只有這樣的人才能充分地享受品味的真正魅力。

書中還描述了很多人人都可以過上生活好品味的小竅門。比如，情人節這一個非常有品味的節日，把「刮鬍刀」作為情人節禮物送給未婚妻絕對不是一個好選擇。雖然有時候鬍鬚會破壞理想中的女性美，而多汗毛的後背則削弱男性的活力和神秘，給人一種殘忍性格的感覺。如果你認為你的未婚妻的鬍鬚或你的未婚夫的汗毛需要治療，你就要找更合適的時間去做這件事。但是情人節更適合戀人們讚賞愛人的美好品質，而不是要對方作出改變來適應你的品味。這就是說，感覺和行為的錯位，會破壞我們所追求的品味。但適當地調整自己，花一樣的錢，卻會讓愛情變得很有一種享樂的品味。

歌星蔡國慶日前在接受媒體採訪時說：無論一個人的穿著，還是居家的設計，你目前的水準是什麼樣的，就做成什麼樣的水準、品味、格調，沒有必要被其他的想法所左右，只要是真性情的流露，只要是自己的情調，就是自然的、舒服的。換句話說，品味就是要懂得放鬆，懂得讓自己快樂，這才是一種最舒心的好品味，這才是一種稱得上好享受的品味。

流動中的文化風味

　　文化在於流動，經典在於流動，流動的文化，流動的經典，才更有了一種傳承的生命意義。但問題是，經典和文化一旦流動起來，它的風味也許就已經不一定是傳統框架裏的那個模樣了。因而，經典和文化也就不可避免地，在千奇百怪的流動中，成為了眾生關注的焦點和話題。

　　《要饅頭，還是魚翅？》刊登了一干學者對「于丹紅」現象的爭論。討論的起因是日前由中山大學古典文獻專業博士生徐晉如發起，北京大學、清華大學等學者簽名發文，對于丹以心靈雞湯式的語言講解《論語》進行批判，這些學者表示，任何妄想通過吃速食的方式去瞭解傳統文化的想法都是荒謬的，人文理論需要通俗化，但絕不等於庸俗和媚俗；徐晉如先生還強調說，讀書一定要讀原典，這是對傳統文化的一種敬畏；而北京大學副教授孔慶東卻如此打比方說，這好比他們（指徐晉如等）的要求是要給魚翅，但他們沒有看到民眾（對傳統文化）的饑渴；于丹相當於給了民眾幾個餃子、饅頭。畢竟，人餓了，就得趕緊充饑。

　　公說公有理，婆說婆有理，這就正如饅頭與魚翅一樣──對有的人來說，于丹可能是毫無價值的饅頭，但對於有的人來說，于丹卻是非常昂貴的魚翅。觀眾和讀者自有自己選擇的權利，有自己的鑒別能力，我始終相信，大眾不一定就等於庸眾。于丹對於《論語》的重新解讀，起碼促成了眾多國民重溫經典，換句話

說，于丹的火熱，讓經典成為了一種流動的火熱現象，這就已經足夠了，至於是饅頭還是魚翅，那就看個人的取捨罷了。

〈曬，市井聚眾文化的回歸？〉一文談及了曬的過去史和現在史。古時中國人曾以七巧節為曬書曬被曬古董節日，除了預防蟲災的原因外，這一天還是人們公開「炫富」的日子。魏晉時竹林七賢中的阮咸，在曬衣節這一天，見阮家富戶都曬滿了奇羅綢緞，自己回家後也找到一條大短褲用竹竿挑了曬起來，別人奇怪，他回答說「不能免俗」。因此，作者認為，「曬」在中國有著悠久的歷史和正統出處，而其在演變中也帶著泥土味道或大雜院的成長史，既有偷窺也有被窺的體驗，這種對自己或別人隱私的毫不忌憚的「曬」，曾是一代人的親密無間的聚眾文化印記。但隨著快節奏的生活，高強度的競爭，時代觀念的更新，實際生活中的人際關係越來越疏離，越是疏離，那種把自己拿出去曬一曬的渴望就越是強烈，歸根結底，人類是一種聚眾的動物。於是通過一種途徑，讓自己重新感受生活在「人間」的感覺，就成了很多人「曬」自己的理由。在高樓大廈裏，人們更加懷念市井文化的溫暖，除了互窺、攀比等表層原因外，還有阮咸所說的「不能免俗」。

當然，到了今天，「曬」的含義已經遠非那麼單純，而是非常的時尚，比如，曬行頭，曬鑽戒，曬工資，曬恩愛等，因而還出現了曬客的流行網路名詞。所謂曬客就是指那些把自己的私物私事、個人想法等公佈在網上與大家分享的人。今天，你曬了嗎？——已然成為了一個問候語。「曬」這個老祖宗留下的文化，不僅正形成一種個人聯合個人以對抗強大現實的方式，似乎也成為了一種個人尋找群體的聯絡方式。

　　同樣是論及文化變遷的印記，《喝咖啡還是喝腔調》非常逗趣地指出了咖啡作為一種文化，在不同人心裏的變遷和實在作用：不管喜歡咖啡還是腔調，星巴克跟可口可樂一樣都已經成了成長的印記。只不過印記的是兩代人。長一輩小時候喝北冰洋汽水長大，氣兒足的是本廠產的，氣兒不足的是分廠貨，瞎子都能找到針鼻兒。可一喝上可口可樂就全忘了北冰洋是什麼，覺得這才是世界上最好喝的飲料，幼一輩一生下來就吃過麥當勞，雖然大學時也一打可樂一杯冰倒成兩杯分著喝，一到了星巴克旁邊的寫字樓，變成個害怕失去控制的人，加班間隙會衝進去喝上一杯帶勁的雙份特濃，另一個拐到胡同裏，跟小咖啡館的老闆和狗都打個招呼，一屁股坐在陽光照進來的窗戶旁，好象要待上一生。

　　星巴克的目標消費群——白領和中產。白領和中產是競爭社會裏的中堅力量，他們沒時間去小咖啡館長歎，只好衝進樓下的星巴克喝一杯。毋庸置疑，在當今，星巴克的腔調，已經流動出了一種「繁忙」腔調。所以，閒適的人愛說：「我不是在咖啡館，就是在去咖啡館的路上。」而繁忙的白領愛說：「我不是在這家星巴克，就在去另一家星巴克的路上。」這就如同我們前面談到的「于丹紅」和「曬」，流動和變遷，讓文化呈現出了更千奇百怪的時代風貌。

雞湯文字的溫潤與疲勞

　　雞湯，是一種可以滋補身體的營養菜肴，估計只要不是一個素食主義者，都應該會喜歡喝的。而那些被冠於「心靈雞湯」之名的文字，顧名思義，則該是些滋補精神的營養材料了。但到底什麼人會喜歡閱讀「心靈雞湯」的文字，這估計也不是什麼難以統計的事情。就我來說，則自然地會聯想到一件事兒。

　　這事兒與《意林》雜誌有關。說來，我知道《意林》這本雜誌，還是因為我那正讀小學的兒子的緣故。那是2006年的事了。有天，讀小學五年級、年僅十歲的兒子對我說：老師叫他們一定要多讀讀《讀者》、《意林》這些能燙貼心靈、有著美好啟發的文字。《讀者》創刊了二十多年了，我也知道它是個老牌的「心靈雞湯」。但《意林》對我來說卻很是陌生。後來在網上搜索，才知道《意林》是2003年創刊的新興的「心靈雞湯」。——不過三兩年的功夫，就能擠上來與老牌的「心靈雞湯」《讀者》相提並論，這著實不簡單！再後來，我又發現兒子用的小學課本以及課外閱讀裏選編的文章，有一些還是在《意林》上選發過的。原來，現在兒子這一代人這麼早就已被那些亮閃著人性之善的「心靈雞湯」煨著。那一刻，我直感歎「心靈雞湯」，原來已經如此地逼近低齡化的讀者了。

　　其實，《意林》之類的雞湯文字，討得低齡化讀者的喜歡，也實屬正常。畢竟，一直以來，「心靈雞湯」式的文字，其表現形式非常討巧，沒有什麼宏大的敘事，無非是一些有益於精神或

心理的充滿哲理的小故事。通俗點說，就是說事兒、講道理。這一點，在傑克・坎菲爾、馬克・漢森那本被譽為世界上最暢銷的系列讀物之一的《心靈雞湯》中就可以看出很典型的代表性。其選文一直遵照的準則就是：以淺顯的語言表達著人間真情，以至深的情感述說著五彩人生。這種文字短小精悍，唯美溫暖，慈悲感恩，簡潔鋒利，拿起來就能看出味道，放下後也不會有什麼懸念勾著你。但隱約地，你就能感覺到，它正在教導你以什麼樣的態度去解釋、去看待現在擁有的一切生活。

可以這樣說，「心靈雞湯」這種平民式的直接文字，讀者諸君能吸收到什麼樣的精神營養，當是一目了然的。本來，如此的簡潔了當，是非常適合現在流行的一種速食式的閱讀時尚的。——這也沒什麼不好。畢竟，我們的生活已經被時代的快節奏劃割得雞零狗碎了，哪裏還有那麼多的時間，那麼多的閒心，去讀那些在汩汩滔滔的急流裏打撈起來的，還需要再慢慢研磨才能體會出來的字字珠璣裏的深邃思想呢？

但不可避免的，讀者們所看到的「心靈雞湯」裏的表達方式與道理，常常會有些雷同，有些淺顯。打個通俗點的比喻，這就有點像一籃水果，本來香蕉蘋果梨子葡萄應有盡有，結果變成雞湯式的文字後，呈現在你眼前的卻只有蘋果一個樣子了（儘管這蘋果很漂亮）。不妨想像一下：如果這世上的一切都變成了整齊劃一的表達模式，人間不是成為了寡味的說教道場了嗎？要知道，人類本是一片能開出思想之花，結出智慧之果的靈性的森林，思維的神妙決定了在這裏絕難找到兩枚相同的葉子，更遑論兩棵風姿相同的樹木了。但問題在於，這些感悟體的「雞湯文字」，卻很容易讓讀者們昏昏然地在審美疲勞中閱讀到許多關於

某些葉子的翻版。尤其是在現代市場共謀的作用下，很多被譽為「新時代的心靈雞湯」的文字，越來越「流水線化」，或者「麥當勞化」。先不要說能吸收到什麼營養，能保證不吸收到垃圾，就算不錯了。

某作家曾經感歎說——人往往先產生青春憂慮，留了長髮、寫詩、仰望星空、長吁短歎、向隅而泣，夾著彷徨，嘴裏念叨著活著還是死去，是個問題……然後，才真正走向成熟。是的，一個人往往在產生青春憂慮時，會喜歡「心靈雞湯」燉出來的味道。但等到了「留了長髮」以後的歲月，個性漸漸彰顯，那種整齊劃一的雞湯文字，也就漸漸退避到角落裏，被漸漸地遺忘了。至於遭遇了「寫詩、仰望星空、長吁短歎、向隅而泣，夾著彷徨，嘴裏念叨活著還是死去，是個問題……」等切膚之痛之後，雞湯文字的營養，更是一淡再淡，以致審美變得越來越疲勞，那也是再自然不過的事了。

正因為人的成長是階段性的，對文字的喜歡也是階段性的。因此，範圍十分廣大的讀者們，對《讀者》、《意林》都能堅持多年的情深。只是，這種堅持，隨著生命的成長，終將越來越灑脫地飄揚而去的。——於《讀者》，於《意林》，當然也不會要求所有讀者都關注它們到永遠。但在記憶的光影裏，讀者卻會記得，《讀者》與《意林》，這朵溫潤的花，曾經溫暖著我們紅塵的心。

中產，看上去很美

　　《哈囉，中產》，這個書名，隨意中透著氣勢：你中產了嗎？你可以中產了嗎？你是中產了嗎？這種氣勢頗有點李逵的風範，唰唰唰三板斧，一下子就唬住了台面。而且，書封的包裝，一溜洋裏洋氣的歐洲古典建築，那是洋中產呀。這些時尚的因素一湊合，甭管後面的內容怎麼樣，這書都早已入小資們的法眼。所以，那個和我一起逛書店的小資朋友一見到《哈囉，中產》，兩眼發亮，欣喜得就像發現了金礦，曖昧得就像見到了情人——啊！中產呀，一種最新的消費符號！

　　對小資而言，物質符號決定著精神符號，也定義了消費格調。所以，也怪不得王受之教授吆喝一聲「中產」標籤，就把小資「哈囉」得暈頭轉向了。

　　王教授不愧是個懂藝術、懂生活、懂建築的旅美教授，在《哈囉！中產》一書中，他以自己旅美多年的生活體會向我們介紹了美國中產的現狀，並對比了中國中產的情況，對中產這個消費人群的生活方式、心理喜好、價值取向、居住需要都做了一番深刻有趣的解讀，同時還配以數百幅精美圖片，將藝術、建築、生活融為一體，行文融貫中西，格調輕快活潑。

　　且看王教授調侃中產的劃分：低中產是小資的高層，中中產是標準的中產，高中產是已經在向富豪階層邁進。換言之，這本書就是談談小資形態，談談中產形態，然後從他們的形態來看看他們的住房心態。這個點子落到了小資的痛癢處，真是抓得既狠又準呀。

　　從心理上講，如果是低中產的小資了，誰不想當標準的中中產呢？只是還沒有熬到而已。在還沒有熬到時，先來溫熱一下中產階層住什麼，看什麼書，喜歡什麼音樂和電影，他們在文化上如何定位，還有他們的藝術觀，這是多麼愜意的閱讀呀。只不過是，二十幾年的美國生活把王教授的生活習慣給「哈囉」化了。從頭到尾，引經據典，全都是「西」化的。如說到房子，全是豪字當頭的，就算現實一點的耶魯城的中產情調，也讓人望塵莫及：在濱海的城市中，如果住宅能夠一眼看到海，已經不得了了；如果能夠走到海邊散步，就更加矜貴；如果開門就是海濱，簡直難以想像，耶魯城三者兼有，還離溫哥華市中心很近，上班消費兩方便。這樣的中產情調我怎麼覺得和好萊塢電影留給我的那些富裕生活的圖景那麼相似：一棟漂亮可愛的郊區小洋房，房前有修剪整齊的草坪；不止一輛汽車，個性和品味兼具的室內裝修；還有假日裏恣意享受的陽光、沙灘和海濱……這樣的中產，真是遙遠得只能讓人響往，沒有多少現實的姿態。

　　倒是說到中產的閱讀這一點上，有了點中國本土的低中產小資們的姿態。耶利內克得了諾貝爾文學獎，一下她的幾本書都在國內成了暢銷書。王教授說，這種情況其實很代表中產行為，就是怕在文化上落後：辦公室講耶內利克，你就看過個《鋼琴師》，可能還是看的DVD，那多丟人呀！因此就跑書店把她的《啊！荒野》、《死亡與少女》等等統統買回來，飛快看一遍，信心就有了，一旦有人談這個事，不但可以接上茬，還可以發表一番個人見解。王教授的話真是把小資們勾畫得入骨三分。本來嘛，低中產小資們的消費有一半是習慣，另一半是姿態，這姿態

大體說來就是媚外。放眼望望，我們身邊的確有不少如此快速地飛躍中產閱讀的小資呀。

對於小資來說，在不是中產的日子裏，或者說在夢想中產的日子裏，流淌於王教授的《哈囉！中產》一書中，在文字和圖畫的輝映下，讓中產看上去很美，這也不失為一種現實中產的姿態。就像王教授對某些地產斷言的那樣：「你沒必要弄清楚它的意思，它就是一個符號，是迎合中產階層興趣的，專為中產階層打造的，讓他們心甘情願地掏出大把銀子的一個玩意兒。」——而套用到這本書倒是挺形象生動的：《哈囉！中產》，它就是一個符號，是迎合中產階層興趣的，專為中產階層的閱讀打造的，而且也是讓他們心甘情願地掏出銀子買的一個時尚讀本。所以，它的扉頁上堂皇地寫著——獻給中產的禮物。哈！獻給中產的禮物，就好像加州紅酒，很時尚，很商業，也很符號。

這是很有意思的事

　　曾經看過黑瑪亞寫的一篇文章〈這是很有意思的事〉。文章從已經成為「日本格調」的清少納言的《枕草子》談起，說到了有關清少納言的「很有意思的事」。「腸胃也得沒問題，因為清少納言喜歡夜裏睡起喝涼水，她認為這是愉快的事，而用新的金碗盛著摻入了蔗汁的刨冰則是高雅的東西。若生在現代，她的飲水機一定具有製冷功能或會常備冰塊。」「清少納言是一個孝順的人但卻不怎麼愛孩子，除非孩子和孩子的衣服都乖巧美麗，最好膚白、不愛哭，不然孩子的哭聲和頑皮都是讓她煩心的，非常的日式——唯美而冷漠，若在今天她很可能是丁克一族。」把清少納言與具有製冷功能或會常備冰塊的飲水機，以及丁克一族捆紮在一起解讀，這是我讀到的關於清少納言的最趣致的評論了，非常地具有後現代的色彩。

　　其實，對清少納言的趣致解讀，說明了那麼一個事實：很多的文化，隨著時光的雕琢，不可避免地會被人們解讀得越來越五花八門，呈現出了多彩多姿的新面孔。

　　比如說，蘇軾的〈水調歌頭〉，在我們這個時代已經被譜成曲子，並經歌星王菲之口得以廣泛流轉。連我那個十一歲的兒子，也能唱得似模似樣。而李白呢，也走進了歌劇，唱歌劇的李白，這的確是個有意思的事。且先不說，讓唐朝的李白拿腔拿調唱歌劇會是種什麼樣的效果，起碼這個創意就著實吸引了人們的眼球。郭文景是歌劇《詩人李白》的作曲者，這也是第一部在美

國上演的中國原創歌劇，而且是用中文來演唱。郭文景說，「西方觀眾來看這個故事，即使對李白一無所知也沒有關係，因為我要表達的還是一個人的命運與感情。我們看西方的戲劇，都是這樣，永遠是人的命運、人的情感佔據了主要位置。而《詩人李白》就是在借一個故事探討中國知識份子的處境。在癲狂、恐懼、放逐和流浪之中，一個狂放不羈、自視清高、蔑視權貴、仙風道骨的李白似乎在我的音樂中復活了。」唱歌劇的李白，讓古老的中國文化走進了西方人的視野，這的確是傳播文化的一種有意思的事。

愛默生是十九世紀美國偉大的思想家、文學家、演說家，對於他的解讀，可謂多如牛毛。但把愛默生與張愛玲放一起解讀，並且說愛默生是張愛玲「喜歡」著的另一個男人，這的確讓人亮眼。老末在〈張愛默生〉一文絮叨了張愛玲對愛默生的「喜歡」：在張愛玲心裏頭，還「喜歡」著另一個男人，那就是愛默生。作為十九世紀美國的思想家、文學家、演說家，愛默生的著作已經有多個中譯本，其中就有張愛玲的一本。張愛玲為什麼要去翻譯愛默生？後者從思維到文筆都那麼正，而前者又那麼「邪」。可能是在詭異的淒涼、華麗的頹廢中浸淫久了，想補一點氣，而要補一點浩然之氣，沒有比從愛默生那兒更恰當的了。用與愛默生同時代的美國作家約翰・布羅斯的一句話概括：「在全部歷史上我找不到別的人有愛默生具有的同樣健全的理智。」

一個「邪」，一個「正」，把張愛玲與愛默生瓜葛在一起，這說得實在太火辣、新鮮、有趣。認真想想，一個人的創作如此，閱讀不也如此嗎？畢竟邪得久了，總有點偏枯之感，甚至感

到害怕，所以我們也需要補氣，也需要愛默生。因為渴望美好是每個人的願望。

還有，于丹。自從去年以來，當紅的于丹，早已被褒貶得無以復加。劉紹銘在台灣大學外文系畢業後赴美，在印第安那大學攻讀比較文學，得博士學位，現為美國威斯康辛大學教授，主要從事教學和文學理論研究。因為人在海外，其隔著窗戶看焰火，自有了不一般的角度。劉紹銘在〈it's the singer〉一文裏，如此解讀于丹的風行——「我想，她的節目叫座，因為她的歌唱得好。英文有此一說：it's the singer，not the song。歌手聲色藝俱全，觀眾受用，歌詞是什麼，反而不必計較了。」劉紹銘的文字，看似輕描淡寫，但是這輕描這淡寫，卻著實了得，而且還透著對文化的一種寬容。

如此五花八門的解讀文字，讀起來，實在是一件非常有意思的事。畢竟，一個時代有一個時代的文化理念，一個地域有一個地域的理解方式，由此，我們才可能看到了以前不曾看到的新面孔與新色彩，而文化，也因此呈現出了多稜鏡的審美向度；而閱讀呢，也因此具有了一種耐人尋味的趣致。

經典與飯碗

　　許是畢業於中文系的緣故吧，對於國學大師，我向來有著一種說不出的敬佩感。凜然於他們的道德風範，肅然於他們的學問文章。1995年，我去杭州大學探望一位正在讀博士研究生的朋友。朋友說，學校裏有一位專門研究墨子的國學大師，研究得整個人就跟墨子一模一樣了。

　　有天傍晚，走在校園路上的我，看到一個清癯老人，打扮十分簡潔，衣服洗得泛白，足穿一雙黑面布底鞋，似在沉吟於章句之中。但整個人卻難掩一種精練的風骨，難掩一種苦壯的氣度。不用朋友說，我就已經知道他是研究墨子的教授了。那一刻，我豁然便理解了什麼叫作「精神的氧氣」，什麼叫作文化的精髓。剎那間，感覺整個人就像被幾千年的中國傳統文化浸淫了一番似的。

　　因此，當現在聽說人民大學準備開設專門的國學研究本科班時，我首先便羨慕於那些莘莘學子們對於傳統文化的得天獨厚的親近。然而，接踵而來的議論也不得不令人關注——國學並非熱門專業，這些學生將來的就業怎麼解決？有位學生還感歎說，目前哲學、歷史專業的學生就業時就已經非常艱難，許多學歷史的本科生畢業後只能轉行當人造古董的導遊去。這個時候再成立國學院，學生畢業了找什麼工作？

　　的確，只要是經典，它就註定不會有太多的眼球去關注的。因為但凡熱衷經典，寂寞冷清也罷，還可能要搭上整整一輩子的精力去。比如，前面所說的那位研究墨子的教授，又比如，中山

大學的國學老前輩陳寅恪先生，四十歲前一直不停地求學，甚至連婚育奉孝都無暇顧及。最後獲得了世界上許多國家的十多個學士學位，成為一個學貫中西、博古通今的集大成者。後來他被聘為清華四大國學導師之一。但在現代觀念裏，這樣的人還會得到人們的稱道嗎？恐怕很難了。或者即使敬之，也已遠之了。

這就是一個最現實的問題。經典與飯碗，到底孰輕孰重？對個人來說，無疑應是飯碗為大。連杜甫這樣的大師，碰到飯碗告急的時候，都不得不感慨「儒冠多誤身」，何況我們這些芸芸眾生呢。所以，也真的沒必要發動全民都去進行國學的研究和學習。用一種世俗的眼光來看，對很多人來說，沒看過《論語》、《孟子》，生活會過得好好的；不曉得李白、蘇東坡，日子也過得好好的；混淆了「明日黃花」與「昨日黃花」，也照樣生活得好好的。既然如此，又何必終日滿口嘟噥著之乎者也呢？

而且，一個時代有一個時代的文化語境，國學的語言主要以文言文為主，文言文在現代生活中已基本不使用，它的枯燥性，很難叫人輕易喜歡上它。現代人則經常上網聊天，網路語言，跳得很，酷得很，在這跳跳酷酷中，日子也不乏精彩。因而，對於國學的態度，一位學者家長就極有見地地說，——我希望國學在我孩子身上體現為一種背景，而不是直接拿來換飯吃。就像一個舞台，她在跳舞，國學便成為她周圍的燈光和道具。「燈光、道具」，這個比喻真是太妥帖了，就像一個美女，有了文化背景的烘托，一定美得更有文化風韻。

但就算是燈光道具吧，也總得有些人來製造和維護呀。因此，問題應該不在於該不該設國學院，而在於國學院該招多少學生。大師從來就只能是少數派。中國有十三億人，有那麼幾十、

幾百個人願意去做經典的研究和承繼工作，這肯定是一件幸事。熱愛經典是一種境界，從事經典更是一種令人嚮往的境界。有人從事經典，有人尋找飯碗；我們沒有必要拿那飯碗去推開經典，當然，也沒必要憑著經典，便要敲破人家飯碗。這該是現代高等教育應有的一種包容精神。

誰是諾貝爾的囚徒

　　剛剛拿到《諾貝爾的囚徒》這本書，還未翻開，旁邊的李美眉就大叫起來了：「《諾貝爾的囚徒》？我也很想看看，什麼時候借給我？」這讓我愣了起來：平常我拿了一大堆書，卻從沒聽李美眉這麼滿懷好奇和激情過，想來，概因「諾貝爾」這三個耀眼的字吧。

　　一直以來世人對「諾貝爾」這三個字都具有一種特別的心情，諾貝爾是一種桂冠，它散發著的光環充滿了誘惑，每年諾貝爾獎各個獎項的揭曉，都會一如既往地吸引了廣大公眾的目光。而一部圍繞諾貝爾獎而展開的小說《諾貝爾的囚徒》的出現，無疑是極具吸引力的。《諾貝爾的囚徒》敘述了兩位腫瘤學學者在一項新發現的實驗中的種種研究過程，其中涉及實驗的真實性，以及兩位學者在申請諾貝爾獎中的糾紛。主人公康托所遇到的為了獲取學術榮譽、與同行勾心鬥角、甚至在違規作假的邊緣行走的困境，實際上是今天千千萬萬科學家都可能遇到的，儘管程度上各不相同。小說原名《Cantor's Dilemma》，直譯是《康托的困境》，中譯本定名為《諾貝爾的囚徒》，雖然有不少人認為利用諾貝爾獎這個概念的知名度做書名，大大削弱了原書名的普遍意義，變得似乎只和諾貝爾獎有關了。不過，我倒是能理解出版者的苦心，小說講的是關於獲得諾貝爾獎的故事，而諾貝爾的確是一張好看得不能再好

看的臉，打上諾貝爾的牌號，書也會更張揚更好賣些。這不，像我上面提到的李美眉，一見到「諾貝爾」就不由得非常驚詫和喜歡了。

「一部西方的《圍城》，刻畫中外皆然的學界潛規則」——這是書封右上角打上的兩行醒目的黑色大字。想想中國錢鍾書的《圍城》迷倒了多少讀者，「西方的《圍城》」又是怎樣迷人的味道？而且近年來，「潛規則」已經成了一個非常熱門的辭彙，官場有之，股市有之，娛樂圈有之，現在說到學術界潛規則，嘿！誰不想看看規則裏「潛」著的是什麼東東？再看看封面上那一個西裝革履的學者，臉上卻裂成了斑斕的不規則塊狀，就像小孩玩的那種拼圖魔方，其中還掉了一小塊在桌上，露出了一個深不可測的小黑洞。就是這一個黑洞，有了很多讓人遐想和玩味的空間，迷失、無奈、道德、爭鬥……一張臉就這麼不可避免地被魔方囚禁住了，這對書名上的「囚徒」二字有了一種不言而喻的深化。

看書，講究一種緣，有很多時候，緣起於書封上那一張臉，這一張臉要裝扮得有文章，自然就吸引了。《諾貝爾的囚徒》這部小說，往簡單裏說，就是寫了一群有著聰明大腦的科學家，但同時也是一個會犯錯、會迷失的真實的人。這就像我們讀者看了《諾貝爾的囚徒》這本裝扮得有文章的書封包裝，也偶爾會變成一個迷失了真實的人。

第三部分

美人

美人舊事：對她們的懷念

　　台灣師範大學國文研究所的龔鵬程先生寫過一本《美人之美》，在書中，他爬梳典籍，暢談了六十位小說戲劇電影中的「美人舊事」：香豔的《十日談》、絕望的《苔絲》、不羈的《查泰萊夫人》、玩癡的《一個陌生女人》……這些在經典中存活並讓人仰視的美人，她們的前世如一縷香魂被龔博士挪到現實今生中。

　　之所以嘮叨起龔鵬程博士的《美人之美》，是因為，我覺得對女性的懷憶，是非常有意思的一回事。當然，這種懷憶，因為不同時代，進行了很多的徹頭徹尾的改變，比如說，被整容的珍·奧斯汀。

　　對於珍·奧斯汀（1775-1817），稍喜歡文學的讀者，一定都很熟悉。她是一位享譽世界的英國女作家，雖然她離開我們這個世界也有一百九十年了，不過，她筆下《傲慢與偏見》裏獨立的伊莉莎白·班拿特、《艾瑪》裏自以為是的艾瑪·伍德豪斯、《理性與感性》裏通達人情世故的依莉諾·戴序伍……讓讀者隨時可以憶起她們的笑聲、談吐與性格，但卻無法清晰地描繪她們的面容，因為，珍·奧斯汀從不在小說中為女主角的相貌著墨太多。有趣的是，輪廓模糊的不僅是小說女主角，奧斯汀本人的相貌也是文學史上的一大謎題。蘇友貞在〈珍妮的畫像〉一文談到：現存倫敦國家美術館裏的一幅畫像，是出自與奧斯汀親熟的姐姐克珊蒂拉之手。畫中的女子十分家常，戴了一頂睡帽，帽邊

露出幾撮不整齊的捲髮，嘴邊帶了半個似是而非的微笑，眉頭緊皺，像在為什麼事情生著氣。這畫中人透露出一種近乎刻薄的寒傖。

其實，珍‧奧斯汀是否不美，對讀者來說，並不是關鍵，讀者關注的是她對人世敏銳的觀察，以及在揶揄與微諷中所暗藏的對人世的惺惜與同情。但對出版商來說，美不美也許就是一大賣點了。因此在英國文學史上建立了穩固地位的珍‧奧斯汀，仍無法豁免於我們這虛榮與淺薄的時代所加諸於她的侵擾。蘇友貞如此感歎說，英國華滋華斯出版社最近重印奧斯汀傳，為了附和才女必須是美女的時代要求，出版社竟對奧斯汀做了巨大的整容手術，以期能有一張較為體面的照片擺在封面。美工人員以現代電腦技術，將克珊蒂拉的那張畫像，做了徹底的整修與改造，他們先除去那頂可笑的帽子，再加上許多蓬鬆的捲髮，最後再在奧斯汀的面頰上擦上一層非常女性化的紅粉胭脂。現代科技所造就的是一個較為女性化、也較為「好看」的、卻僵硬而毫無特色的臉孔。一位替奧斯汀打抱不平的作家，將整修後的面孔形容成是「哥倫比亞電影公司的標識，與羅馬錢幣上人頭的混合物」。而儒雅一點的人更說，這對奧斯汀的修改，完全是在模仿《成為珍妮》這部奧斯汀傳記電影的美豔女主角安妮‧海瑟薇。

這一種緣起於出版商銷售思路的整容，雖然令人不爽，不過從另一個角度看，這個整容也證明了一百九十年前的珍‧奧斯汀，依然有著一種持續的閱讀魅力，她的文字，依然還處於現在進行時，而讀者對她的懷念，依然濃烈芳香。

而對一直被冷豔光芒所籠罩的才女張愛玲，讀者的懷念，一直都張揚得紅紅火火。《書城》2007年第九期刊登了「於1945年

4月15日《光化日報》上發現的張愛玲逸文〈天地人〉，600字的文字。」可就是這麼一段六百的文字，卻引出了〈張愛玲與小報——從天地人「出土」說起〉、〈與張愛玲不期而遇〉兩塊大文章。陳子善先生與他的博士生王羽，洋洋灑灑各寫了近三千字的文字，一比十，這關注度實在讓人大開眼界，當然也讓人艷羨。想想，能有多少作家的文字，能如此幸運？誠如王羽所說的，對張愛玲綿延不絕的癡迷，在時空的交錯中迸發出嘶鳴的火花。王羽訴說了自己與張愛玲那六百字相遇的過程，有點嘮叨，有點瑣屑，有點炫耀，不過，我喜歡他的那一句結語：她的存在，依然「分外分明」了。「分外分明」的張愛玲，其文字，如夜空的繁星，閃亮，永不落幕。

　　不由得想起研究了一輩子《紅樓夢》的俞平伯，曾經說出「不能多言，唯有讚歎；讚歎不出，唯有喜歡」的四句偈語。其實對於珍·奧斯汀，對於張愛玲，何嘗不就是如此呢？她們的文字，成為了我們今生的懷念。所以，手癢癢者，添點花邊，來點整容；就算豆腐塊，也要大張旗鼓，好好地欣玩一番。

法國式的瑣屑與浪漫

　　一直都喜歡看法語小說，總覺得法國人都非常會把骨子裏的浪漫滲透得討人歡心，大凡書裏的故事和語言，總是讓人讀來非常的舒服。而且，常常一看書名就有種抵擋不住其誘惑，產生一種想快速翻閱一通的閱讀快感。《沒什麼要緊》便是這樣一本挑撥人閱讀神經的小說。「沒什麼要緊」，很輕鬆的一句口語，但這幾個字卻頗有噱頭，那是一種歷經了無奈和痛楚之後，修煉成的一種對人生的淡定、執著和堅強，念叨著「沒什麼要緊」，一切的風霜雨雪，似乎都會成為過眼雲煙。

　　《沒什麼要緊》是一段關於巴黎愛情故事的終結，也是一個關於巴黎年輕女人的毀滅與重塑。作者朱蒂斯娜·萊維是法國身價過億的美男哲學家貝爾納的女兒，朱蒂斯娜在二十歲的時候嫁給一出版商兼哲學家之子，但是這樁門當戶對的婚姻最終破裂了，原因竟然是丈夫移情到了一個名模的身上。而《沒什麼緊要》就是對這一備極痛苦悲傷歷程的回憶。漫無邊際的回憶，噴湧而出的情感，隨著作者的思緒隨意揮撒。

　　書中的女主人公露易絲二十來歲時便嫁給了富家公子阿德里安，為了丈夫的教師資格考試，她忍痛墮掉了已經有五個月的胎兒。不久，阿德里安勾引上了自己父親的情婦、超級名模波拉，母親又生了乳癌，最愛的奶奶也死了。自感非常不幸的露易絲只好天天用藥物安非他命來提神，從此上了藥物的癮，後來沉淪其中，不得不進戒毒所。但最終也無法挽回破碎的婚姻。但這不是

一本痛苦得沒邊沒沿的小說，現在的生活壓力那麼大，那樣的小說論誰也不愛看。因此作者對露易絲的痛苦是很有節制地張揚的。她安排了患癌的母親、新交的男朋友巴勃羅給了她力量和希望，使她從痛苦中擺脫出來並終於明白生活的真諦：所有的一切都會過去，憂傷也一樣，它會隨風而去，就像是幸福，就像是生活，就像是回憶……沒什麼要緊。朱蒂斯娜以鮮血淋漓的自傳真實地讓讀者看見一個女人如何燃燒成為灰燼，最終又是如何從這灰裏站起來的。

當然，名人的女兒、美麗的女作家、自身婚姻的失敗、作品帶有的一點自傳色彩，在某種程度上滿足了部分人的八卦和窺探的心理，使其榮登上法國小說暢銷榜。但從另一點上說，感情豐富的法國人，骨子裏那一種無可救藥的對生活浪漫的構想，卻是最忠實於對生活的感悟，因為，文字就是生活。朱蒂斯娜・萊維的文字便是對這生活的原生態的再現。這樣的再現不需要什麼矯柔做作，只是清晰無比地讓人看見生活和生命的真實。她的文字都有著一種率性、瑣屑、破碎，正因為這些複雜的原生態情感交織，讓那些看似隨意排列的句子，像一股持續不斷的水流傾瀉，頓時就有了驚人的力量：「憂傷只是生活的一部分，就如同幸福是生活的一部分。」「最終，生活是一篇草稿。每個故事都是下一個故事的草稿，人們塗改來，塗改去，當弄得幾乎乾乾淨淨沒有了什麼差錯時，就結束了，人們就只有離開了，正因為如此生活才是長久的。」而最精彩的落點便是那一句──作者解脫生活之道的「沒什麼要緊」（Rien de grave），這是一種以全然擁抱的態度面對生活，坦然接受其中的種種，等同對待幸福和痛苦。這種生活理念也是現今脆弱的人們都需要的。也正因為如此，「沒

什麼要緊」已然成為了現時法國年輕人的流行語，這也從中可以
看見法國人對愛情有著怎樣一種嚴肅而又浪漫的期待。

美在刹那，痛卻永恆

　　以細膩的心理描寫著稱的奧地利作家斯蒂芬·茨威格的作品，總是能深刻地感受到一種對立的碰撞——刹那，永恆。尤其是茨威格那些關於女性奇特命運下個人遭遇和心靈熱情的描摹的文學作品，「刹那」與「永恆」的這種碰撞更像一根利絲一樣，在纏纏繞繞中，突地刺入你的神經，一針一針，深深淺淺，痛得你無語，卻早已淚流滿懷。

　　小說《一個陌生女人的來信》和《一個女人一生中的24小時》堪稱「刹那」與「永恆」的典範之作。《一個陌生女人的來信》講述了一個女人，從十三歲就愛上對門一個大她十二歲的男人，然後終其一生等待。在他們還是鄰居的時候，她就等待他多看她一眼；在搬到遠方後，她就等待重回那個城市看他一眼；等重回到那個城市，她就守著他的住處等待重新看到他；等重新看到他，就等待他認出她，但他沒有，就連和她同過兩次床，把她當成兩個不同的女人之後也沒有。《一個女人一生中的24小時》的女主人翁四十二歲時在賭場遇到一個二十四歲的俊美年輕人，她和他在一起度過了一夜之後離開了他，然後，就用全部的餘生都沉浸在對這二十四個小時發生的所謂愛情的回憶中。

　　十三歲萌芽的愛，可以讓女人義無反顧地把自己最好的年華、最純潔的肉體和感情全部奉獻；一個晝夜的事情，可以讓女人的一生從此改變。情本來就是一生最捨棄不了的牽掛，而「刹那」的美，鑄造女人「永恆」的痛，這種極度的對立，更對人生

的無情或者也可以說是無奈，有了一種不動聲色的描摹和宣洩。茨威格最新出版的人物傳記文學《悲傷女王——不被寬恕的蘇格蘭玫瑰》也正是延續了這一個「剎那」與「永恆」的閱讀模式，所以，讀得特別的糾纏感人。

因為父親的過早去世，出生僅六天的斯圖亞特就成了蘇格蘭女王，她頭上的王冠讓她成為政治遊戲中的一顆棋子，個人命運與權利利益的價值相比，顯得渺小而毫無意義，更別說愛情這個如同綺麗之夢一樣的奢侈品了。年方十七當上法國王后，她只是把丈夫當成一個少年玩伴，二十二歲不顧大臣反對，嫁給十九歲的英格蘭貴族達恩雷，但是愛慕虛榮卻心胸狹窄的達恩雷卻讓她的愛轟然倒下。二十三歲愛上了年輕大臣博斯維爾，因為愛欲的轟然覺醒，她全然置王冠和江山於不顧，而且還參與謀殺自己的丈夫達恩雷。就算後來全民反對，聲稱只要她能離開博斯維爾，就把王位交還給她，但她還是情願追隨博斯維爾逃跑，過著顛沛流離的生活。

斯圖亞特寧愛美男不愛江山，因為她一直只想做為一個女人，一個戀愛中的女人而存在。她寧願忍受審判的暴風雨，卻不願去約束火山爆發的感情。她一生的命運就這樣被奇特地濃縮在二十三歲到二十五歲這個極短時期內，短短兩年中，斯圖亞特從女王成了石頭城堡底下的死囚。茨威格捨棄了蘇格蘭女王斯圖亞特可大書特書的一生，只是緊緊抓住她這兩年愛欲喚醒的時間，讓斯圖亞特女王個人的遭遇和心靈熱情達到一種極端的碰撞，在碰撞的極端中，讓剎那的美因為濃縮更燦爛，讓永恆的痛因為濃縮更悲情。

濃縮的悲情，原來是那麼的可悲，原來是那麼的無奈。活著也只不過是一種瞬間的精彩。在《悲傷女王》書封印有那麼一句

話：「活過，愛過，瘋狂過。」──這是一個佚名者為瑪利亞‧
斯圖亞特撰寫的墓誌銘。其實我想這也是很多女人嚮往一生的墓
誌銘。

　　女人對於愛情的追求，就如同追隨自己的影子。每個女人都
想把自己和自己的一生變成藝術品。所以，對女人而言，在很多
時候，愛就成一件驚天動地的藝術品；而瞬間的愛，因為火花四
濺的激情更濃郁更悲情，也就更成就了這件藝術品的奢侈、美麗
與永恆。畢竟生命苦短，但人類的偉大情感卻使生命之樹常青，
正如茨威格所言：「只有感情衝動的時刻才最具吸引力。如果一
個人不是積極地面對生活，不是拿出他的全部熱情、全部能量去
做一件事，就不能算是真正的活著。正如在虛幻的夢境中，在時
鐘的滴答聲中，一個人可以度過無窮的光陰──我們每個人像是
傳說中被施了魔法的人，在兩次心跳間就已度過千年。」

抹茶綠裏的薄涼與清暖

　　《一個人的好天氣》是2007年日本芥川獎的奪冠作品，是二十五歲的日本新銳小說家青山七惠創作的。書的封面設計得很漂亮，共有三層：一層抹茶綠的書皮，裏面又是一層溫暖的橘紅，最裏面卻是一層柔美的淡黃。抹茶綠的書皮，印著很招搖的一行字「飛特族（Freeter）青春自白」；溫暖的橘紅書皮，印著：「還有，知道了人會變的。我原來是不希望的。那麼，希望變的話，就不會變了吧。」；柔美的淡黃書皮，則只有簡短的一句：「難道是我變了嗎？」氤氳的色彩，陰鬱的話語，就如午後的陽光，正一點點，柔柔的、軟軟的，徘徊在一間小屋的簷廊上，塗抹出一圈圈的光暈，光暈裏包裹著一個抹茶綠樣的女孩子。而《一個人的好天氣》的女主角——二十歲的知壽，也正是這樣一個經常喜歡在簷廊前，眺望與幻想的女孩子。

　　這樣的女孩子，按我的想像，可以用唯美的一句話來做個比喻：從來不會把日子過得有稜有角，她喜歡的是一種柔軟的時光，就像絲綢一樣，摸上去，有點薄涼，有點清暖的好時光。但實際上是，知壽這個女孩子，卻經常讓人感覺像冬日的陽光，照在身上，綿綿的，抓不住溫度。沒有了清暖，剩下的只有薄涼，所以，年輕的知壽總是有些悵然。知壽的悵然，與她那種很明顯的「飛特族」的氣質與生存方式有莫大的關係。

　　「飛特族」指的是日本當代社會一大批十五至三十四歲不願意全職、寧可四處打工的自由職業者，他們不願長大，不想負責，

無法獨立，不喜歡也不能夠競爭。村上龍曾在《給22歲的飛特族諸君》如此生動地刻畫道：「飛特族」比起待業者更缺乏「就業」的決心，他們掛在嘴邊的理想往往過高，成了對自我的「挑戰」，讓人不自覺地想要逃避。二十歲的知壽就是這麼一個飛特族典型。

　　高中畢業後，不想繼續上學、沒有工作的知壽，隻身來到東京，寄宿在一個寡居多年的七十一歲的吟子（舅姥姥）家。像所有的飛特族一樣，知壽選擇了自由工作的方式，今天在這裏幹點活，明天在那裏幹點活。不到一年就換了好幾個工種，女招待、車站小賣店員、鐘點工。但是，知壽幹哪一份工，都有點三心二意，也就是村上龍說的缺乏「就業」的決心，但掛在嘴邊的理想往往過高：知壽的夢想是一年攢夠一百萬日元，但實際卻只存了三十五萬。而戀愛呢，知壽也是一副不積極的心態，更別提什麼努力爭搶了。當她的第一個男朋友平陽要和別人在一起，她想，那就這樣好了。被甩後，為慰藉空虛，又盲目投入與藤田的愛情。知壽愛上藤田，是因為「他穿著十分合體的白色短袖襯衫，英姿颯爽。」這場根本沒有愛情的戀愛，也像前一場的結局：被甩。而被甩後的知壽，也只會用棉被蒙住腦袋，粗略妝容，任憑自己變得邋遢。但當吟子每天打扮得漂漂亮亮，知壽卻又變得乖戾：「我會被自己的偏狹和乖張牽著跑。我經常故意穿著吊帶衫和熱褲在她（吟子）眼前晃來晃去，向她展示自己富有彈性的皮膚……」胡亂的放棄與不適的乖戾，讓知壽在困惑與迷茫中，充滿了稜角。知壽那朵抹茶綠裏的青春之花，孱弱，無骨，單薄，沾滿了秋天的蕭颯氣息。

　　知壽的身上，很清晰地體現出了當代都市年輕人的焦躁身影：剛踏上社會，遠沒有成熟卻努力裝得像大人一樣，結果越是

貌似練達，表現出來就越是輕佻；沒什麼資歷與金錢，卻渴望能過上花錢如流水一樣的自由生活，結果弄得自己心情鬱悶到像長滿了青苔的黃梅雨季；不懂什麼是愛情，卻渴望用愛來彌補心中的孤獨與空虛，結果空虛和孤獨的缺口卻越開越深。不過，雖然知壽既悵然又鬱悶，但也有著一種特別的快樂：常常站在吟子小院的簷廊前，久久遙望門前的車站，設想有一天乘著電車向美好之地進發。這一場面在小說裏反覆出現，顯示了知壽難得陽光的一面：愛幻想，愛做夢，而且也嘗試有為夢想付出努力的一天。所以，在與吟子的多次衝突過後，她終於認識到了如何與人相處的美好，也終於明白了只有一個人勇敢面對世界，才能有真正的出路和好天氣。而知壽也終於找定了一份全職工作——在淨水器公司做事務工。曾經害怕一個人面對世界的知壽，終於邁出了成長的第一步——從吟子家獨立出去，獨自擔負起了對命運的挑戰。

走了那麼多的彎路，知壽終於迎來了春天的花開。其實，說到底，人生是有很多的彎路需要走的，或者說，人生根本是一條彎路。但在彎路上的折磨和痛苦，會讓青春成長，會教我們成熟。《一個人的好天氣》完好地演繹了青春內部世界的慢慢豐盈：從青春期過來，會覺得自己與周圍格格不入，於是開始反叛，開始戒備，但通過與人或事的相處和瞭解，會開始逐漸走向成熟心態的彼岸。小說的結尾，知壽那朵抹茶綠裏的青春之花，已經散去了處處帶刺的敏感光暈，漾蕩開了溫暖柔軟的絲綢色彩：「每天早上睜開眼睛迎接新的一天，一個人努力過下去。」而愛情也終於夢想成真：「電車載著我，飛速朝有個人等著我的車站駛去。」

你好！憂愁

　　棉花糖，像棉花一樣軟綿綿的，甜甜的味道刺激著味覺，讓人難以忘懷。所以，我們都喜歡如此形容：青春，應該是帶著棉花糖的童話味道悄然降臨的。但是十八歲的薩岡，卻告訴我們：棉花糖空氣裏的青春，在很多時候，會讓我們遭遇很多陌生的情感，那些情感裏會有著一種不可預知卻又躲也躲不掉的憂愁。薩岡在她十八歲時寫就的《你好，憂愁》裏就如此感慨說：「在這種陌生的感情面前，在這種以其溫柔和煩惱攪得我不得安寧的感情面前，我躊躇良久，想為它安上一個名字，一個美麗而莊重的名字：憂愁。」

　　《你好，憂愁》裏的十七歲少女塞茜爾生性浪漫不羈，跟同為浪蕩子的父親過著隨心所欲的日子，不願意把自己的生活納入到正規的軌道。但循規蹈矩，善於控制和管制別人的安娜的出現，卻讓不願改變不羈生活的她感到了一種憂愁。薩岡的憂愁，是來源於一種在無憂無慮的生活之中，對於這種生活結束之後的憂慮的想像，這其實是我們每個人都曾經面臨或正在面臨的青春惶惑。面對即將出現的惶惑，塞茜爾表現出了一種碎金裂帛似的果斷：竭力阻撓鰥居多年的父親雷蒙和其優雅女友安娜的婚事。塞茜爾跟自己剛剛認識的男朋友，以及父親早先認識的一個女人愛麗莎，共同精心設計了一個詭計：讓父親重新迷戀上愛麗莎。

　　憂愁，在薩岡的筆下，演變成了一杯龍舌蘭，濃烈、粗野、誘惑。但同樣是憂愁，在日本「療傷系文學」天后吉本芭

娜娜的筆下，卻表現得含蓄和堅強，就仿如等待夜歸人的一盞溫暖燈火。

吉本芭娜娜的青春小說，雖然流淌著一種青春的迷惘、憂鬱、哀愁，但卻在迷惘中找到方向，憂鬱中透出陽光，在哀愁中煉成堅強。這是一種療癒到再生與幸福的青春。也因此，相比較薩岡的濃烈和不羈，吉本芭娜娜的文字，讀起來卻帶有了一種輕微的寒意，就像是觸摸絲綢的感覺，既薄涼，也清暖，浪蕩得讓人很舒服。另外，吉本芭娜娜的青春小說，還有著一個執念：講述了放棄的難得以及美妙。這是一種向上的放棄，這裏面有一種強大的力量。這種力量總是儲存在一些看似柔軟無助的人身體內，比如《無情／厄運》裏的「我」與「妹妹」、《哀愁的預感》裏的彌生等。

《無情／厄運》是兩個獨立小說合成的一本書。《無情》裏講述「我」在長年不回家的父親離開了人世後，得到父親偷偷地給「我」留下的一筆遺產，後母為了得到那筆遺產，暗地裏偷了我的印章和存摺跑了。心碎的我，遇上了千鶴，並度過了一段美好時光。後來，我與千鶴分手，千鶴卻葬身於火海。「我」在女友千鶴的祭日，來到一年前兩人分手的地方，碰上了火災和自殺等靈異事件，引發了「我」對這段感情的愧疚與懷念，弄得自己不得安寧。此時千鶴出現在「我」的夢境中，用善良和溫情幫助「我」在充滿不安的旅程中，解開諸多心結，並指點「我」關於人生和愛情的意義——與其為孰是孰非所困擾，不如過好自己平常的生活。吉本芭娜娜說：「人因為厭倦了對方，總以為分手是自己或者對方的意志所造成。其實不然，共同生活的結束就像季節的變換，僅此而已，不由人的意志左右。」《厄運》裏的姐

姐「小邦」結婚前突然倒下，僅靠儀器維持生命。全家沉浸在悲痛無比中，姐姐小邦以小桔子為觸媒，在親人面前重新綻放出燦爛的笑容。那一瞬間的光芒，帶著摯愛的親人領悟到了生命的純淨：「大家踏上了正確的路途，正如靜靜地秋意漸濃，冬日將至」。父母親投入工作，妹妹「我」投入考研，並嘗試接受愛情的到來。兩部小說看似在著意渲染一種不祥與陰鬱，其實卻彌漫著一種愛的重生。吉本芭娜娜以她獨有的青春微妙思緒和敏感情懷，讓生命在「無情」和「厄運」中，發掘出存在於每個人心底的向上的光芒。

青春與憂愁總是如影隨形，這是棉花糖裏的青春成長的必經之路，誰也無可逃避。所以，不管是薩岡的《你好，憂愁》裏的塞茜爾，還是吉本芭娜娜的《無情／厄運》的「我」與「妹妹」，都一樣經歷著惶惑和不安。既然無可逃避，那麼我們就應當具有接受、挑戰與改變的勇氣和精神。就像薩岡一樣，從容地向憂愁致意，向它招手：「閉緊眼睛，呼喚著它的名字來迎接它：你好，憂愁。」就像吉本芭娜娜說的：「如果不能抓住那光輝，一味沉溺於無謂的傷感，那麼等待我們的只有無盡的痛苦。」所以，我們都應該像小說裏的「我」與「妹妹」一樣，努力而堅定地地抓住生命中的點滴光輝，讓溫暖的光澤，一點一滴地驅散青春的憂愁。我們不得安寧的青春，就可以穿過黑夜，脫變成燦爛的朝陽。

妖嬈的血拼之花

「那一刻，當你的手指纏繞著一個閃閃發光、一點褶痕都沒有的袋子的拎繩時——裏面裝著的所有華麗的新東西都變成了你的。這像什麼？它就像是饑餓數天後，嘴裏塞滿了熱呼呼的奶油吐司；又像是早上醒來意識到今天是週末；還像做愛時的高潮時刻。我腦海中一片空白。這是純粹的、完全屬於個人的快樂。」

——這一段話，出自英國新一代的暢銷書女作家金塞拉的小說《購物狂的異想世界》，相信看到這一段俏皮、奢華、迷離、香豔的訴說，估計沒有哪個女人不在感同身受中被擊倒了。

是的，對女人來說，購物是可以讓自己得到快樂和釋放的最直接方法，女人喜歡購物的感覺，是因為那也是一種創造，可以創造出來源於自己的組合和獨特的美麗，所以，女人們喜歡流連商場，喜歡在商場「血拼」，並讓這一朵「血拼」之花，越開越燦爛，越開越妖嬈。金塞拉的「購物狂」系列小說《購物狂的異想世界》、《購物狂紐約血拼記》、《購物狂結婚記》，勾勒的便是二十五歲的購物狂麗蓓嘉，因熱衷「血拼」購物所帶來的崩潰與嬉笑共存的生活。有意思的是，三本書的封面對「血拼」的定義都很招搖：「血拼無罪，狂想無限」、「血拼無罪，美麗有理」、「血拼無罪，幸福無邊」。

《購物狂的異想世界》是「購物狂」系列小說的第一部，也是寫得最棒的一部。二十五歲的麗蓓嘉・布盧姆伍德是個財經記者，她的工作就是告訴別人如何理財，如何精打細算，而她自己

的唯一愛好，就是——購物。她無法克制自己購物的衝動，更無法克制自己對名牌服裝的佔有慾望，她喜歡成為「戴著Denny and George絲巾的女孩」，「著一身Coco Chanel的女孩」……於是，「血拼」商場的結果是刷爆信用卡，財務危急，她對信用卡公司的催債只好採取逃避、自欺欺人的做法：以謊稱自己摔斷腿，得了傳染性單核細胞增多症等等來拖欠回款。由此，她買了張彩票希望能中一千萬英鎊的頭獎以還清帳單上拖欠的錢，並設想在倫敦高級住宅區購置漂亮公寓，以堆積她的華衣美服；更好笑的是，她還成天生發著一個秘密幻想：有天銀行寄錯帳單，結果某個老眼昏花的老太太看都沒有看帳單，就為她繳清了所有的欠債。讀到這裏，我真的忍不住笑出聲來了，哈哈，這兩個滑稽的幻想，活脫脫勾勒出了「血拼」女人的可愛與可笑，也許從這點上說，每個女孩都能從麗蓓嘉身上發現自己的影子。

　　當然，麗蓓嘉的可愛，還在於，雖然因為無法抑止的購物慾望使自己陷入了很可怕的負債境地，可是她並沒有把還債的期望寄予父母或者朋友——雖然她的朋友是巨富，但她只是通過自己的努力在想辦法還債，於是，一度的，節約、簡單，這些詞也曾成了她新的座右銘：為削減開支，買了一堆廚具和香料，卻做出難以下嚥的食物……；節流的辦法行不通，她就實行開源，作為財經雜誌記者的薪水不能償還負債，她想辦法替報紙寫財經專欄，也正是在寫這一專欄時，本質善良的麗蓓嘉，發現了從小看她長大的鄰居珍妮絲和馬丁夫婦遭到了理財公司的欺騙，她挺身而出仗義執言終於為他們討回了公道。由此她被電視台相中，邀請她擔當理財節目嘉賓，在節目中，她把自己財經的專業知識和購物的「血拼」經驗相結合，通俗易懂地為民眾的財務問題提供

建議，由此創造了一個財經權威與鄰家女孩綜合體的嶄新偶像。她受到了人們的注目與歡迎，其中也包括像白馬王子一樣完美富有的盧克也對她刮目相看，這時候的她真是麻雀變成了鳳凰：和盧克去購物天堂紐約「血拼」（《購物狂紐約血拼記》），最後幸福地成為了盧克的新娘（《購物狂結婚記》）。

　　二十五歲的購物狂麗蓓嘉，在商場「血拼」，更在事業上「血拼」，也正是這一種「血拼」的積極進取的人生觀念與態度，讓她在事業上的路越走越順利：從雜誌記者跳槽成為電視上家喻戶曉的理財專家，而後，更找到了一份最適合她「血拼」的完美工作——擔任高級百貨公司的私人服裝顧問。而在愛情方面，雖然麗蓓嘉一直以來老是為二十五歲還沒有固定男友而焦慮，但即使是自己不喜歡的千萬富翁塔欣的極力相約，也並不能令她出賣愛情違心去約會。麗蓓嘉的「血拼」故事告訴我們：老天總會垂青那些本質善良並富有進取心的女孩兒，儘管她們有這樣那樣的小毛病。《購物狂的異想世界》講述的就是這樣一個非常簡單的道理：購物？當然可以，把整個世界買下來都沒有關係，只要你不為此丟掉尊嚴、愛情等等所有買不來的東西，那麼生活永遠也會為你張開妖嬈美麗的一面。

且情調且優雅

　　1841年，第一批柑橘從摩洛哥的丹戈爾（Tangier）運往歐洲。從此，在歐洲貴婦的沙龍裏，柑橘的美味形成了一種享受生活的優雅情調。薩拉・班恩・布雷思納克所著的《丹戈爾橘之夢——情調女人的一年》，就是從物質到精神，告訴女人怎樣享受生活，怎樣營造生活的優雅情調。

　　在時尚充盈著我們感官的時代，我們都瘋狂追逐瞬息萬變的時尚腳步，費盡心思讓自己風情萬種，想方設法都想被美麗熱烈擁抱，被華貴深情撫摩，被情調和幸福溫柔縈繞，擁有真正極致的女人味道。而被美國媒體選為美國「二十位最有魅力女性」之一的作家薩拉・班恩・布雷思納克在《丹戈爾橘之夢》卻告訴我們：真正極致的女人味道，不一定要有絕世風華；做一名情調女人，不一定必須長期沉浸在藝術中，而是要從凡俗的生活中，一點點找回高貴美麗的自己。

　　情調是一種內在的稟賦，布雷思納克說，只要「張開感覺的每個毛孔，就能讓浪漫滲透到靈魂」。她在書中提出了很多細緻建議，比如女人如何永遠保持別致、優雅和迷人的儀態，從日常的配飾到小小的拉鏈，最重要的是她對食物、愛情、生活的感性藝術進行了甜蜜、引人而精彩的探索。布雷思納克忠告說，生活並不總是平淡無奇，它處處埋藏著驚喜。而這一切的秘密在於，學會愛上自己。在一天天的忙碌奔波中，在取悅別人的間隙，停下來，欣賞你自己，關愛你自己。因為，愛著自

己的女人才是美麗絕倫的。愛著自己的女人一舉一動都散發著自信、迷人的光彩。

從一席春日的盛宴、一道夏日幸福沙拉、一席只屬於自己的燭光晚宴、一件代表浪漫愛情的晚裝、一杯濃情的巧克力奶昔、一次放飛心情的遠足，到「繫著漂亮的黑色絲綢圍裙也可能將乏味的家庭瑣事變成一件激發性慾的藝術」……你會發現自己身上竟有著如此濃重的內力情調，從年初到年末，你能在每個月都有不同的感覺。這就是《丹戈爾橘之夢》所說的情調之愛的藝術——女人的優雅和華貴，不再僅僅屬於時尚雜誌，其實，一種態度，一種感覺，再加一些方法，每個女人都能活得很情調！真正的時尚，就是生活帶給你的從內而外的優雅。

情調的品性，不因只追求完美。布雷思納克認為生活就應該像著名時尚家戴安娜弗里蘭說的：高品味真正的本質是有點兒壞，品味中的那點兒壞就像一個小小的甜辣椒粉斑點。因為那些有缺憾的「壞品味的斑點」裏面蘊涵著一種瑕不掩瑜的美，所以，我們要懂得欣賞「斑點」。比如，去後花園花幾分鐘採一束帶著花露的牡丹放在廚房窗台上，這種美的效果堪比設計師幾個小時的擺弄，就算花上面爬著幾隻蟲子也無妨。比如，花廳裏斑駁帆布躺椅比新的更能體現生活的品味，而上面用煙斗燙的洞也只是溫和地提示自己該戒煙了……愛上「壞品味的斑點」，就是一種情調之愛的寬容藝術。

有那麼一句時尚流行語說：美麗總是在細節上體現出來。對服裝來說，繩扣、掛扣、拉鏈等這些細節都是品質所在，這些地方不同，其餘的顏色款式即便一樣，效果也會很不同。而套用在生活中，那些「繩扣、掛扣、拉鏈」也不過是人生中的很多

細節，比如每週到一家沒去過的舊書店，去找「紙上朋友」。比如，每年舉行一次聚會，邀請你的朋友來挑選你衣櫥裏的衣服，把臥室整理得像個特別的時裝店，就像演繹一場春季盛典⋯⋯。這些細節，在溫溫婉婉中，把平凡變成了浪漫。賈桂琳里比斯說：「所謂時尚就是與眾不同。」但要做到真正地「與眾不同」，就要跟著你自己的感覺走，把所有人生的細節變成「我個人」的細節。

小說家威拉卡瑟問：如果與生活相戀，那會怎麼樣？而《丹戈爾橘之夢》則提醒我們：請記住威拉卡瑟的這個想法。與生活相戀，你會更愛自己；與生活相戀，你會更愛挖掘、營造將來的美麗情調。與生活相戀，你可以拂去俗世中的疲倦，找回安逸快樂的時光。與生活相戀，你就能時時享受著情調柑橘的美味和優雅。

女性暗傷的秘密與傳奇

　　女人比之男人，是更加豐富的性別群體，因為她們在生命之外加注了美麗和殘缺的一對矛盾，女人因為曲線而美麗，也因為美麗造就殘缺、傷痛，甚至危險。作家蘇童在回應別人評論他的作品頹廢時就很不以為然，他說，作家和醫生一樣，只需要病人。病人的病態是常態的折疊、盤繞，更何況是病態中的女人？所以，無論是女人凹凸的曲線還是纏綿的情感，必定有叢生的懸念穿過文字。借用張愛玲關於華美人生的那個著名句式：女人是一尊鏤空的玉，裏面有暗傷。

　　佟彤的《暗傷》便是這樣一本揭示女人「暗傷」的書，當然，作者選取的點很巧妙——婦科門診隱情。常言道，身體之疾生於暗傷、隱患，給了醫生極大的修復、調治空間；精神之疾來源於精神曲線，情感皺褶，會讓紙上的文字起伏跌宕，所以無論身體還是精神，疾病往往是身心狀態的全方位濃縮，裏面五味雜陳。作者說，女人是情感和身體的偶聯，很難說有哪種婦科疾病和情感無關，無論發生在女人豐沛的頂峰，成為一個教訓性的印記；還是進入谷底，變成老女人，也仍舊有一種母性不能自持……遺憾的是，藥品和器械全都不能修補女人的暗傷和隱情，於是，關注女性的隱情便霸佔了作者的寫作情緒，而如何讓女人擺脫情感和疾病的互相糾纏就成了整本書的集中主題。

　　書中展現了一系列發生在婦產科門診的故事，故事裏的主人公，也不乏依然風姿綽約，儀態安然，特別是當她們遭遇愛情、

親情的時候，總要發出溫潤的光澤，這是女人在含蓄而篤定地做出的一種強作歡顏的姿態。就像書中那個恨自己為什麼不按照醫學規律死去的晚期癌症女孩兒，她的虛弱生命居然長過了愛情謊言，這就使剩下的時日因為清醒而絕望、殘酷。作者在感性的故事裏加注理性的醫學分析，讓人清醒地看到了美麗幻象和殘酷現實的巨大差距，更讓我們體會到了女人被稱做是愛情動物的可憐可悲。愛情真的不是一個女人生存的唯一價值！這本書在提醒所有女性讀者──在愛別人的時候千萬不要吝嗇愛自己！

而不論是小說還是散文，幾乎都是以上海、香港等大都市作為背景的張愛玲，她特別敏感都市生活的大雅大俗，一份獨特的見解，一種越軌的筆致，十分耐人玩味。但是，她愛別人的時候卻變得很吝嗇地愛自己，因而，雖然她的文章成為一份永遠感人心懷的傳奇閱讀，而她的愛情卻成了一個傳奇的悲劇。這樣聰慧的女人，還是逃不掉那種「暗傷」的傷害呀。如今，上海已是另一種繁華，再也聽不到張愛玲那樣冷漠平靜的聲音，和那雙似乎能洞察靈魂深處的眼睛。

在傳奇漸行漸遠的今天，把張愛玲的名篇《沉香屑──第一爐香》以「紙上電影」的形式展現，用一段光影、一幅圖景、一組文字，把張愛玲原著的那種清冷、清醒、冷靜和絢麗表現得更加濃烈和直觀。這也不失為對傳奇的一種另類解讀。至於這種另類解讀能不能表現出當初張愛玲帶給我們感動和震撼的故事，我想，也許這無關緊要，重要的是，我們找到了一種懷念偶像和解讀偶像「暗傷」的新方式。

悔青了腸子的灰姑娘

「從前，在某個城鎮上，有個非常可愛的女孩，她不僅聰明漂亮而且心地善良。」這是我們早已經熟稔在心中的安徒生《灰姑娘》童話故事的開頭。而莊羽的新小說《此去經年》，訴說的也是一部灰姑娘的童話，只不過故事發生的地點是在熱鬧的皇城根下。小說的封面就直白地寫著——「一部關於城市灰姑娘的愛情童話」。女主角的名字爛漫得很瓊瑤，叫李春天。李春天也和安徒生的「灰姑娘」一樣，可愛、聰明，並且具有心地善良的優良品質，唯一不同的是，李春天算不上漂亮。

俗話說，不漂亮的人，更可能有機會擁有一種平實的人生。可是，這話用在不漂亮的李春天身上，簡直就是一種奢侈的嚮往。李春天是報社的情感欄目的編輯，她善良且責任心強，但卻不通世事，一天到晚自己已經累得跟驢似的了，還不忘狗攬泡屎地捲入別人的故事，這種感覺就好像是一個人正在電影院裏看著別人主演的電影，突然從銀幕裏伸出一隻大手把她生生地拖了進去，身不由己。

讀者聖潔為情自殺，李春天傷心之餘，又忙乎著為聖潔去討公道。好友姚靜和康介夫曖昧地走在一起，為了不傷癡迷了姚靜多年的沈光明的心，李春天不得不保守姚靜的秘密。張一男劉青青兩夫妻一吵架，二話不說就直奔李春天的辦公室討支持，而李春天呢，總是替他們調解又調解，但回回受累卻不討好。看著善良得如此憋憋屈屈的李春天，劉青青就直說她傻：「你整天都在

為不相關的人和事奔走，像條可憐的流浪小狗」。 更傻的是，李春天還深陷在一段虛妄的「仰慕」單戀中。李春天暗戀張一男，八年來讓這心事密不透風地滋長，到頭來，才發覺這充斥著完美主義、理想化的暗戀，只不過是自己在一廂情願地美化了一直自私貪婪的張一男的形象。

正是責任、友情、深情這些看似普通的字眼，讓這個不懂得取捨、外表光鮮看似成功的李春天的內心常常處在疲憊、困惑甚至絕望中。好不容易，蹉跎了好時光的李春天碰上了有錢帥氣又喜歡她的梁冰，眼看「灰姑娘」李春天就該有著完美結局了。但是在編輯部拼死拼活了十餘年、以為是憑能力升到了副刊主任的李春天，卻意外地知道了其實她的升職只不過是梁冰與報社的一場交易。世俗的現實殘忍地攤到面前，受不了打擊的李春天，辭職並拒梁冰於千里之外。李春天的善良與執著，碰到了世故現實的人生哲學，結果，不可避免地演繹成了一個荒蕪悲愴的結局：為救梁冰，她死於車禍，只落下了一句「如果我活著，我一定跟你好」。此去經年，就算悔青了腸子，對李春天而言，所有的良辰美景都已經是虛設。

活在別人的故事裏與活在自己的虛妄裏，究竟都是痛苦的。還記得《一個陌生女人的來信》嗎？那個十三歲就愛上了對門作家的陌生女人，為作家生了個私生子，就算後來又有幾次機會和作家同床共眠，作家也一樣不認識她，她的愛、她的生命，就連她的兒子，終竟也只能化成了一縷冤魂。再看看安徒生童話裏的「灰姑娘」，其實都沒李春天和陌生女人那麼傻。「灰姑娘」雖然被後母虐待被姐姐欺負，日子過得灰頭土臉的，但起碼活得還自我也很現實——時刻幻想著如何能逃離眼前的窘態，「灰

姑娘」總是說：「我想參加王子的舞會」。而李春天呢，一味地
被責任與善良牽扯著，根本不懂得取捨，不懂得關愛自己，就算
她真的可以成為「假使我死了，在某人心裏也永遠鮮活」的人，
但這又還有什麼意義呢？一個不懂得關愛自己的女人，終究會錯
過屬於自己的現世美好。所以，與其活在別人的故事裏，倒不如
活在自己的現實中。書裏也有幾個特現實的人，尤以李春天的姐
姐李思揚最為典型。李思揚是一個從小就知道自己要什麼的人，
從現實角度講，她過得比一般人好，除了理想之外，該有的都有
了，包括：一團和氣的家庭、日進斗金的生意、以己為榮的父
母、隨傳隨到的妹妹、甚至是分手亦是朋友的前任男友。

　　「我想參加王子的舞會」──如果不想悔青了自己的腸子，
任何一個女人，都請記住這一個生存宣言。

女人，要對自己負責

　　對於「解放」這兩個字，作為女性，從我們奶奶輩開始，肯定都是身有感觸的。所以，楊瀾在自己所編新書《天下女人》的序言裏就開宗明義地闡說道：「解放」對於她的外婆來說，很簡單，就是不再裹腳；解放對於她的母親來說，是有機會讀書；而對楊瀾自己呢，「解放」是不再像母親那輩人一樣受窮了，不再有那麼大的恐懼，可以選擇自己的職業道路了。由此我們可以看到，隨著社會的發展，「解放」對於女性的身心與理想來說，都已經有著一種張弛的自由度了。也正因為有著了張弛的空間，女性更多地走上了亮麗和成功的舞台，她們的成功人生裏自然也經歷著各自不同的喜怒哀樂。

　　《天下女人》便是這樣一本關於成功女人喜怒哀樂的書。書採自楊瀾主持的同名節目，精選彙集了宋祖英、趙薇、李宇春、宋丹丹、袁泉、胡因夢、張茵等十四位女性人物面對面的閒聊方式。按此書勒口上所說的，就是所謂「知性女人、新聞女人、魅力女人、傳奇女人」，目的在於「共同分享女性獨特的成長經歷和性別體驗」，當然，「在分享經歷和故事的同時，也與嘉賓探討事業、家庭以及情感中的困惑，探討女性世界的全新價值觀與生活方式」。應該說，這樣的書，是屬於非常討巧的一類。畢竟，在這個社會，追求事業成功已經是大部分女人的嚮往，而追求美滿家庭、情感的美滿也是所有人的最大渴望。

　　因為關注的都是女人，話題未免會顯得瑣屑、囉嗦，不過，好在楊瀾引導嘉賓的話題都有一個大的原則：那就是「女人，要對自己負責」，無論在身體上、情感上、經濟上，還是精神上，我們的幸與不幸都不能盲目地歸屬於其他人。在這點上，胡因夢的講述尤其讓人有啟迪。胡因夢與李敖的婚姻僅維持了三個月，卻換來了三年的官司。她還曾因為痛苦三度患上抑鬱症。在極度的傷痛中，使得胡因夢開始自省，自我解脫。她說：其實所有內在對別人產生的個中憤怒或者怨懟，整的都是自己；在最痛苦的時候，必須是進入自己心裏頭去解決問題，當你和痛苦能真正合為一體的時候，痛苦才能解脫。胡因夢用真實的故事提供了一些走出人生低谷，向內心尋找幸福的途徑。毋庸置疑，女人天生需要應付比男人更複雜的環境，所以女人的平衡技巧在這個充滿誘惑和壓力的時代尤顯可貴。而《天下女人》一書在這方面就提供了不少的借鑒。

　　當然，這本書還有一點討我喜歡的，是採訪嘉賓之前的一些邊角料話題。比如在採訪宋祖英之前談論關於女人的什麼年齡懷孕最好，懷孕之前要做些什麼準備等等。在採訪伊能靜之前，提及了「粉紅絲帶」的乳腺癌宣傳照片，談及了近些年中國女性患乳腺癌比例一直在增加的話題，提醒所有女性一定要定期檢查身體，為自己排除「隱患」。還有採訪趙薇之前，講了巴西一位十八歲模特兒，由於減肥得了厭食症，以此探討了越瘦越好的時尚風如何對女性造成了威脅與傷害，並指出了根源所在：女人減肥就是太在乎別人的看法，而忽略掉自己的感受。楊瀾主張說，我們自己的快樂值，不能讓它下降……可以說，這些邊角料，在樸實淺顯中更讓人感悟到了「女人，要如何對自己負責」的這一深刻含義。

貼心貼肺的美

　　嫻靜，幽美，華美，就像是在凝看一枚金色的秋葉，飄飄然劃下一道金光，再緩緩飛下時的悠然姿態，其間，有一種氣流，氤氤氳氳在你的週遭，讓你覺得似乎無所奢求，卻又有一種洗盡鉛華之美的灑脫與不凡，乃至你慢慢地沉浸在欣喜與感動中，和她一起想入非非。而這個她，就是黑瑪亞；而這一份感動與欣喜，就來源於黑瑪亞的那本書《有一條裙子叫天鵝湖》。

　　《有一條裙子叫天鵝湖》，書名透著一種緩慢的華麗與優美，其關注的色澤很繽紛，包括了「愛閱愛樂」、「個人印記」、「在路上」、「頓悟漸悟」，有關音樂、電影、書籍、旅行的散漫，如一籃芳香的水果，誘惑著你的視覺。但光是視覺的誘惑，未免太清淡了些。畢竟，黑瑪亞是個時裝設計師，黑瑪亞的文字，自然就有著了不一般的美的淵源。黑瑪亞曾經說過，她崇拜西班牙的頂級時裝設計師巴蘭西亞加，因為巴蘭西亞加的作品「線條總給人極度和諧的感覺，從來沒有突兀的譁眾取寵的細節。流暢、優雅和永遠的出手不凡。」黑瑪亞秉承了這一美的原則──和諧，流暢、優雅，不譁眾取寵，她抒寫有關的細節，瑣碎而又富有生命，她筆下的一塊泥巴、一杯奶茶、一朵小碎花兒、一條裙子……都彷彿精靈一樣，有點溫婉，有點霸道，有點小資，有點浪漫，更有著自己的身世和哀樂，誘惑著我們的心靈，與她一起想入非非。

　　或許，生活的美感，對每個人來說，始終是一個難題，因為生活太龐大了，它不僅僅只是一座房子一條道路，它可能是萬丈

紅塵裏的一粒沙，在你欣賞美景時突然令你眼睛刺疼。而黑瑪亞以一雙慧智的眼睛，一顆知性的心靈，輕輕地撥開有可能刺疼我們眼睛的迷霧，還原出了一片適合欣賞的美景。在這本書的主題篇《有一條裙子叫天鵝湖》，黑瑪亞寫下了那麼一段震動的話：「天鵝堅持的不是唯一的愛情，她堅持的是自己獨特的美麗，如果沒有對自己的堅貞，天鵝是得不到屬於天鵝的愛情的，天鵝並非因癡情而專一。」在這裏，黑瑪亞深刻地詮釋了生活之美的定義──堅持自己獨特的美，才能有天鵝般的愛與幸福。而黑瑪亞堅持的獨特，就是處處發現美的存在。所以，就算在路過中偶然撞見的一個叫「本來」的小店，雖然店裏的東西，很泥土，也很細碎，而且很多還說不上有什麼用處，但她也能看到不一般的美：「也許生活本來就應該是這樣──有悠悠的音樂，點著馨香的蠟燭；貼近泥土，保持純真；慢慢地喝茶，慢慢地吃飯，細心地澆花，收集所有無用而又心愛的東西。」黑瑪亞就像個美好的「佈道者」，讓我們從她的文字裏，明白如何從生活中去挖掘美好，如何不要輕易錯過生命中的每一次悸動。

深圳不是黑瑪亞的故鄉，可她儼然已經成為一個深圳人，這個城市賦予了她一種揮之不去的感傷。而我們很多人，也在經歷著這樣一種感傷。黑瑪亞深諳這一種共同源於城市的歡樂與憂鬱，所以，她在《你的城，你的臉》裏如此感歎說：「從前我憂傷，是因為我思念著廣州；現在，我比以前更加憂傷，因為發現自己不再思念廣州了。」雖然，黑瑪亞的文字常常因為鄉愁而憂傷，但這樣的感傷，不會讓你在動情之間失去自我。因為，黑瑪亞的文字華麗但不輕浮，憂鬱而不沉溺，這無疑擯棄了一種屬於時尚小資們的那種奢靡和頹廢，而張揚出了一種脫俗感人的審美

情趣。比如，她談到對一個城市的迷戀，是如此的簡單和歡快：
「有親愛的朋友，有聽爵士樂的所在，有跟朋友恆久不變的聚會
的老地方，這是我迷戀一個城市最簡單的標準。」而我最喜歡的
是她對澳門的言說：「澳門是個有些陳舊的地方。你到了那裏不
用抖擻精神來做個旅客，不會害怕自己有失禮的地方。你彷彿就
是一個晚餐後走出家門去散步的遊人，只是這次散步離家稍微遠
了點。」一個「散步」的比喻，溫婉、燙貼，溫暖就這麼一圈圈
的漣漪，蕩漾了開來，真是窩心窩肺得緊哪！

　　在介紹黑瑪亞時，書上提供了三個版本，而我最喜歡的卻是
「她努力想使俗世的生活接近內心……」的這個版本。是的，正
因為這一種努力接近俗世的心，黑瑪亞的文字，讓我們看到了生
活的美麗。所以，讀黑瑪亞，最適合的讀法，是坐在手編的藤椅
上，撫摸著不失溫潤的藤條，品味那些無言中釋放出靈魂的雅韻
與幽微。就像黑瑪亞在《家有奶茶等著我》裏所說的一樣──薑
的辣是鮮活的，茶的香是溫情的，奶的醇厚和紅糖的甜蜜，所有
的一切都集溫厚與柔情於一身，激越在深不見底的蕩漾裏了。

小資女人的葡萄酒

葡萄酒，一個優雅、品味、浪漫的代名詞。而《戀戀葡萄酒》，一個以擁有時尚身份的葡萄酒說事的書名，小資得實在讓人想入非非。戀戀，是華麗？是狂野？還是魅豔？閱讀在猜測中陡然就生發出了一種兜兜轉轉的唯美感。而這兜兜轉轉的唯美妙趣，是來自一個「浸」在葡萄酒中的女人吳書仙。在書中，吳書仙介紹了不少葡萄酒方面的知識，比如葡萄品種、百般香味、特殊酒種等等，對於小資們來說，可以惡補一下，作為更加「小資」的資本。但我最喜歡的，還是她把身邊的點點滴滴，勾兌入葡萄酒中，幻化成了人生的品味——那是一種略微泛酸的品味。正如書中所斷言：「白葡萄酒的骨架是酸——酸是味覺之首，如果沒有酸，生活將多麼沉悶呀！」

酸，在生活中，雖然一直以來都不怎麼討巧，但有質地的「酸」卻可以成為一種耐人的品味。所以，《戀戀葡萄酒》一開篇，就跳脫得酸性十足。吳書仙把紅樓夢中的十二金釵一一對應各種葡萄酒。她把尖酸刻薄的黛玉比喻成葡萄酒酒中高品味的「夏布麗」，她說「夏布麗酸勁十足，有種潮濕的火石味。而林黛玉冷若冰霜，甚至尖酸刻薄，話語如刀子般尖銳。然而，高酸的女性歷來是聰慧而敏感，真正喜歡夏布麗的人就喜歡它強勁的酸度，珍愛黛玉的寶玉也分明喜歡她的稜角分明。」這也就是說，女人的「酸」，是在愛她的人的眼裏才會閃爍出光芒一片。於是乎，「酸」在吳書仙的筆下一路蕩漾了開去：酸酸的男人、

酸酸的女人，酸酸的愛情，酸酸的婚姻，纏纏繞繞在葡萄酒這個時尚符號裏。吳書仙跳脫、幽默的筆觸，不斷地將對葡萄美酒的感悟與紅男綠女作對比，在情緒的宣洩中不僅道出老道的美酒經，更道出了老道的生活哲學與生活藝術。

上好的葡萄酒唯美稀罕，就好像絕版的鑽石王子一樣可遇不可求，就算刻意地遇到了，那份愛也大多像一朵嬌嫩的花，呵護得你百般憔悴，還不如擁有一份清淡的愛情更有生活優雅的質地，因為雖然「昂貴的紅葡萄酒中有不少屬於大酒」，但「上好的大酒如同身板好、帥氣又紳士的男人，這樣的大酒和男人數量有限，且不說很難遇到，就算遇到也消受不起。」所以，只要你願意，愛情是可以在清淡中擁有優雅和浪漫的。當然，當白葡萄酒成為知性女人的一種「馭夫術」，婚姻也一樣可以在清淡中優雅和浪漫，因為「在白葡萄酒中能體味到各色女人的風情，各類白葡萄酒的滋味和形態足以滿足男人的獵豔心態。」

不過，生活的質地，酸性太重，醋味太足，總是讓人掩鼻，甚至逃跑。所以，吳書仙說「就像葡萄酒需適當的氧氣才能變為佳釀，婚姻也需要適度的自由空間才能和諧美滿，但如果氧氣過多，葡萄酒就會敗壞。當然，如果過分氧化，葡萄酒就完了。這和婚姻的道理一樣。如果個人的自由空間太大，婚姻就吹了。」做一個酸性男人，做一個酸性女人，沒什麼不好，關鍵在於「酸」得有度，這才是婚姻哲學的美好元素。在吳書仙的筆下，葡萄酒已然變成了一種生活智者的情懷：以釀造美酒一樣的心情釀造愛情、釀造婚姻、釀造生活，「酸」就可以演繹成一種舒緩自在的生命態度，讓生活恣意撒播出詩意和柔情。正如西方有首歌唱道：「葡萄酒來了，生活就來了！葡萄酒來了，愛也就來了」。

美女的流行趣味

在「美女當道」的娛樂年代，有關美女的風潮總是弄得人一驚一詫的。樂此不疲一場又一場的各種選美，都在不斷地滿足和娛樂著大眾對美女生理和心理的需求。而關於美女的頭銜，哇！更是五花八門得色香味俱全，什麼「第一美女主播」、「第一美女作家」、「古裝第一美女」、「亞洲第一美女」、「東方第一美女」。而現在，《中國美》一書又再來個「中國美女標準」，據說該書還是我國美容界首次界定「中國美女」的標準條文。

《中國美》號稱「中國第一本美女標準粉皮書」，這「粉」字很嫵媚，「粉」色的美女，當然非常有噱頭。我得承認，這本粉皮書的確有意思，作者以美學、文學、醫學、營養學、色彩學和心理學的審美觀點來全面詮釋中國美女的標準，而且每一章還非常細緻地羅列出了實用的美化技巧。這樣的閱讀，也文化也時尚，大雅得讓人通體舒暢。但是我的心情卻時不時地被堵得發悶。我知道這發悶的緣由皆來自「粉皮書」裏的每一章都大張旗鼓著一種庸俗的趣味——以中國女明星為藍本，從臉、眼、眉、鼻、唇、齒、耳、髮、胸、腰、臀、頸、肩、臂、手、腿、足、膚等人體十八個部位，圈定了人體外貌器官最完美造型的中國美女。如，臉要章子怡的，眼要范冰冰的，眉要劉亦菲，唇要林熙蕾的……這不等於把美規則化了嗎？規則是什麼東西？不就是一個標準的模子嗎？如此，美人不全都規則得「傻瓜化」了嗎？

　　中國有兩句鄉間俗話，一句是「蘿蔔白菜，各有所愛」，還有一句是「情人眼裏出西施」。對於美女而言，每個人的審美觀不同，所認同的美女自然也各有差異。美女有沒有標準？應當說是有的。但這種標準卻是存在於人們的無意識中，根本就無法量化。名模呂燕，小眼睛、塌鼻樑、厚嘴唇，還滿臉雀斑，這些與美無關的外貌特徵竟成了她走紅世界各大T型台的全部本錢！有人說呂燕很美，超凡脫俗的美；有人說呂燕很醜，超凡脫俗的醜。這樣的評判很難說誰對誰錯，但有一點很清楚——呂燕不是世俗意義上介定的美女，她有著一種自然的個性美。

　　但《中國美》卻割裂了美女的自然原色，一個勁地往世俗化的意義上去介定。把一個美人的身體拆分為十八個零件，再逐一制定各個零件的美的標準，由此組合構成標準的中國美女，這不都像是韓國美容思潮下的產物——機器生產出來的美嗎？這種美女時尚觀念，只不過是讓中國美女標準更多地演變成一種廉價的流行趣味，資訊時代的一種娛樂創意罷了。《漂亮者生存》的作者、心理學博士埃特考夫一針見血地批判說：「美是廉價小說，由一個擁有巨大產值的行業操縱著，一個又一個幻影從它們的筆下推出，然後像鴉片似地推銷給那些多情善感的女子。」其實，廉價的小說，偶爾看一兩部，也不乏精彩，但是再看下去，千篇一律的場景，讓人根本就沒有了多愁善感的空間和想像，誰能不困乏呢？《中國美》圈定一種「中國美人標準」的十八個人體器官的模子出來，把美人完全變成了一種廉價而又統一的審美。廉價的美欠缺個性的張揚，既不驚豔，也不靈動，著著實實像一幅醫療掛圖。誰看誰能舒服呢？

　　作家海岩對「中國美女」的標準如是評價說：「沒有最好的，只有最適合你的」。正所謂「各美其美」，才是真正的「美人之美」。這樣的美女流行趣味，也許說不上完美，但卻是最富個性的。她就像一部誘人的小說，吸引人一而再再而三地閱讀下去，感動下去，沉醉下去。

女人，天然是屬於城市的

　　近年來，「閱讀城市」成為了一股風潮，層出不窮的城市書湧上了書店，想來，那些有千百年歷史的城市都已形成某種風格，比如北京、上海、南京、杭州……每每提起，心中總有一種說不清的感覺，覺得某些事是註定要發生在那裏的，沒有來由，只是覺得只有那樣的城市才能成就那樣的故事。是人成就了一個城市的風格，還是城市的氛圍影響了人的發展軌跡，糾纏不清。也許正是這一點成就了「閱讀城市」之熱之風的盛行。

　　不由得想起去年看到中央台的一部城市紀錄片《一個人和一座城市》，每一個城市都有一個名作家在那裏訴說著與這個城市發生的枝葉。片子拍得很不錯，但當時看完我挺納悶的，為啥這檔紀錄片裏所有的作家都是鬚眉呢？如果說那些歷史很寬厚或者說風格很遼闊的城市，比如說大連等等，鬚眉的訴說和感知會比巾幗更深刻一點的話，那時尚和小資得一塌糊塗的上海由女人眼裏和筆下流出，應該也不缺乏深刻的韻味呀？更何況上海也有不少頗有名氣的土生土長的女作家呢？比如寫出了一系列《上海的風花雪月》、《上海的金枝玉葉》、《上海的紅顏遺事》、《上海沙拉》的陳丹燕，其文其思就頗讓人驚詫和嚮往。

　　不可否認，相對男性的陽剛來說，女性是陰柔一點的。這有點像我們常常看到的一種很時髦的雙面名片，名片的正面，印著自己的大名，乾脆俐落，而在後面卻打上了這個人的、電話、位址、行業，細緻得就像生活的枝枝葉葉，城市裏少不了乾脆俐

落，也更少不了枝枝葉葉。從這個角度而言，也許可以這麼說，男性和女性只不過是城市的兩張相依相生的面孔，男性是城市的一張陽剛面孔，而城市那一張陰柔的面孔是屬於溫婉的女性的。在某種程度上，也許陰柔的女性更能再現城市的真實與瑣碎。

《十個女人的上海灘》、《北京姑娘》、《咖啡色的城市》、《我們的女人》……，都是以女性為主角來訴說城市的過去與現在。《十個女人的上海灘》講述了在動盪的舊上海，柔弱與依賴性格並存的十個女性，是如何成就了自己事業與愛情的傳奇人生。《北京姑娘》出自於京派作家石康之手，石康說：「我喜歡北京的風格，不陰暗，不掩飾，一切都在明面兒上，透著股率真的勁兒，並且，能夠很快地把一個時代的特點，通過伸手可及的任一種形式表達出來。」所以，這個中國特有的體驗型作家為北京姑娘的定位是獨立、親切、得意，加乾脆俐落，甚至還有幾分炫耀，把北京姑娘與這個城市透著股率真的勁兒融為了一體。而在《咖啡色的城市》和《我們的女人》這兩本書裏，作家何立偉用他一貫詩意而優美的文筆向我們描述了在他的細緻觀察和品味下的城市和女人，那些日常的城市生活場景，那些我們每天觸目可見的女人的細節，經過他的敏感的捕捉，像秋天的知了一樣，發出了悅耳的歌聲，溫暖得就像一首城市和女人的歌謠。

女作家王安憶說，「女人，天然是屬於城市的。」換句話說，城市文化的天然代言人應該是女性，因為女性作為「自我歷史現實處境的訴說者」，與城市互相纏繞，言說著女性和城市共同擁有的焦慮、不安、失望和希望。正如《十個女人的上海灘》的作者所言：如果說城市是一首詩，女性便是詩的韻腳；城市是一支歌，女性便是歌的旋律；城市是一串項鏈，女性便是閃亮的珍珠。

十個女人的上海表情

　　記得有個女作家說過那麼一句話：對上海的解讀，也許就是以女性最合適不過了，因為每一個女性都該是上海的一種表情。而張愛玲、宋美齡、張幼儀、阮玲玉、潘玉良、胡蝶、丁玲、蘇青、蕭珊、王映霞這樣十個一生充滿傳奇的人，本身就已經讓人浮想聯翩了，偏偏《十個女人的上海灘》這本書寫的又是她們在上海灘這樣一個締造傳奇的城市，自然而然地就上演了一幕幕流傳在紅塵中的傳說。套用那個女作家的話來說：每一個女性都該是上海的一種表情，那麼十個女性就是上海的十種表情。

　　上個世紀二三十年代的上海，炮火硝煙彌漫，同時又燈紅酒綠，在這裏傳統和現代有趣地結合在一起，保守與革新有趣地結合在一起，小腳與西裝有趣地結合在一起，這就註定了這座城市將上演中國現代一幕幕最複雜的悲苦與歡愉：歷經了傾城之戀的「張愛玲之慘然」、上海那一場世紀婚禮成就了美夢卻也成為了後半人生的「宋美齡之哀愁」、走出青樓成為女畫家的「潘玉良之幸運」、被棄之後演繹了另一種成功人生的「張幼儀之灑脫」、風華絕代的電影皇后卻因戴笠「鳩占鵲巢」污了一生的「胡蝶之無奈」、被譽為中國的葛麗泰嘉寶卻因三個不值得愛的男人而絕望離去的「阮玲玉之悲苦」、親自實踐著女人走出家庭而獨立的「蘇青之駭俗」、將愛情當作革命事業來做的「丁玲之浪漫」、與巴金相戀的「蕭珊之幸福」、成為郁達夫心中愛與痛的「王映霞之尷尬」。

　　初看時，只覺十個女性展露出來的這些表情，雖然有著那種在動盪歲月對人生追求與奮鬥的曲折與艱苦，但更多的是過於風花雪月的情感抒發。仔細想想，也許沒有這樣動盪不安的上海灘，也就塑造不出她們性格光彩照人的一面，俗是俗了一點，卻俗得有了生活的底色與渴望。正像作者說的那樣：在丁玲坎坷的一生中，革命過，戀愛過，最終她發現，能讓她懷念一生的，還不是她的戎馬生涯革命經歷，而是關於幾個男人的回憶。是的，唯情永恆，這也便是《十個女人的上海灘》最溫暖而又耐人品味的地方了。

　　從選的十個女性來說，張愛玲、阮玲玉等的故事都是我們耳熟能詳的，而蕭珊與王映霞的傳奇卻是比較特別地不同，她們分別是巴金與郁達夫的戀人。純真可愛的蕭珊改變了巴金決意獨身的想法，用自己一生的愛和深情為巴金撐起了一個溫馨的家，從此後滿腹經綸的浪子不再飄泊，上海的年輪也因這位文壇巨匠的留住而變得愈發熠熠生輝！而王映霞則是郁達夫短暫一生的印證，她本來可能是一個默默無聞的舊時代女子，這樣的女子在現代歷史中曾經像花一樣燦爛地開過，最後又無聲無息地消失，但王映霞的名字卻被人記住了，不是因為她本人有什麼驚天動地的壯舉，而是因為她曾經是一個才子文人郁達夫心中的愛與痛。在那個特殊的時代，一段情事成就了一個上海女人的輝煌，這不是更能體現出當時被譽為大都市的上海多元化的風味嗎？

　　作者在訴說這些女性人生時，始終透著一種哀傷和讚歎的視角。比如作者說歷經了傾城之戀的「張愛玲之慘然」是最特別的一個上海表情，上海就是張愛玲心目中那一抹最刺眼炫目的顏色，最最熱烈，是最溫暖和親近的，這個天才的照相師最擅長拍

上海的風情，她的感情全部在這裏，在異鄉，她無法把握焦距，光線不適宜，她的才情在一瞬間噴薄而出，算得上奇蹟，但奇蹟總是以悲劇收場，發生在她身上的一場亂世的「傾城之戀」，就像房間中不大適宜的炫目的亮色，帶著溫暖與親近，卻又無法抓牢。讀著這些溫婉而又惆悵的文字，對城市的感覺便有了一種說不清道不明的感慨：張愛玲《傾城之戀》中香港的陷落成就了范柳原與白流蘇的姻緣，其實城市與人之間的關係又有誰能說得清呢？就像上海與這十個女子的相映生輝一樣。是的，女人愛綺麗，舊上海滿足了女人的全部幻想，她的繁華與孤寂、傳統與現代交織成一面網，身陷其中無法自拔，生與死都繫在舊上海的浮沉上，亂世中的開始，是沒有結束的永恆，十位女性綽約的身影在炮火中若隱若現，孤島歲月鑄就了刹那的芳華。

一眼洞穿紅塵女

　　一直非常喜歡林真理子的小說，有著相當出色的穿透力和表現力，一眼洞穿紅塵女那些個自欺欺人的愛情幻覺，下筆如刀，切割麻利，看得人欽佩不已。也正因為如此，她的小說也看得人總是一腦門冷汗。當然還有一點是小說的意義，這是最重要的。林真理子在以戀愛為主題的作品中，塑造的女主人公幾乎都具有強烈的自我意識和個性，自強不息，敢作敢為，一個個都是決不負於男人的「女強人」。

　　在很多人的心目中，日本女性保留著傳統的思想和文化，她們總是身穿豔麗的和服，邁著小小的碎步，在男人面前鞠躬哈腰，輕聲柔氣，百依百順，給人一副「男尊女卑」的傳統意識的小家模樣。當現代社會的激烈競爭，使得以感情為基礎的家庭結構開始傾斜，崩潰，夫婦間日益缺乏感情的交流，「慾」和「情」奏起了不和諧之音時，作為另一方的妻子如何對待？按照傳統道德觀念的要求，妻子必須具備獻身精神，應該做出忍耐甚至犧牲，以維護家庭的穩定。可林真理子小說中的麻也子、典子、希、美佳子、美登里等女性形象卻無不濃烈地表現出現代都市「女強人」的性格特徵。

　　《青果》的主人公麻也子認為作為一個女性「應該選擇自己的人生」，不能光以犧牲自己來維繫夫妻關係和家庭，她不甘當丈夫的附庸和家庭的犧牲品，而是執拗地去追求女人本該得到的「情」和「慾」，尋找女人自身的價值。《錯位》的主人公雖

為男性，但在小說中輪番登場的幾位女性，卻傾盡全力演出了一場錯綜複雜的「尋找女人自身價值」的婚外戀悲劇。《只要趕上末班飛機》的女主人公美登裏，以事業富有成就的奮鬥型「女強人」姿態出現在讀者面前，這個在事業和經濟上獲得成功的女性，在男女關係中佔據了主導地位，男人則成了女人的陪襯和配角，林真理子在這部小說中把當今社會男女雙方的地位變化，傳統的男主女次、夫唱婦隨式的關係構圖完全顛倒了過來。

而且，林真理子還非常有野心，她在隨筆集《美女入門》裏的一章「所謂野心」這樣說道：「女人哪，站在平地上的時候什麼也看不見，只能像井底之蛙似的僅僅知道頭上的那片天。可上了一個層次之後，她便知道山外有山，應繼續往上攀登。這種攀登當然是苦不堪言的，痛苦的時候她就想下來，猶豫是否回到那塊平地。然而，她再也不想回到那塊平坦的地方。於是，只有咬緊牙關向上攀登再攀登。那種過程是相當痛苦，相當難熬的！但這，就是我所謂的『野心』。」林真理子以一種現身說法似的佈道精神，毫不隱晦地講述著「女強人」的成功之道：女人必須始終懷有一顆矢志擺脫「弱者」宿命的「野心」。

不論是小說還是隨筆，林真理子筆下的女性形象與人們印象中根深蒂固的傳統日本女性大相逕庭，它既迎合了廣大讀者特別是女性讀者對根深蒂固的「男尊女卑」社會封建意識的逆反心理，也反映了渴望提高社會地位的廣大女性的願望，所以她的作品長期為人所愛讀。當然，我們愛讀她的作品，還在於林真理子這位作家本身就是一個「女強人」，她和她作品中的女主人公一樣，有著強烈的作為女性的自我表現意識和個性，不容傷害的自尊。她愛恨分明，嫉惡如仇，敢於說「不」。她曾對人說，「我

最不能容忍的是他人對我的支配」，「我所有的感情可歸納為兩個字，愛和恨」。長期以來，她將自己的性格、自己的愛與憎融合在每部作品中，為實現女性的社會價值和地位大聲疾呼，也正因為如此，林真理子的作品在反映當今女性的心靈世界方面一直都被認為有著非常深刻和積極的意義。

更接近真實的生活秀

　　每篇日記既有圖畫又有文字，內容五花八門，生活哲學、浪漫旅行、古怪趣談、創作心得、DIY小秘方統統包羅其中。清新爆笑的文字加上可愛的漫畫插圖，構成了《交換日記》裏「Ｍ&ｍ」自成一派的圖文風格。所謂「交換日記」，其實就是兩位台灣才女張妙如與徐玫怡互相交換的生活日記，也可被稱作「Ｍ&ｍ日記」。張妙如的名字叫Miao，徐玫怡的名字叫meiyee，所以，兩位兼具漫畫與文學創作天分的才女，就被奇妙相加稱作了「Ｍ&ｍ」！

　　比如，《在母親節之謎》那一章，Miao在日記裏只寫了那麼一句：我最近好恐怖，花錢花得如流水呀。然後，再沒有了一句下文。但是她卻在旁邊畫了一幅漫畫，漫畫由三個人物形象構成，中間的那個是M自己，張著嘴巴，一臉的矛盾，兩邊分別畫有兩個小小的Miao，左邊的小Miao在說：「妙，要做好計畫喔！這樣才不會得到辛苦的人生……」右邊的小Miao則說：「管它的，人生就是要痛快！痛快地花錢，痛快地玩！再痛快地工作，少娘娘腔了！！」沒有犀利的言語，但亮麗與灰色的漫畫相映糾纏在一起更烘托出了對人生深層的感知和狀寫。

　　文字與漫畫相結合的敘述方式，不僅具有很強的時尚感，更能使讀者以輕鬆的心境去體悟人生的點點滴滴。這是《交換日記》能成為流行讀物的首要原因。除此之外，我想《交換日記》的獨特和耀眼還有兩點：一是以「日記」體來寫作，更顯出了它

真實得與眾不同；二是「交換」，讓真實有了一種互動性。這兩點讓讀者在輕鬆自然的情緒下，跳脫自己一成不變的生活框框，去瞭解別人的生活，探尋別人的生活態度及模式，所以她們做的這場秀，很真實地勾住了讀者的心情和眼光。

從交換生活上細細瑣瑣的趣味小事入手，時序不停地在變換，人生也不停的向前邁進，這兩個因交換日記而變成無話不說的超級好朋友，也各自在生活上、工作上、感情上，遭遇到種種不同的情狀，這些生活上的歷練，經過沉澱與累積後，內化為更深層、綿密的內在能量，並藉由文字釋放而出。在《交換日記5》中，看到的不僅是 M & m 輕鬆、詼諧的一面，更能感受到她們對人生種種樣態的深刻反思與領悟，也讓讀者更進一步貼近 M & m 的內心世界，我不敢說這是一種零距離的心靈共鳴，但起碼它是一種更接近人生的體驗生活的真實放送。

例如對婚姻的看法，字裏行間的真情互動都很真切地流露出她們的無奈和嚮往。Miao 說：「看，活著有多難！因為你總得去顧及別人的感受，你總是得注意別去傷害他人。我常想我一生到目前為止都活得非常任性，因為我永遠只能以自己的方式去過我的人生，但人生哪能不和別人有任何的一點點關聯？坦白說，我去年離婚了……如果大家要問我為什麼，我只能說我太任性了，我沒有準備好為別人改變太多的我自己。」而meiyee卻這樣與Miao溝通：「我一直認為個人生命的意義才是人生的最高原則。如果『婚姻』可以讓生命的意義發揮，那『婚姻』是值得努力的。但是如果某人的生命意義來自於『煮麵』或是『雕刻』或是『喜歡小狗』，那麼這種人難道不能為他們生命的意義去忽略其他社會因順的觀念而產生新的價值？婚姻是一種『安全』的模

式，若不是內心感受到極大的壓力，大部分的人都願意以『愛』為名去度過它的。跳出內心的壓力需要很大的勇氣，而你願意以『都是自己的很任性』來簡化所有的詢問和責備，也並非沒有你天生善良的一面。」這樣一種真誠的感知婚姻，因為有了互動，就有了更好看、更有趣的視角。從不同的角度去看同一樣景物，我們更能看到它的無奈、它的美麗。

當然還有一點更討人喜歡的是，這本書讓我們學會了感恩生活，正如一位台灣讀者在網上的精闢概括：「每天不經意地認真感受生活，其實平凡也是一種幸福。」每天認真感受生活，你可以，我也可以，但問題是，你做到了嗎？我做到了嗎？但M＆m卻做到了，這就是她們的精彩。所以，這本書除去了世間的喧囂與繁雜，在這裏，一切的情感都回歸最初的自我。在閱讀交換日記的同時，我也隨之省思自己的生活以及自己面對相同事件、狀況的心情及處置方式，讓我深刻地意識到另一層面的自己、一個叫自己忽略、漠視卻潛在的向度，在笑聲中逐一顯現，那感覺深刻而迷人，剎那間，彷彿自己成了交換日記的一員，在心底與過往的自己交換心情。

美人之美的前世今生

　　「在他的眼裏，美麗女性是人類的花朵」——這是《美人之美》封面上赫然打著的一行豔字。不得不承認，這一句出自莎士比亞的文字非常有眼球效應。另一行是「閱讀經典與戲說愛情」。書名和封面且豔且俗，倒也很有現在流行的一種廚房書、客廳書的風格。不過，我向來怕看談經典閱讀的文章，因為那些大家們的閱讀常常「文藝」得幾欲讓人昏倒，所以，閱讀的勁兒總是難於一下提上來。

　　那就先看看序言吧，這一看，倒是十二分的喜歡，「男人向來關心女人，喜談女人。我也不例外」！這位台灣師範大學國文研究所的龔鵬程博士，其情真真恣情揮灑得讓人莞爾。他在《美人之美》一書中為我們爬梳典籍，暢談了六十位小說戲劇電影中的「美人舊事」，清理情之曲折，欲之變形，以及永恆的男女之間的和諧與戰爭。香豔的「十日談」，哀情的「茶花女」、絕望的「苔絲」、浪漫的「三個火槍手」，不羈的「查泰萊夫人」、玩嬲的「一個陌生女人」……其文氣之風流，其言語之典雅，讓愛情婚姻有百般身姿、千般面貌、眩人目視，又擾人耳聽。龔才子的審美橫跨古今，涉足中外。這些在經典中存活並讓人仰視的美人，她們的前世如一縷香魂被龔才子挪到現實今生中，也香豔，也破敗，也哀怨。在香豔、破敗和哀怨中，悠悠然然地傳達給了我們一種現世的愛情觀。

　　龔博士讀《高老頭》小說，他說高老頭被他的女兒們弄成了個「糟老頭」。然後文字急轉到愛情麵包，他說：「其實愛情

就是對麵包，以及珠寶、存款、豪宅、華服、地位、權利、社會關係等的需索。誰能滿足這些慾望，他就愛她，她也愛他。不再能填滿這些慾望時，現在抱著親的老爸、老公或情人，同樣也可能被摔到一邊去。」坦承，世俗得讓人感動。在《國王與女人》中，他斷言「愛情不可信，即如政治一樣；女人之反覆無常、不可信賴，也和國君一樣。」這不啻是對愛情理想化的當頭棒喝。最好玩的是談到《大地》這部好萊塢用現實手法描寫中國的嚴肅作品。龔才子如是比喻玉龍生命中的三個女人「阿蘭樸拙無華，孕育一切。她是『能品』。荷花是『豔品』，是世俗慾望的化身，年輕時美豔，年老時貪婪，死時腦滿腸肥。梨花則是『清品』，代表心靈，她與玉龍不是慾的結合，而是彼此關懷的愛。」認真想想，男人女人一生中不都是曾遭遇過「能品」、「豔品」、「清品」的糾纏，才會有如此多的愛恨情仇嗎？

　　龔博士這種解讀完全跳離了閱讀「經典」，而過分地投入於「戲說」愛情，從美人的前世頓入美人的今生。這樣的「戲說」只依個人體會而言，跟精研外國文學的專家們見解不盡相同。但這樣的戲說卻不可謂不耐看，雖然，他是過分地把經典中的美趨向於家常化了。我一直以為，文化與家常卻是塵世間斷不了的底蘊和煙火，文化放下了架子，沒有那麼多的完美，才更有了現實的意義。就像《美人之美》裏的美人，雖然因為「戲說」，多了點污濁味，但是，卻讓生活在現世中的人們多了幾分清醒。

　　前輩學者費孝通先生曾提出過十六字諫言──「各美其美，美人之美，美美與共，天下大同」。這是一種多元文化的大境界，意思是說，我們先是發現自身之美，然後是發現、欣賞他人之美，再到相互欣賞、讚美，最後達到一致和融合。其實把這

十六個字用在日常生活中的瑣碎日子，不也是非常的妥帖嗎？在
《美人之美》輕鬆、詼諧、趣致的「戲說」文字中，傳遞給我們
的便是這樣一種美人之美的完美生存之道——愛情不僅要想愛的
人自己美，還要欣賞所愛的人的美，這樣才能相互欣賞擁有和諧
之愛，這樣才能成為現實今生中愛你的人心中的「美人之美」。

炫耀自我的百年美人史

　　對女性而言，美麗從來都是需要「炫耀」的，而美麗也只有在炫耀中才能充滿了蓬勃生機。索爾斯坦・魏伯倫就非常明確地印證了這一觀念。魏伯倫於1899年在他的《有閒階級論》一書中首創了「炫耀性消費」這一名詞，書中談到了富人們炫耀他們的財富與奢侈的手段。社交、酒店、旅館、消暑別墅等等都是富豪們出入的場所。這些消遣娛樂，對來自中產階級的人，可以炫耀他們新晉的社會地位；而對於女性，這些消遣娛樂幾乎就是「解放」的代名詞。但是，女士們穿什麼來出席社交呢？——這是個問題。而在當時的歐洲，就有這麼一條規矩，即男人在許多活動中可以隨意地穿著，而女性的裝束則必須體現出小鳥依人般的溫馴柔弱，尤其是為了所謂的合乎禮儀，要「穿上那讓人窒息的緊身胸衣」。

　　魏伯倫一針見血地道出了炫耀消費對女人有著兩個非常矛盾的含義，一邊是緊身的「束縛」，一邊是放縱的「解放」。而英國作家莫微與理查斯所著的《流行——活色生香的百年時尚生活史》便是這樣一本關乎女性如何從緊身的「束縛」，慢慢演繹到放縱的「解放」的書。這是一本炫耀女人美麗的書，炫耀女人從十九世紀末到二十世紀末的百年活色生香的時尚生活書。本來，像這種跨度漫長的流行文化述說，是很容易流於概念化和平面化的，但是，作者很聰明地採取了與其他時尚書籍不同的落點：以女性形象的時代變化為主線，展示了由維多利亞時代後期起，女

性的服飾、髮型、帽子、化妝品、體形、內衣如何與生活時代、電影媒體、工作娛樂緊密相連，人們對女性美的認識過程，在不同時代裏，推動了美麗發展的時尚、時裝與偶像。女人「炫耀消費」美麗的變遷，既反映了市場發展的歷史，也反映了成千上萬天才設計師和製造商們打造美的歷程。由此，便把女性時尚放入了一個更廣泛的空間——重大的社會與政治事件。這一個「炫耀消費」的落點，非常精準地抓住了女人的底色和特質，而以這種最能表現女人之美的底色和特質去展現女人對美的追求，讓緊身的「束縛」與放縱的「解放」這兩種消費觀念，互相牽扯，甚至互相戰鬥，自然就別有了一番耐人尋味。

　　為了炫耀美麗，女人可以傾盡一切智慧和心思。「畫在腿上的襪子」就是最好的例證。在第二次世界大戰期間，物質短缺，由於缺少絲襪，腿部化裝在戰爭時期相當受寵。在小腿背面畫上一道線，權當是襪子上的接線，有些女子甚至想出用肉湯得到棕色的絲襪效果，用茶葉袋得到所需要的褐色絲襪。而旁邊那幅黑白畫照更讓人印象深刻：面對面坐著兩排笑盈盈的美女，坐得高一排的美女，一個個裸露著美腿；坐得低一排的美女，則一手捧著一個裝有顏料的碗，另一隻手正在輕輕地用刷子粘上碗裏的顏料，往高排美女裸露著的美腿塗抹。圖片如此述說：英國克勞頓一家店裏的顧客，她們正在給美腿繪上顏色充當絲襪。

　　而內衣這一隱秘著裝的變遷，更清晰地見證了女性炫耀自我、放縱自我的「解放」圖景。一直到十九世紀末，為了合乎當時的禮儀，拒絕女性身份的存在，女性不得不隱藏凹凸曲線，用重重的布條把胴體包裹起來。這些「層層捆綁幾近窒息」的緊身胸衣，就如同「刑具」，將女人變成了舉止優雅的奴隸。而到了

1990年代後，且不說各種「簡潔就是美」的內衣花樣繁多，就連露透的魔術胸罩也被視為一種文化偶像。「你好，魔術胸罩」也因此成了時尚語錄。對女人而言，內衣已不單單是擺脫束縛解放自我的方式，而是炫耀成了一種生活態度。就如同以瑪丹娜為代言人的「物質女孩」的大行其道，炫耀自我成了每一個女人的頭等大事。

　　一百年的美麗時尚，在女人們此起彼伏的炫耀中，綻放過，枯萎過。也許，一種炫耀的時尚，在幾秒鐘之內萌芽，幾天之內實現，幾周之內盛行，接著，無一例外地，成為浩瀚歷史長河中的滄海一粟。時尚如花朵，花開花落間，惟有那些在炫耀中閃爍的活色生香，卻一直生生不息，為時代撰寫了一部炫耀自我的麗人史書。

第四部分

書話

氤氳在書房裏的深愛

　　於包裝得花枝招展的一堆書中，我一眼便喜歡上了擺在牆角落裏那本素樸的《我的書房》。我向來喜歡這樣一些素樸的東西，總覺得素樸，是一種生命的成色，這樣的成色，是要經過歲月的淘洗才可能擁有的境地。

　　《我的書房》是一本由六十位名家名人以「書房」為題撰寫的隨筆集。我記得剛觸到書的刹那，我的眼前立馬就蹦出那麼六個字歲月，滄桑，歡愉。書封書底，裝貼著原木板，上面間隔著長方條格子，紋理暈暈暗暗的，一圈一圈不規則地漾著，活脫脫一個很有年月的木頭書架。木香、紙香、書香，就這麼氤氤氳氳地飄蕩在我的週遭。綠原、谷林、范用、蘇叔陽、許覺民、周退密、楊絳等六十個大家的名字，豎排著、高低錯落地烙印在封面封底上，書名「我的書房」是王世襄老先生所題簽的毛筆字。《我的書房》在簡樸凝煉中，就這麼自自然然洋溢出了一種耐人的文化品位。

　　雖然全說的是書房的事兒，但是六十位名人起的標題卻各有各的逗趣。戴煌談〈且說蝸牛居〉，黃宗江寫〈流浪藝人的書齋情節〉，馬振聘調侃說〈知道往哪兒去坐，也會安下心來〉，原來他常指著書房裏的寫字桌前的椅子說：知道在哪兒坐下，是會安下心來的。潘旭瀾乾脆逗趣地把書房道成〈田間秋思〉，他說：我的書房越來越不像話，書桌上橫七豎八，高一堆低一疊。地板上，大中小書箱（或箱書）好些個，近期或要保留的期刊東

一摞西一摞，曾將這書房稱為「我的田間地」，自己是誤了季節的老農。「流浪藝人」、「蝸牛居」、「知道在哪兒坐下」、「田間地頭」，這樣的比喻，雖然土不溜秋的，卻也讀得人忍俊不禁地發笑。原來，書房在名人的生活裏，從來都是那麼的可愛和家常。原來，書房除了「雅」的書，還有「俗」的柴米油鹽、鍋碗盆勺樣的人間煙火。

我是在自己的書房看完《我的書房》的。短小耐讀的文章，簡練老辣的文風，樸實風趣的語言，讀得我滿眼流香的同時，卻也生發出了忐忑不安。原來那麼多學者都沒有書房的。九十餘歲的周退密老人說：「我沒有書房，過去沒有，現在沒有，將來更不會有。只有屬於我的一間臥室。」楊絳先生說：「我家沒有書房，只有一間起居室兼工作室，也充客堂。但每間屋子裏有書櫃，各都有書桌，所以隨處都是書房。」黃裳是藏書大家，也「只是在臥室裏放一張書桌，說書桌其實也並不是，那只是內人的一隻妝台，卸下了背後的鏡子，就權宜成了書桌。至於說到書齋，實際卻並沒有。」對他們來說，書房不一定非要四壁書櫥，弄得都挺像回事的，只要一方安靜的斗室，也就是「我的書房」了。「家裏隨處都是書房」這樣一種關於書房的溫馨和隨意，更道出了人與書房相依相伴的最完美的特質。

書房不僅是個吃喝拉撒睡，喜怒哀樂恐，屈辱與復甦、失敗與成功、掙扎與奮鬥的地方，更可能是一種淚痕的人生的記載。1967年秋天，屠岸已完全不能適應當時精神上、人格上受虐的處境，產生了對死神的極端親切感。於是他在書房中設計與死神的約會。「在書房的木製窗簾架橫樑上掛繩子，以便把自己吊上去。先實驗了一下，卻不知那木條是承受不了我心情的沉重，

還是為了憐惜我這微不足道的生命，竟咔嚓一聲斷了。」此事到上個世紀九十年代他與家人談起，孩子們都曾經老是奇怪為什麼書房窗簾架斷了，原來是這麼一回事啊！全家人，笑痛了肚皮，笑出了眼淚！我看得也是笑出了眼淚，接著呢，就是沉默，長長的沉默！

　　曾經看過一個很八卦的電視連續劇，誰演的，劇名叫什麼早忘光了，但是，劇中有一個男主角說的一句話倒是刻在了心裏。他說：棋盒是愛，棋子是喜歡，光有喜歡，就只能是一種淺淺的愛。而我們的很多人可能對書房都只是喜歡罷了。大家們筆下的書房，體現的卻是一種深愛的人生。因為深愛，所以才會有了讀者淚中有笑，笑中有淚的共鳴。而我們的很多書，欠缺的便是這樣一種風味。一種見證生命的歲月，見證著人生的蒼涼和歡愉的風味，它不完美，也不華麗，甚至還可能有點殘缺，但卻永遠地蝕你心懷。

大家筆下的癡書狂態

一個人對於一種東西執著到癡狂，會是什麼樣子的呢？比如說書，美國作家菲力浦・羅斯的小說《被解放的楚克曼》曾描寫楚克曼的弟弟因為想向一個女孩討還一本借去的書，最終只好娶了她。不過，這只是在小說中虛構的為書癡狂的故事，也許讀來有些隔離感，而《我為書狂》一書裏說給我們聽的有關癡書人的狂態，卻是真正發生在生活中的人生故事，讀起來自然就多了一種感人而又親切的氣韻。

《我為書狂》花很多篇幅描繪了一群「書蟲」千奇百怪的狂態。當然在一般情況下，「書蟲」並不完全是「書呆子」，他們在人前經常顯得世事洞明、人情練達，只是一碰到書，馬上成為「意志薄弱者」，幹出許多常人難以理解的癡狂事情。比如，有的「書蟲」癡狂得很拮据——為了有足夠的買書錢，把父親留下的遺產敗光，成了空有書山陪伴的窮光蛋。有的「書蟲」癡狂卻很閒適——為了藏書而買房子，為了藏書而換房子，而最特別的是台灣作家高信疆的藏書竟然分別放置在三處房子裏，想看某一本書，常得開轎車前往。而最讓人不能理喻的是一個叫菲力浦的瘋狂書稿收藏家，為了有足夠的藏書資金，他一心想找一位能帶來一大筆嫁妝的妻子，他曾提出過十七次正式的求婚，這種為了藏書過激的買賣婚姻行為引起了很多人的不齒，但在無數次的討價還價之後，他最終與一位牧師達成了協定，娶了牧師的女兒，為的是每年能從岳父那裏獲得三千英磅的收入。後來，他又把女

兒的婚姻當作了籌措藏書經費的手段，當女兒另擇他人，女婿不能提供足夠的藏書資金，老書癡菲力浦與女婿展開了一場場滑稽的較量和爭吵……。

讀著這些書蟲的種種瘋狂，亦喜亦悲之間，生發出了一種欽佩、豔羨，還有慰藉。在我們這個越來越消費化資訊化的年代，買的書越來越多，愛書的心卻一天天淡了，而靜靜地讀一本書似乎已經變成一件奢侈的事情。那麼走進這些癡狂愛書人的故事吧！在閱讀的剎那，也許我們就有了種在冬夜裏圍爐傾讀的親切和溫暖。

除了描述現實人生中戀書成癖人的瘋狂故事，《我為書狂》還網羅了三十餘位愛書名家形形色色與書共處的經驗和體會，其間的文字讓人怦然心動，在讓我們瞭解愛書人的內心世界以及愛書讓人生擁有一種情趣之美的同時，還更深刻地理解了中西方文化背景下書給人們帶來的情調之美。布羅亞德把借書給朋友的痛楚比作「就好像大多數父親對未婚同居的女兒的感情……我想知道那本書何時完璧歸趙，我想在零時等候年少的兒女從不明不白的聚會上歸來。」購得了濟慈《恩第妮翁》的威廉・塔哥則說：「擁有這本書給我一種幸福的感受，我想這種幸福大約與新納了漂亮小妾的蘇丹國王的激動有一比。我同意佔有欲是一個魔鬼——而這個魔鬼的根源就是收藏。」林語堂則說讀書跟吃東西一樣，「在一人吃來是補品，在他人吃來是毒質……所以，世上無人人必讀的書，只有在某時某地，某種環境，和生命中的某個時期必讀的書。我認為讀書和婚姻一樣，是命運註定的或陰陽註定的。」

讀書和婚姻一樣——這話說得很溫暖很體貼，婚姻是人生的一種情趣，讀書是一種情趣，藏書是一種情趣，購書亦是一種情

趣，這都是人生中的百般滋味，所以，把書當成「未婚同居的女兒」、「新納的漂亮小妾」、「婚姻」，其實都沒有什麼兩樣，重要的是你的人生總會因為你對書的狂愛而擁有了另一種趣味和把玩的私人空間，所以，我們都喜歡為書狂。

　　不過，與《我為書狂》的精彩內文相比，書名倒是有點不那麼讓人愛得起來。有位朋友曾發過那麼一通怨言──有《我為歌狂》和《我為畫狂》，還有《我為球狂》，還出不出《我為書狂》啊。這回還真是被不幸言中了。哎！這麼個狂來狂去的，未免時尚得有點俗氣了，很好的內容，咋就不能用個獨有的書名呢，就算是平實一點的書名，也還有屬於自己獨特的味道呀。對於一個愛書的人來說，書名缺乏個性，這一點瑕疵雖小，但是多少有了些遺憾存在心中。

美食的懷舊輓歌

　　大體說來，我這人，對生活不太講究，連帶對美食的感覺，也基本上沒什麼挑剔的情緒。加之現在的美食書，大體都是那麼一種風花雪月的調調，早已把我的神經折騰得沒有了點閱讀的慾望。所以，美食，如果可以比喻成美人的話，它在我眼裏，頂多也不過是一個很平淡也很簡單的美人。可突然間有一天，美食也在我眼裏變得趣怪起來了。那是在我與加拿大作家吉娜‧馬萊所著的《美食的最後機會》一書遭遇後發生的。我記得我看這本書的那天，天上的太陽，有點白，白白的陽光透過陽台，變得有了點逼仄的味道。

　　馬萊的美食味道「怪」得非常有滄桑的人文歷史。她將人類自由享受美食時代的溫暖與冷酷的科學報導相結合，追溯了五種流行食品：雞蛋、乳酪、牛肉、蔬菜、魚的興衰變遷，以及美食是如何悄悄從我們的飯桌上溜走的倉皇。她的筆調閒閒地，不是那種誇張的寫法，也不是那種小資的寫法，而是非常「懷舊」的寫法。全書從一隻最最普通的雞蛋寫起：「從今天的眼光來看，躺在我母親手心的只是一枚小小的、普通的淺褐色雞蛋。但在1947年，它卻是奢侈品的象徵，甚至稱得上無價之寶。」然後，她細細追究「雞蛋」這個在英式「冠軍早餐」裏最重要的角兒如何演變成了一個莫須有罪名下的「殺手」。她發現其中的荒唐，有了那種穿著科學外衣的愚蠢。她說：雞蛋動盪的歷史，雞蛋恰似《尼伯龍根的指環》裏那塊魔金，隱喻了人類的貪婪與自大。

在這個食品工業和工業化生產領導一切的時代，馬萊不停地扣問美食正在慢慢離我們遠去的可悲。比如布里乳酪，兩百多年前，是布里乳酪起到了潤滑劑的作用，使歐洲各國之間彌漫著的緊張氣氛得到一絲緩解。而如今細菌戰卻是怎樣加深了歐美之間的文化鴻溝？又如何使生奶乳酪——這一在舊時代有著深厚情感基礎的標誌性食品——變得岌岌可危的？牛肉這一最受歡迎的食品是怎樣被疾病折磨得銳氣全無？為什麼蘋果在西半球瀕臨滅絕，而番茄卻在工業技術的魔掌中死裏逃生？魚是怎樣諷刺性地從我們的視線中日趨遠離？這種對比中的扣問，讓美食有了一種深刻的「怪」味——昔日的美食就如「布里乳酪像一根濃密的髮辮，將法國教堂、國家和城市編織在一起，成為法國史不可或缺的一部分」；而今天的美食是讓「我們口中的食物變得越來越危險」。自由享受時代的烹飪藝術與美食，淒豔動人得已如前朝的小家碧玉，只能淪落到在倉皇間挑逗我們的神往。從這點上說，《美食的最後機會》既是解釋，也是論述，更是一種對人類生命的人文關懷。它告訴我們錯誤是從哪兒開始的，也點明了速食時代美味的悲劇宿命。《美食的最後機會》就像是一首美食的輓歌，而我們正在漸漸遠離一個可口的時代。

貫穿書中的那種縱樂筆調，以及魅惑人心的風格，更讓美食仿如「白領結、穿燕尾服的紳士，身披浴袍、腳著涼拖的美女」的趣致。「超市蔬菜的特點總結起來就是兩點：外表上鏡、內裏冷硬，就如好萊塢明星。」「一隻柯克斯甜蘋果好比一位能量充沛的女高音歌唱家，平日裏看起來就如默劇演員般毫不起眼，而待到一開口卻驚為天人。於是，事實勝於一切，歌唱家被封為世界頭號美女。」「劍魚是種招人喜歡的動物，因為它是如此的浪

漫，它有西拉諾的鼻子、堂吉珂德的夢想。」馬萊的縱樂筆調讓美食變得非常挑逗：像一種倉皇，像一種溫暖，更仿如「音階與德彪西序曲間的神秘代溝，同樣也存在於雞蛋與雪花酥之間」的美好回味。而那些白葡萄鰨魚、英式蛋白杏仁餅等似乎永不再來的幽雅與美味，都在鋪開書頁的一剎那，迎面而來。與窗外逼仄的白色陽光一起，刺疼著我的神經。

美食的人文情懷

去歐洲旅遊時，剛踏上法國邊界，帶團導遊就蹦出了那麼一句：「與發現一顆新星相比，發現一款新菜肴對於人類的幸福更有好處。」——導遊說這是一部西方美食文學經典之作上的格言，是十八世紀一個法國作家寫的。當時，我特驚訝的，能把庸常而又凡俗的飲食，上升到如此高雅和崇高的境界。我問導遊這本書名和作者，導遊說，不太記得了。是為遺憾。在嚮往之中也就漸漸淡忘了這回事。但湊巧的是，這幾天逛書店，在擺設著時尚文化的專櫃裏，我遇到了一本《廚房裏的哲學家》，這書名俗得非常的文化，忍不住隨手翻開，一看，哈！——在飲食「格言」一章中，就明明白白寫著導遊說過的那一句話。原來，我嚮往了那麼久的這本書，是出自布里亞・薩瓦蘭之手。

「格言」一章是「教授」給自己著作所寫的開場白，這是薩瓦蘭的浪漫特色，他寫作經常以教授自稱，讓語意更加詼諧。且先看看這些詼諧的格言：「牲畜吃飼料，人人都吃飯：可是只有聰明人才懂進餐的藝術」；「無論古今，無論東西。宴席之樂每天都普遍存在。它與其他娛樂形式相得益彰，但生命力遠遠超出其他娛樂形式。在其他娛樂形式缺失的情況下，她能對我們起到安慰作用」；「國家的命運取決於人民吃什麼樣的飯」。從吃飯到進餐藝術，到娛樂形式，最後還上升到國家的命運，作家優雅而又挑動著閱讀感官的文筆，宛如哲學家的深刻——把庸俗的個

人行為與藝術、娛樂形式、國家命運瓜葛在一塊，美食就有了一種沉厚的人文氣息和人文精神。

　　一頁頁往下翻，讓我驚喜的是，《廚房裏的哲學家》行文全都像「格言」篇章一樣有趣好玩。書分為兩部分，第一部分關乎美食理論，第二部分是美食寫實。作家在介紹各種美食學問時，還不時地插入一些自己的鮮活經驗、案例，還有每種食物的趣文逸事或一段美好的回憶，或者是傳奇人生中的幾則冒險故事，也就是說，作家把學者們普遍認同的知識轉換成了易於普通讀者消化吸收的科學速食。

　　美食理論涉及了美食的方方面面，如美食學的起源、美食學的定義、美食學知識的優勢，還談到了政治美食學。且看薩瓦蘭眼中的美食政治：野蠻人在大吃大喝中決定是選擇戰爭還是和平；村民們習慣到小酒館中談論生計買賣之事；一桌飯菜對於談判的雙方來說能起到紐帶作用；飯菜簡直成了治國的手段，許多國家的命運就是在宴會上決定的，讀一讀歷史學家的著作，你會發現所有的大事（包括陰謀）都是在飯桌上構思、策劃和準備的。而在作家眼中，美食寫實也與社會政治息息相關，如美食如何使一個民族取得了勝利、流亡者為什麼可以影響美食業的發展、一頓古典晚餐有著怎樣的神奇效果──它挽救了皇家法院的頂樑柱……以傳奇的美食解讀繁複的歷史，讓歷史也像美食一樣好玩有趣，這實在通俗易懂，又文化得極其出人意料。美食的社會性，美食的時代性，美食的傳奇性，在作家機智而又幽默的言語中超越了簡單的美食概念，因而真正具備了「文化」的歷史意義。

　　智者與常人一樣迷戀美食。不同的是，智者對美食的迷戀上升到了美學的高度。而薩瓦蘭正是這樣的一個智者。他在關注宴飲之樂以及所有相關事項時，就已經認識到從這一主題可以引發的內容絕不僅限於一本烹飪書，它完全可以與人們的健康、幸福以及日常生活息息相關，涉及的領域極為廣泛，這項研究工作的性質使他充當起了醫生、生理學家的角色。所以，《廚房裏的哲學家》還談到了很多生理學的問題，比如〈論消瘦〉、〈論肥胖〉等，告訴了我們很多應該關注的美食原理；他還像一個醫生，頗有見地地道出了美食在日常生活中的特殊性情：廚師本質工作介於化學師與藥劑師之間；廚師每天擔負保養人體機器的運轉的職責，其重要性高於藥劑師，因為人們只是偶爾用得著藥劑師。

　　從薩瓦蘭這種獨特而細節化的美食觀念裏，我們對人生有了獨特感受，對庸常日子有了一種摯愛──「與其他場合比，餐桌旁的時光最有趣」。是的，「餐桌旁的時光最有趣」──這是一種最美麗的人生哲學，最純粹的人文情懷。平凡如我等，每天都能享受。

獵美行動

　　美人，當然是千嬌百媚的，自然吸引人去「獵」了。不過，我這裏說的「獵美」行動，卻不是通常意義上的那種「獵」美。我要說的是對另一種美人的「獵」美。這個美人就叫植物，而策劃和參與「獵美」的人，有著一個非常張揚動聽的名稱──植物獵人。

　　《植物獵人》是英國園林設計家托比·馬斯格雷夫、園藝學家克里斯·加德納、園藝考古學家威爾·馬斯格雷夫共同合著的一部書。記得當初在看到這怪趣的書名時，我愣了好一會兒──植物獵人？到底是說植物「獵」走了人呢？還是說人去「獵」植物呢？再細看看，書名「植物獵人」四個字彎彎勾勾的，飄蕩在大海、船桅、綠樹襯托的畫面下，像對一種錯綜複雜的命運揭示──自然對人類命運永遠有著一種不可抗拒的吸引。而《植物獵人》的確寫盡了自然與人類命運息息相關的傳奇──以十八至二十世紀西歐園林園藝的歷史發展為背景，撰寫被譽為現代植物搜集之父之稱的約瑟夫·班克斯爵士、「在中國植物收集史上無可爭議的開了新紀元」的羅伯特·福瓊、在中國西部尋覓植物二十八年之久並被當地騰沖民間盛傳為「採花領事」的喬治·福里斯特等十個植物獵人，怎樣冒險走入美洲亞洲等偏僻荒蠻之地，宿山巔，臥濕谷，渡險川，涉泥灣，把成千上萬種「養在深閨」的植物嬌娘，引嫁到英倫，正是這些「園藝淘金者」，改寫了嶄新的植物變遷史，讓人類園藝王國自此千嬌百媚。

　　而在這一場場千嬌百媚的「獵美」路途中，於世隔絕的處境、地方的敵意、對行程能否成功的毫無把握、經常不可預知的危險，不僅演繹了他們的一幕幕驚險與奇遇，而更讓人想不到的是，還曾經引起了歷史的巨變：喜馬拉雅山杜鵑花科灌木的發現就曾導致一個王國被大英帝國的吞併。那是在1849年，錫金國內發生暴動，在此採集杜鵑花科灌木植物的約瑟夫‧道爾頓‧胡克成為了階下囚，儘管之前錫金與英國政府發生過幾次摩擦，但英方都未做出反應，但是這一次，侵犯的威脅實實在在地擺在眼前了，於是英國政府為營救植物獵人胡克制定了軍事計畫，最終吞併了錫金的大部分土地，並將之併入印度——自此，大英帝國的版圖上，又添加了一個粉紅色的角落。錫金的淪陷，正應了西方文評界的一句俗話：歷史比小說更有趣。　另外，書裏記錄的與中國植物關係密切的三個植物獵人羅伯特‧福瓊、歐尼斯特‧威爾遜、喬治‧福里斯特，他們留下了很多關於十八至二十世紀中國雲南、西藏等偏僻山村的生活現狀的個人觀察。在我們的平常閱讀視覺裏，經常看到的大多是外國人對上海、北京、廣州等大城市的體驗和觀察，從這點上說，植物獵人們的「獵美」行動，還為我們提供了一個解讀民族文化歷史的全面視野。

　　傳奇、浪漫、敵意、危險、文化，這本書的確融入了很多令人神往的元素。正如植物獵人歐尼斯特‧威爾遜所言：「我是經歷了痛苦，但這算不了什麼，因為我住的是無邊無際的自然殿堂，而且我深深陶醉其中。步行於熱帶或溫帶森林裏、看著比哥特式圓柱還要莊嚴的樹幹、穿過比任何人造屋頂都要豐富多彩的樹葉天篷、感受心曠神怡的清涼、聽著小溪潺潺的流水奏出的美妙音樂、聞著大地母親泥土的氣息和空氣中彌漫的鮮花的芳香

——有這樣的回報還有什麼辛苦可言。」是的，從自然裏「獵」來的以命運感知的傳奇，任誰不讀得心旌搖盪？尤其是在目前一陣陣政治人物歷史人物的傳奇與記錄充斥眼球鬧得審美疲勞的今天，「植物獵人」們於「獵美」行動中折射出的那一種天高地遠的傳奇色彩，就仿如從混沌的天空中，突然飄來了一陣清新的山花香風，那種感覺，唯有四個字——心花怒放。

掩隱於深處的寂寞

「是大運河阻擋了中國人奔向大海的步伐，阻礙了中國人海洋意識的萌生和發展。中國人的意識中更多的是『運河意識』而不是『海洋意識』。」——當初在〈運河畢竟不是海〉一文中讀到單之薔發出的這麼一句深思熟慮後的感歎，我心裏著實被激起了一種難於平息的震撼。

說來，我們很多人，或許都到過大運河，包括我自己也曾經與大運河的某段有過親密的接觸。作為炎黃子孫，我們當然可以很自豪地說，我們對運河的過去、歷史至少是有所「知」的。但至於「知」到何種程度，也許就沒有多少人敢鏗鏘有力地回答了。比如，有多少人真正認真想過：為什麼從杭州到天津，整個中國北方的海岸線上，城市會如此地稀少？為什麼與京杭大運河沿線密集的城市帶相比，中國東部海岸的城市卻寥如晨星？又有多少人細究過：為什麼中國有著如此漫長的海岸線，卻沒能率先成為一個氣度開闊的海洋大國？而單之薔，卻以一種高屋建瓴的視角給了我們一個深沉的回答：原因就在於「運河意識」對「海洋意識」的禁錮與影響——從隋代以後，中國的統治者們利用大運河構築了一個中國文化的三角形核心區，歷代的首都均設在這個三角形的三個頂點上；繁華的城市則順理成章地點綴在這個三角形的三條斜邊上；運輸問題通過運河似乎已經得到了徹底的解決，因此沿著海岸的海上運輸被忽略了，或者沒有發展的動力；在統治者看來，有大運河，足矣！

　　單之薔的這一種高屋建瓴式的「知」，讓那些看似簡單的歷史遺存、平凡的山水景觀或者俗世事物，有著很不一樣的框架和視角。這就是單之薔的《中國景色》要彰顯的一個深邃主題：以山、水、冰川、青藏高原、國粹、國家、地方七個部分搭建起一個把握中國的範本。《中國景色》裏的文章，全是他於1999年至今在《中國國家地理》雜誌上寫的卷首語與主題文章，用單之薔自己的話來說，十年來他默默追求的東西，其實都在做一件事：建構中國的形象。

　　在單之薔建構的中國形象裏，當然少不了我們國人很熟悉的風景：三峽、運河、茶、長城、青藏高原，等等。但其在「建構」過程中，目光所到之處，不僅多了幾份深沉審視的意味，而且其間的敘事和評論，文筆也格外老辣而又詩意盎然，展現出的是一種咄咄逼人的思考與聲音。比如前面說到的大運河。還有，面對那個我們熟悉得不能再熟悉的「國家級風景名勝區」的概念，他卻引導我們思考到了一個國民的國家意識這樣一個深刻的層面。他尖銳地指出：「拿一張國家級風景名勝區的分佈圖過來，你就會看到，它們幾乎都分佈在東部發達地區；這可以看出，現有的『國家級風景名勝區』的思想理念中，還難以包含『荒野』這個現代人極為珍視的概念；它也無法容納邊疆這樣的概念；它更無法理解那些登山、攀岩、漂流、遠足等追求刺激、尋求孤寂、挑戰自我的種種體驗對現代人的意義；更談不上培養國民的國家意識了。」在這裏，他提出了一個令人反思的觀點：說到底，中國最美的景觀也好，國家級風景名勝區也好，這些都是人們加給那些自然景觀的符號；然而，將這些符號加在哪些景物身上，卻反映著一個國家或一個民族對自身自然景觀認識的深

度。毋庸置疑，他的這一觀點對界定與評比「國家風景區」來說，不啻有著了一種警醒的意義。

　　單之薔告訴我們：以風景構建的中國形象，一是，對於風景，不在於看到了什麼，而在於如何看，在於站在怎樣的高度看；二是，風景不是沒有美，只是缺少發現。因為在大多數時候，主流社會與主流審美觀已經禁錮了我們的視野，讓我們那容易被輿論誤導、被傳統蒙蔽的大腦習慣於固化了的一些美的概念，而對另一些從未看到過，或聽說過的更為震撼的美好的事物也就視而不見了。由此，他的《中國景色》中很重要、很精彩的一部分，便是展示與解構那些遠離主流文化的審美視野，那些非常缺乏「擁躉」和「FANS」，卻又極具個性特色的中國景觀。打一個形象的比喻，他其實是在教我們如何認識和感知，那些一直掩隱於中國景色深處的震撼，——還有寂寞！

　　比如，那座有著陌生名字的南迦巴瓦山，豐富的山，孕育出了豐富的地質文化：除了峽谷還有瀑布群，還有七個植被帶——從熱帶雨林上去，有荒漠，有冰原植物，冰貌。還有絨布、托木爾、米堆那樣寂寞壯麗著的冰川，以及堆滿了石頭泥沙的海螺溝的冰瀑布，因為完全不是人們想像中的潔白的冰川的樣子，所以，雖然海螺溝的冰瀑布離成都並不遙遠，但並沒有多少人前去欣賞。更甚的是，有些人站在了海螺溝大冰瀑的面前，也視而不見，還一個勁地問冰川在哪裏？單之薔還最早提出了極高山的概念，主張「看山要看極高山」，他以現代視野和科學精神分析了中國古人為什麼不欣賞極高山的局限性，他認為真正能夠代表中國大山之美的，其實是西部那些終年覆雪的極高山。但遺憾的是，過去乃至現在，這些攝魂奪魄的極高山，一直不在中國人關

注的視野裏，很多還像個「灰姑娘」一樣。而那些源於都市的所謂主流審美觀，自然難以讓中國山嶽文化的聚光照臨到這些「灰姑娘」的身上。

　　而單之薔一直在為揭開「灰姑娘」的面紗而忙碌著。十年來，他頻繁地行走與深入那些「養在深閨人未識」的「荒野」腹地。他在這些「被人遺忘的風景」裏，做著「發現寂寞之美」的工作。「灰姑娘」們的面紗，在他的「發現」裏，愈來愈呈現出了一種令人驚歎的美。也許，不久的將來，當我們再遭遇南迦巴瓦、貢嘎、梅里這樣的雪山，再看到絨布、托木爾、米堆那樣的冰川時，不會再覺得頭腦中的形容詞竟是空白一片，而會像我們感受西湖、洞庭湖、太湖時一樣，會有無數美麗的詞語紛湧而來，甚至還可能會有詩、畫、音樂與傳說。從這個意義上說，閱讀單之薔的《中國景色》，你不僅會知道自然有多美，中國有多美，你更會深深地體會到，那些真正美的風景，又是如何的寂寞，因為，它們的不易到達性，更使它們遠離了喧囂，遠離了人群，具有了一種遺世獨立的風範。而這，不正是一處美的風景，以及一個美的尋找者，所最應具備的精緻品質嗎？

鳥生活的詩情畫卷

　　《醒來的森林》是美國著名散文作家約翰・巴勒斯的成名作，被譽為自然文學中的經典之作。初看之下，這本書顯得未免太過素樸：草綠色的書封上畫著一根土黃色的樹幹，一隻土黃色小鳥安安靜靜地站在樹枝上。在我的閱讀習慣思維裏，總以為這也不過是一本鳥類科普書，無非就是羅列在散步中所見的每隻鳥的名字、描述其顏色與形態等，給出許多鳥的事實與細節。但人有時候也就是這麼奇怪，非要看看這素樸之書的底色倒是怎樣的。於是我拿起《醒來的森林》隨手翻了翻，也就是幾分鐘時間，我忍不住呵呵地笑出了聲。想來，閱讀善於堆砌漂亮語言的小說我都難得一笑了，為何這本科普類的書卻能逗得我笑個不停？——因為作者約翰・巴勒斯的文字實在有趣得太出人意外了。

　　《醒來的森林》展示的是「在春天所有的鳥起初就是或者終將成為歌手」的熱鬧場景。人間四月天，一個個鳥兒像演員般隆重登場。「因操勞過度而顯得焦躁不安」的刺歌鳥，「當你走近他的小巢時，他會在責罵中陡然迸發出一陣歌聲，既想照料兒女又要顧及其音樂聲望使得他左右為難。」哈哈！好一句「既想照料兒女又要顧及其音樂聲望使得他左右為難」，這不就是現實人生中的困頓寫照嗎？

　　最有意思的是講到那些不怎麼討巧的鳥兒時，約翰・巴勒斯的調侃變得非常的尖酸刻薄：「人們或許會厭惡知更鳥，嫌他多嘴多舌愛表現，嫌他在林中來去匆匆、怒氣衝天地叫喊、粗野多

疑地拍打翅膀。褐彎嘴嘲鶇像個罪犯似地偷偷摸摸、躲躲閃閃，終日藏在檟木林深處。灰貓嘲鶇不僅是放蕩輕浮的女子，還是個好追根究底的長舌婦。紅眼雀像個日本人，冷漠地觀察著你的一舉一動。」「像個罪犯」、「放蕩輕浮的女子」、「好追根究底的長舌婦」、「日本人」，多麼機智而又華麗的比喻呀，逗得此刻的我，笑聲與驚歎齊飛。

當然，約翰‧巴勒斯不忘為「像貴族似地與我保持距離」的棕林鶇添上最濃墨重彩的一筆——「棕林鶇是該家族中最漂亮的物種。就舉止的優雅而言，他無競爭對手。在飛翔時他帶著高雅的神態，那種自如與沉著簡直無法效仿。在言行方面，他又是一位詩人。他的一舉一動在人們的眼中都堪稱是藝術享受。他那最普通的舉止，比如捉一隻甲蟲，或從地上撿起一條小蟲都像吐出一條美妙格言那樣令人心醉。是否很久以前，他就是一位王子？是否在他的變形之中帝王的優雅舉止仍然依附於他？」「詩人」、「美妙格言」、「王子」、「帝王」，這麼多的立體形象，讓你覺得好像一頭就紮進了一個芬芳的神話故事裏。

約翰‧巴勒斯說他傾心的事業是：體驗自然，書寫自然；他立志要把自然中的鳥類從科學家的束縛中解放出來，形成一種獨特的自然之文學，使其既符合自然史的事實，又帶有林地生活的詩情畫意。約翰‧巴勒斯以如此秀逗而又知性的言語去描寫斑斕的鳥兒，既讓我們瞭解到自然史的事實，又展現了林地生活的鳥語花香和清新優美的詩情畫意，還有對原野與叢林的興趣與知識，更重要的，巴勒斯還告訴我們對待大自然的一種態度——熱愛。在約翰‧巴勒斯的「熱愛」中，我們自然與鳥兒有著了一種特別的感覺，就像潮流說的——「親密接觸」。

　　這種「親密接觸」不僅來源於約翰・巴勒斯的秀逗而又知性的言語，還有更重要的一點是緣於約翰・巴勒斯擬人化的創作手法。在我看過的很多寫動物的書中，行文大都是從頭到尾直呼其名，如金龜子、螞蟻等等，寫得再生動形象，感覺好像都是在以一個旁觀者去述說別人的故事，自然與讀者生發出了距離。而《醒來的森林》每講一種鳥兒，只是在開頭時呼其名，接下來的文字都是採用擬人化的手法，把雄鳥稱為「他」，把雌鳥稱為「她」，就這麼一稱呼，作者與鳥兒們就站在了同一種情景中，作者既是當事人也是旁觀者，情感的交流躍然紙上，親親密密地、自自然然地牽動著讀者的每一根閱讀神經。確切地說，書中的鳥兒──「他」和「她」，親切得就像我們鄰家的一個個張著紅彤彤臉蛋兒的男孩女孩，在編織和上演著屬於他們的生活場景，嘰嘰喳喳，吵吵鬧鬧，叮叮咚咚，妙趣橫生的品味、妙趣橫生的詩意在我們的眼前一覽無遺。約翰・巴勒斯說「他」和「她」讓自己「遇見了許多老相識並結識了一些新朋友」。而我們在可愛的「他」和「她」的牽引下，與「老相識」、「新朋友」一起營造出了一種自然與心靈相交融的風景，如此人類更能在貼近自然中建立一種善待自然的生活方式。

　　曾經閱讀過法布爾的《昆蟲記》，昆蟲在法布爾的筆下，充滿了童真童趣，就像是一個個小精靈，在你的眼前蹦蹦跳跳個不停。而約翰・巴勒斯文章裏的鳥兒，卻是潺潺的溪流，叮叮咚咚的山泉，是在不經意間，向你傳遞了一種美妙動聽的情感。因為約翰・巴勒斯的文字不僅有《昆蟲記》裏的童趣童真，而且還擁有一種成長之後沉澱在歲月厚土裏的底蘊，也正因為如此，閱讀《醒來的森林》就更有了一種深刻而生動的韻味。所以有人說，

五六歲的孩子，十七八歲的年華，三四十歲的中年，五六十歲的老人，都會讀得有味兒。這話一點不假。

約翰・巴勒斯說：寫書的過程只不過是我對原野或叢林中度假的再度、甚至更好的回味……我在某種程度上把鳥與人類生活、與我的生活連在一起──表明它與我的關係以及它所處的風景和季節──那麼我給予讀者的將是一隻活生生的鳥，而不是分項歸類的鳥標本。

感謝約翰・巴勒斯筆下這隻活生生的鳥，讓我們的閱讀體驗擁有了不停的笑聲。

血性金絲猴

　　美國作家拉爾夫・H・盧茨說過那麼一句話：「他確立了自然文學的寫作標準。」這個他，指的就是美國自然主義作家約翰・巴勒斯，他被後人稱作了「鳥兒王國中的約翰」。而我第一次接觸到約翰・巴勒斯，看的就是他那部被譽為自然文學中的經典之作的《醒來的森林》，在書中，約翰，「一個帶著雙筒望遠鏡的詩人」，把自然中的鳥兒做為寫作的背景，當一面鏡子折射自己的思想，他向人們昭示了人和自然的唇齒相依，人文精神和大自然，這兩種不可分割的精神，就像兩條河流匯聚一起，互相滲透得讓人心旌搖盪。自此後，對關注自然生態的文學作品，似乎有著一種說不出的摯愛。因為心底裏總是認為這些關注自然生態的文字，是另一扇七彩的窗，這窗擯棄了浮華與虛榮，它是一種靜靜的非常內斂或者說內秀的文字，是一種穿透在天空與大地的人文哲思。

　　因而，當我看到古清生的《金絲猴部落》，自然地被勾引起了一種熱切的閱讀情懷。而副標題「探密神農架」，這個帶有野地氣息的定語，又給從億萬年前延續下來的古老珍稀物種——「金絲猴部落」映上了一層神秘面紗。書未翻開，就忍不住猜想，生活在神農架原始森林的神秘部落金絲猴，該是一個怎樣神奇的野生動物世界？

　　在猜想和神秘中，閱讀自然就有了一種說不出的神奇韻味。本書作者古清生先生一直致力於人文地理考察與寫作，曾三度深

入神農架叢林，同神農架金絲猴保護研究中心的科考人員一道觀察、記錄和領略野生動物的原始生態。在作者的筆下，金絲猴高度組織化的社會結構和生存方式，閃耀出了動物世界遠古文明的光芒：金絲猴是沒有王的，它們的社會結構是一種由多個一夫多妻家庭和全雄單元組成的部落，沉落在社會底層的全雄單元，在金絲猴部落社會結構中是一支準軍事力量，但擔負最重大責任，卻得到最差的生活待遇；金絲猴部落對於生和死的態度，均源於部落的健康與繁盛的考慮，它們的個體生命與群體生命高度合一，等等。作者融感性觀察與理性思維於一體，將讀者帶進了一個原生態的亞文明社會，從人類動物性的本源，觸摸到了文明的古老基因。

而其間的那些輕靈、跳脫、浪漫的文字，伴隨作者的人性化的述說筆法，於真切和直觀中勾勒出了金絲猴世界妙趣橫生的隱秘世界：性格文靜、氣質典雅的「小麗」、折射出許多金絲猴江湖社會的光芒的「大楊」、愛佔便宜愛狐假虎威最後跌到全雄單元最底層的「一撮毛」、英俊而又有著浪漫主義詩人氣質的「大膽」如何遭受全雄的嫉妒與懲罰……這些實景觀照式的描摹，在大量金絲猴寫實圖片的映襯之下，不僅勾畫出了一幅富於情感和智慧的野生動物生態圖，同時也讓讀者「親密」觸摸到了金絲猴這個物種充滿靈性的生命在自然世界生存的奇蹟與魅力：金絲猴的世界，是一個血腥卻也是一個血性的世界，是一個陰謀卻也是一個陽謀的世界。其實，延伸到人類社會人類世界，也概莫能外罷了。

趣意盎然的民居尋訪

　　初初看到這本書時，真真嚇了一跳，《中國民居建築》——好宏大的一個書名，好宏大的一個研究課題，如果是搞建築的人一看，那多半都會心潮澎湃；但是，如果是與建築根本也沾不了多少邊的讀者來說，那會是怎樣的一種心情？

　　《中國民居建築》的書封是灰灰的九張各具特色的民居圖片，配上深藍的底色，拿在手中，就隱隱地感覺到有一種深邃的歷史在向我慢慢地走近。該書的主編陸元鼎教授說，很多人認為寫建築的書就是學建築的人才會去看，我們就是要打破別人的這種觀念，所以在編撰時和別的建築書不同，建築只是我們關注的最重要的一個視角，然後再以這個視角出發去串起與民居有關的方方面面，比如歷史、文化、民族、民俗、語言、氣候、地理等等。

　　也正是基於作者們的這一個嶄新的視角，因而使得該書有了異於其他民居書的特色，全書既有理論介紹又不乏實例分析；既有民居的測繪圖，又有實景的照片，這在已出的民居圖書中並不多見。民居建築就仿如一條發光的線，它把一粒粒散亂在地上的明亮的珠子串了起來，這些散亂的珠子就是歷史、文化、民族、民俗、語言、氣候、地理等等，而在這些散亂的珠子下，我們讀到了帶著民間的古樸的字眼：如意門、蠻子門、虎抱頭、水上出挑、通天柱、五花山牆、跨海煙囪等，我們看到了「小橋流水人家」的水鄉集鎮景色和鄉土人情，我們讀到那個古老的民居的美麗傳說故事，我們看到了豐富的人文景觀是如何為這美麗的

民居和民族憑添了多姿多彩的文化內涵。而讀者的眼和心就在這些蹦跳的字眼裏作了一次心靈上的暢遊，就像作者在《江南水鄉民居》章節中所說──水鄉民居稟性趨於自然，其天井內蒔花植木，瘦石扶竹，是別具一格的天地，仲夏月圓之際，三五知己品茗於此，備感安適氣息。民居建築的串針引線，讓我們的眼睛「別具一格」，讓我們的閱讀「備感安適」。

　　《中國民居建築》一書為我們提供了大量精美的圖片，這些圖片有民居的全景鳥瞰圖，有民居的手繪的立面圖、側面圖、剖面圖、平面圖，在一幅幅具有強大講述能力的圖片裏，那些過時的生活圖景，精緻優美的文化遺存，讓我們越來越意識到走向現代文明的文化是怎樣經過了積累與更新的，如此，書的文化使命就顯得彌足珍貴，而民居這種文化是一個民族的生存方式和生活觀念，它連接了過去的傳統，也伸展到我們的未來，它訴說這裏曾經創建過什麼樣的文化，這種文化又是怎樣培養了一個獨特的生活觀念，訴說了這裏的文化如何循了歷史的進步而演變，如何在演變中帶動了生活的前行。在這個意義上，《中國民居建築》為這片土地尋找了一種建築的歷史與未來的連接點，也就是說關注民居這種古老文明在歷史背影下的轉型歷程還必須有一個現代的視角。所以，《中國民居建築》不僅僅是一部學者眼中關於民居建築的學術書，還是一部讀者眼中的風俗讀本、文化掌故、地方或文化誌。

　　早前，我曾經採訪過一位當紅的時尚作家，他說現在的人都求閱讀的快感；我想，對很多時尚或言情類的書來說，這點是相對容易做到的，但對一些學術性的書來說，就並不是一件很容易的事了。而《中國民居建築》這一本學術性的書卻在編排上採

用了按地域和民族分卷的手法，翻開這三套書的目錄，你就已開始有了一種閱讀的愉悅感，全書分上中下三卷，上卷是總論，中卷是漢族民居，下卷是少數民族民居。讀者可隨意地挑看你自己想瞭解的一些章節，輕鬆而又有趣。我以為，書有很多的編排方法，做書要吸引讀者，除了書本身的魅力外，還應能給讀者提供閱讀上的方便，這一點是不能忽視的。想來現在都是一種速食文化的時代，如果讀者想讀自己喜歡的那一篇文章，還要翻半天，就算你出的是好書，我想這個「好」字一定在讀者的心中被打了一些折扣的。而《中國民居建築》在這點上卻是為讀者考慮得非常的周全，所以，怪不得，該書出版後，學者喜歡，一般的讀者讀起來也饒有興致。

在生活的抉擇處

在德國戰後文學史上，排在海因里希‧伯爾和君特‧格拉斯這兩位諾貝爾文學獎獲得者之後的，就是馬丁‧瓦爾澤。馬丁‧瓦爾澤是一位主要以現實主義方法進行創作的作家，擅長描寫人物的內心世界，往往通過人物自我內省反映社會生活的變遷。他小說裏的主人公大多是處於中下階層，在展示他們尋找個人幸福以及在事業上的奮鬥中，側重於描寫人物的精神生活和感情糾葛。小說《迸湧的流泉》很典型地延續了這一創作手法，小說的背景發生在1932至1945年德國那段最黑暗、最野蠻的歷史。

瓦爾澤在展現社會生活的變遷中非常注重追求一種歷史的客觀性和真實性。他把小說的場景安排在瓦塞堡這樣一個寧靜的小村鎮，並讓各色小人物輪番上場：在有錢人家做清潔女工的赫爾米內猶如一張流動報紙，散佈著各類小道消息；房客澤哈恩先生不停地發出他對世界的詛咒；獨腳老兵格布哈特抱怨著自己的殘疾和所受的傷害；頑固的衝鋒隊頭領布魯格剔著牙齒大放厥詞；老僕人尼克勞斯忘不了戰時養成的綁腿習慣而把襪子丟在一旁；年邁的祖父面對看不懂的世道只能用方言重複「但願我去了美國」……瓦爾澤就這樣看似毫不經意地讓一個個相干和不相干的人物穿梭上場，其語言簡練而少修飾，敘述精到而富有活力，且遠離任何價值評判和政治闡釋，讓人更覺真實和耐讀。

　　當然，輪番上場的各色小人物只不過是小說的一種鋪墊，這有點像我們粵劇的開場白總是來一陣鑼鼓，接下來的曲折婉轉——約翰的成長與他父母身上的故事才是小說的重點。

　　約翰的父母慘澹地經營著一家旅店，他們無力支付帳單、歸還借款，加上市場的蕭條、銀行的倒閉，給家庭帶來了持續的恐懼。父親是一次大戰的老兵，慘烈的前線經歷讓他成了一個和平主義者。他不停地做著一些不著邊際的夢，試圖讓家庭擺脫困境：在阿爾高建銀狐飼養場，在家裏挪出地方養安哥拉兔甚至養蠶，和朋友一起生產包治百病的磁療裝置。失敗和無能讓他愧對家人，最後他英年早逝。為了不讓家道落敗，母親沒日沒夜地幹活和奮爭。但是貧困和無望的災難卻日漸逼近。為了生存，村鎮裏的很多人不得不加入了納粹黨。繼續潔身自好，只能被摒除在正當的社會生活之外。而對一個旅店主來說，還會有破產的結果。生存的危機讓母親也只好選擇加入了納粹黨。

　　小約翰受父親的影響，很喜歡《查拉斯圖特拉如是說》裏的「夜之歌」——「正是夜的時候：現在所有的流泉更高聲朗吟，我的靈魂也是一派迸湧的流泉」。做一個詩人成了他從小的夢想。但是由於家庭經濟的窘迫，年幼的小約翰已在餐廳幫忙，為村民送煤，為大車過磅。父親的早逝讓他從小就遵循「始終不讓任何人有藉口對母親抱怨他」。小說開篇有一個特寫鏡頭——五歲的約翰去理髮，「雖然約翰的整個腦袋幾乎被剃光，只有頭頂上還被允許有幾根頭髮留存。他對這個髮型感到很彆扭，但他還必須對理髮師黑費勒先生使勁地表達感激和謝意。」小約翰這種不得已的壓抑，從一個側面再現了當時德國人民貧困與無助的苦難現實。

　　漸漸長大的約翰愛上了馬戲團的阿尼塔，在一次納粹分子暗襲馬戲團時，他勇敢地站在了被襲者的一邊。後來，戰火愈演愈烈，小鎮遍佈著心靈破碎的難民，約翰的愛情與成為詩人的夢想也隨之破滅了。他被迫入伍投身到紛飛的戰火中。戰爭結束後與家人重逢，並與萊娜相愛。經過了戰爭和歲月的洗禮，約翰猶如尼采《查拉斯圖特拉如是說》「夜歌」中的那一派源於其內在生命力的「迸湧的流泉」，終於走向了成熟和美麗。

　　瓦爾澤重點把筆墨落在三個下層人物對現實採取的抗爭，訴說時的筆觸始終流露出沉靜的嘲諷和悲傷。母親是主動性的抗爭，但最終也只好選擇無奈的妥協——加入納粹黨。主張和平的父親面對黑暗的現實，只能採取在無奈中逃避的態度——做著一些讓家庭擺脫困境的不著邊際的夢。最終，這種逃避和無奈導致了他英年早逝。小約翰理髮受了委屈但為了多幾個光顧旅店的人也不得不對人笑臉相迎，最後不得不放下想當詩人的理想被迫走向戰場。瓦爾澤從兩代人的三個不同角度，以及各自對待生活的不同抉擇，細膩而微妙地描繪了德國那個動盪歲月裏的危機和失落，既而對造成這種黑暗現實的原因進行了一種深刻的揭露和反思。

逃脫不掉的迷離

　　《同名人》是美國普利司文學獎獲獎作家拉希莉的最新力作。小說講述了美國出生的第二代移民印度男孩果戈里渴望融入美國主流社會，卻以失敗告終的故事。拉希莉客觀而富於感情地記錄了眾多移民人物的生活，同時以細緻而有質感的筆觸描繪了他們生活中的情感冷暖，描繪著兩代人在異質文化氛圍中的感受和反應。

　　果戈里的父親艾修克，是第一代來到美國生活的印度移民，他以自己的才智和努力，獲得了大學教職，並從印度娶來了僅僅見過一面的阿西瑪為妻。印度文明構成了艾修克和阿西瑪內心沉重的負累，他們一直保留著印度的語言、飲食、生活方式，越是割捨不斷，對美國文化便越難認同。對此，阿西瑪有著最為深切的感受，她深感生活在異國他鄉是「一種永無休止的等待，一種無法擺脫的負擔，一種長相伴隨的鬱悶」。

　　代表了古老印度文明的果戈里的外曾祖母曾為在美國出生的他起名字，不幸的是這個名字在郵寄途中丟失了。這個細節暗示了主人公的命運：沒有歸宿，將長久地游離於兩種文化之間。他被喜歡俄國作家尼古拉‧果戈里的父親偶然地取名為果戈里。但果戈里在內心裏拒絕承認自己的印度背景，連帶著也拒絕承認「就像一件有著刺人標籤的襯衫」的名字。於是，他又是改名，又是疏離父母，又是結交美國女友，力圖和自己的民族保持著距離，而他的父母恰恰又在力圖彌合和跨越這距離。生存在這種微妙的矛盾張力

中，他反叛印度文化，卻沒有豁出去的勇氣，因而歷經生活的不順和落魄後，他終究還是只能落寞地游離於兩種文化之間。

相比之下，同是作為印度移民第二代的毛舒米卻選擇了決然的逃遁——在讀大學時，她瞞著父母主修了法文。她「沉緬在第三國語言、第三種文化裏，那成了她的避難所。」大學一畢業，她便把印度和美國一起拋棄，遊移到法國去找尋自己的皈依去了。表面上看，毛舒米的反叛是徹底的，但因為印度的根永遠地牽扯著她，在法國她也還是無法真正找尋到自己的皈依，與果戈里一樣，依然脫不了迷離於兩種文化之間的那一份落寞和孤獨。

出生在美國的果戈里，不願延續父母的印度式生活方式，於是結交美國女友，出入紐約上層家庭。可是家庭的影響早已深植他的血液裏，他的叛逆性滋長於不知何去何從的矛盾之中，他與美國女友之間存在著深刻的差異，而唯一的結局只能是與女友分手，離開那個代表美國文化的家庭。從小就發誓不找印度男人結婚的毛舒米，在巴黎愛上了一個浪漫的法國男人，結婚前夕，法國男人和她回了一趟印度故鄉，然而法國男人無法認可和接受她的印度習俗與文化，最終讓婚姻成了一場笑話。

經歷了與異國男子不成功戀愛的毛舒米與經歷了與異國女子不成功戀愛的果戈里，在父母的撮合下，走在了一起。這是一樁從一開始就得到了雙方父母的應允，逃脫不掉的未來，逃脫不掉的婚姻。他們的婚姻裏有某種俯首聽命的因素。所以，毛舒米和果戈里在一起，總覺得是在按部就班地走別人希望她走的人生之路，她感到被禁錮，反叛著自己，違背著自己的意願。而果戈里和毛舒米在一起，總會覺得沒什麼激情，甚至常常懷疑自己是不是結了婚？

　　兩個一直生活在印度與西方文化的夾縫中、欲在印度文化之外找尋歸宿的人，因為「印度」這兩個字走在了一起，他們的婚姻註定不能長久。就像果戈里母親說的那樣——浸潤過美國文化的人「不願意委曲求全於比他們理想中的幸福降了格的任何東西」。所以，他們的愛情只能是不成功之下無可奈何的回返，是一串帶有悲劇色彩的回歸的足跡。這種悲劇愛情正是作者著意描繪的斑斕的東西方文化差異之下，移民們逃也逃不脫的生命脈絡。

　　一邊看拉希莉的《同名人》一邊就有那麼一種感覺在心中盤旋：故事和故事是不同的。那些急迫的、緊張的、扣人心弦的故事，可以從第一行起就抓住你的心，讓你迫不及待地想知道每一點情節的發展；但也有那麼一類故事，一開始是平淡如水，可字裏行間卻孕育著某些難以名狀的情緒，而且這些情緒會隨著閱讀的過程靜靜地增長，直到有一行觸動心靈的文字出現，這些情緒就會像決了堤的洪水一樣噴薄而出，不可收拾。而拉希莉無疑是屬於後者。她沒有為小說安排奇崛曲折的情節，書中看不到人物命運的跌宕起伏，她只是以最直接最自然的方式，以沉靜而略帶憂傷的筆觸，敘寫主人公平凡的生活。

　　「她翻開畫冊，仔細地看那些曾經熟悉的街巷和舊跡……等她再度睜開眼睛，陽光滑走了，一抹孤獨的餘暉漸漸從地板間消匿，如同大幕徐徐落下，白得刺眼的書頁變得灰濛濛的……」在作家的筆下，在美國出生的迷茫的印度人的生存狀態就仿如這「一抹孤獨的餘暉漸漸從地板間消匿」，拉希莉飽含感情地用了那麼一個優雅的描述，讓小說迷離的本質一覽無餘。

　　像這種「迷離」的狀寫始終貫穿全書。在拉希莉以混合著平靜觀察和令人心碎的優雅來處理故事的迷離筆調中，小說的張力

慢慢地延伸開來，不動聲色地讓主人公自個兒敘說著細流無聲的日子裏並不平靜的故事，敘說著他們的喜憂、他們的沉浮，他們的失敗落寞，他們的矛盾掙扎。讀者的心碎情緒也隨著閱讀的過程，靜靜地滋長，再滋長。

狂野是一種奢侈

「別離開我」——很曖昧，很塵世的一個書名。故事一如書名，描寫的是很世俗、很曖昧的一場情愛糾葛：一個男人，兩個女人。無比媚俗的一個三角戀。但就是這麼一個媚俗的故事，竟然創造了非常多的文學奇蹟：一是創造了情感類小說在義大利的銷售紀錄，僅四個月就售出一百多萬冊；二是在2003年榮獲了義大利最高文學獎——「斯特雷加獎」；三是根據小說改編的同名電影入圍了十一項義大利影壇最高獎——「多納泰羅獎」，其中導演兼男主演塞爾吉奧・卡斯特里托與女主演潘娜洛普・克魯茲共同贏得了最佳男女演員獎。

其實，媚俗最是一種生活的原生態。男人女人生活的原生態就像某些因時間演變而弄得支離破碎的東西。就像小說主角蒂姆對妻子埃爾莎說的「我們倆就像一件舊大衣，不再是原來的模樣，已經變硬，沒那麼舒服，已經有了褶皺、自然磨損和纖維的斷裂」。《別離開我》這部小說便是伴隨著不停的「褶皺」、「磨損」、「斷裂」，展現出了對慾望苦苦掙扎的深海，承載著人生太多的內容。比如，命運的無常，比如人性的脆弱，比如對幸福的熟視無睹。正是這些無常、脆弱、熟視無睹，使蒂姆漸漸游離了常態的生活。

蒂姆是個心態極度自信和平靜的外科醫生，擁有美麗的妻子埃爾莎，豪華住宅，海濱別墅。然而，在某次去海濱度假途中，因為汽車拋錨，在與一個貧窮、凡俗、社會地位低下的醜女

子伊特麗亞相遇時，蒂姆覺得「突然間，一種突如其來的叛逆的衝動，驅使你去尋找作為男人你原本想要扮演的角色」。於是，他粗暴野蠻地佔有了她，但與伊特麗亞那種新鮮如動物般的性吸引，卻讓這個自信男人的情感在狂野中失控。他一次又一次地回到伊特麗亞那昏暗簡陋的小屋。後來，伊特麗亞因為引產感染了敗血症死去，蒂姆依然還認為「她是我的一部分」。

蒂姆與伊特麗亞的關係由原來滿足原始的慾望，漸漸轉變為刻骨銘心的相愛。蒂姆說「她給了我一種不可言喻的親密感，雖然她身上沒一樣跟我的品味相符」。他們這種幾乎摒棄理性的愛情，本身就是對世俗的一種反叛。他們二人，一個是類似妓女一樣出賣肉體的醜女人，而另一個卻是功成名就的外科醫生，這種愛本身又是不可思議的叛逆，那是對蒂姆所屬於的那個優雅階層的叛逆。正是這些反叛和叛逆，讓小說顯出了媚俗中又不媚俗的寓意。

米蘭・昆德拉說：「一個問題就像一把刀，會劃破舞台上的景幕，讓我們看到藏在後面的東西。」在瑪贊蒂妮用刀子劃破的景幕裏，我們看到了蒂姆——既不能與伊特麗亞瀟灑地相忘於江湖，又不能醉生夢死與埃爾莎廝守於泥沼中，因而，這一場狂野的反叛和叛逆，註定只能是人生的一種奢侈品。其實，奢侈這個詞，往往就意味著一種超越界限的困頓。所以狂野的蒂姆只能一直在內疚中彷徨。雖然伊特麗亞不停地對蒂姆說「別離開我」，其實蒂姆心裏也在對兩個女人千千萬萬遍地說「別離開我」。瑪贊蒂妮血淋淋的刀子下氤氳的狂野慾望，宣洩出了對生存困境中掙扎著的當代都市男女的悲憫情懷，以及對生命無常和人性脆弱的關注和焦慮。她讓我們深深地感受到——生命中永遠不能承受的愛與痛。

追求的靈魂是滾燙的

　　大衛‧理查茲是加拿大當代著名作家，有加拿大的「福克納」與「斯坦貝克」之稱。大衛‧理查茲的一系列小說多以加拿大新布倫瑞克省米拉米希河沿岸村莊為背景，在「一塊郵票大小」的土地上以現實主義的手法再現了真實的鄉村生活。創作題材也與斯坦貝克有著相似之處，都關注於社會底層人物的悲劇命運，所以，大衛‧理查茲的筆下自然不乏斯坦貝克式的關懷與憤怒。但與斯坦貝克顯然不同的是，理查茲在冷峻與凝重的文字之中，透出得更多的是對現世倫理道德的質疑與詰難。而作家在為筆下人物尋找救贖之路時，「非暴力」的反抗方式又更多地可以看出受列夫‧托爾斯泰與陀斯妥耶夫斯基等人的影響。比如，他的《車站街下的黑夜》，便是如此典型的一部作品。

　　《車站街下的黑夜》的故事背景發生在加拿大東部沿海一個偏僻荒涼的小鎮上，一群被視為底層人的普羅大眾，經歷著自己的困苦人生，在困苦當中，他們不只是埋怨，而更嘗試著有什麼不同的改變。

　　比如在貧窮中長大沒有讀過什麼書的主人公喬‧沃爾什嗜酒成性，而嗜酒讓他生活潦倒，窮困失意，還蹲過監獄，他讓自己也讓家人丟盡了臉面。喬‧沃爾什決定戒酒，想要找回失去的生活和情感，於是，本是自然無痕的淳樸生活，本是喝酒戒酒的簡單抉擇，卻成了喬一生中的英雄壯舉。然而，他費盡心力戒酒後，卻並未如願地贏得家人、鄰居和朋友的讚許和尊重，喬又一

次深深地感到惆然，在生活的抉擇處，喬為自己到底何去何從而困惑。整天為生活窘迫擔憂卻備受小鎮異性青睞的妻子麗塔，總是要費盡心思想緩解日漸看不起酒鬼父親的阿黛爾的敵對情緒。女兒阿黛爾鄙視醉酒的父親，因為貧寒老是為了怎樣融入同學群體而費盡心機，最終還是只能擁有被所謂的上層人的「友情」拋棄的無奈。鄰居邁拉對喬・沃爾什懷有一份私情、卻一生總是不停地在離婚和結婚之間徘徊徊徊，最終得到了一份真愛，卻又葬送在風雪中。而拉爾夫愛上阿黛爾，只是因為自己和阿黛爾一樣不善言詞成為別人眼中的不受歡迎者……

　　這些故事來自於生活在最底層的人群，他們是社會中的弱勢人群，他們處在社會中邊緣地位，因而也就註定了他們的故事不可能有什麼驚心動魄，而且結局也不是那麼盡人意，更多地還不被社會認可。不過，作家對他熟悉的人物卻富於了一種特別的關愛，在樸實無華的微言俗語中，我們讀到了《車站街下的黑夜》對一個個渺小人物為贏得別人的尊重所付出的努力做了一番讚賞和肯定。因而，在這幅綴有東部沿海人情世故的畫卷裏，處處流露著生活的真摯、生命的真諦以及熱愛生命的美好情懷。就像作者在結尾借喬・沃爾什的口說出那麼一句話──好長一段時間了，這是他第一次感覺很好，很幸福。

　　列夫・托爾斯泰曾說：「人人都想改變世界，但無人願意改變自己。」無疑「願意改變自己」的小人物是值得人們欣賞的，雖然，對這些小人物而言，他們的改變也許只不過是那些高高在上者眼中不雅觀的「黑夜」，或者也只能是風風雨雨中飄搖不定、在某些車站街下的很不起眼的「黑夜」，儘管只有辛酸或者流淚，光亮離他們還很遙遠，但畢竟他們的追求的靈魂還是滾

燙的。所以有評論家說「這部書是一種對愛、對靈魂拯救的探索」。這也點明了此書的偉大就在於作家借如此平淡無奇的人情世故，素描出了對命運對人性的嚴肅思考和詼諧審視，為我們展示出了一幅生動的弱勢人群的現實主義畫卷。

不溫不火的飛翔

　　《洪魚》這部小說，不到十二萬字，卻斷斷續續花了三四天才看完。概因這書的行文，很淡，淡淡的情節，淡淡的文字，淡淡的愛恨，結果弄得我看書的情緒也是淡淡的，看一會兒，有事情打擾我了，還能把書放下，忙乎一會兒。

　　自然，這意味著，《洪魚》沒有什麼很出彩的故事情節，或者說很深刻的思考。但就是這樣一個平淡得幾乎沒有什麼激烈因素的故事，卻時不時彌漫起亮麗的氣場，叫人牽掛。小說以一個十三歲少年的視角寫成，但主角卻是一個為家庭和丈夫犧牲了大半輩子，卻因為男人帶著情婦離家出走，只好一直等待的女人（媽媽）。這樣的故事說起來，還真有點老套。

　　不過，在此，我們先又開個話題，說說作者金周榮。金周榮有「韓國當代偉大的故事大家」之稱。這部小說被譽為一曲關乎倫理、尊嚴和成長的浪漫悲歌，問世至今已重印四十六次，1998年獲得第六屆大山文學獎。我感興趣的是「韓國當代偉大的故事大家」。說實話，小說的故事，雖然是在老套中展開的，但，其中充滿的一種對立的溫暖，卻讓人在看過這部小說之後，覺得「故事大家」這一點還真不是吹噓出來的。

　　小說開場，是一個淒冷的雪晨，然後，奇異的故事就這麼一直隨著雪花，接二連三地飄臨到這個兩口之家，「雪」成了演繹他們母子「癡心夢想」的道具：每逢大雪，總有不速之客光顧家裏，先是一個無拘無束追求自我的詭異少女三禮，三禮是為了甩

掉追上來的男人，媽媽是巴巴地等著離家出走的男人，這自然刺激了媽媽那死不開竅的榆木疙瘩腦袋。這兩個起先有些死對頭的女人輕輕一觸碰，小說，由此就有了一種亮麗的氣場。

比如說，有著一手令人稱羨的針線手藝的媽媽，以前是年復一年地製作洪魚風箏，製作洪魚風箏是鞏固逐漸淡忘的對丈夫記憶的一種下意識的動作，但三禮出現後，媽媽不做風箏了，開始拼湊自己做衣服的邊角餘料，縫起一塊塊包袱皮。還有，媽媽緊緊掩著睡衣蜷縮的睡姿，活脫脫就是那個身子蜷縮成蝦米一般才能睡、半夜裏能一蹦而起跑上幾百里夜路的三禮的翻版。後來，媽媽把錢給了遠行的三禮，說：「那些錢，在我手裏的時候，我夜夜做夢，都是帶著復仇的心情，咬著牙踏遍天涯海角的夢。就因為有了那些該死的錢，一入睡就不管泥裏水裏，不管家鄉他鄉，翻山越嶺到處亂跑。現在好了，那些錢叫那個瘋丫頭給帶走了，那錢算是找對了地方。我呢，也算是擺脫了心中的枷鎖。」

雖然，媽媽的內心，早已烈火熊熊，但是，她的表面卻還是一如既往的不溫不火。這是一個懂得責任的女人，她不偉大，但是卻很親切。這種親切，讓她的生活過得有些粗糙，也正因為如此，這個形象被鍍上了一種草根原色。所以，當一個少婦在雪天以借宿為名撇下一個嬰兒不辭而別，雖然媽媽一看就心知肚明這是丈夫的骨血，但她還是努力撫養嬰兒。直到漂泊了六年的男人在一個雪天歸來，卻還是過去那個自私風流的樣子，一直忍辱負重的媽媽才卸下擔子，毅然在第二天清晨的漫天大雪中離開了。

三場有關雪的故事，一步步地把困窘中的媽媽引向自由的天空。正像書中所寫的那樣：「我和媽媽在這個小山村經歷的困窘是那麼不堪回首。不過，困窘給我綴上了溫馨而多彩的翅膀。」

媽媽的飛翔，是一個女人完成了自己作為一個妻子和母親責任之後的飛翔。媽媽的飛翔不浪漫，也說不上悲情，有的是一種坦然遭受雞零狗碎生活折磨之後蛻變的溫馨。

　　一直以為，真正的好故事，它就像每天暮晚煙囪裏飄出的炊煙，靠著淡淡的瑣屑、淡淡的溫暖，牽扯著你的閱讀神經。而《洪魚》正是這樣一部不溫不火的煙一般的故事。

你只能是你自己

特別喜歡讀這樣的小說——在結尾處輕輕地「拐」了一個彎，讓你一直閱讀著的神經得到了一種前所未有的感觸。這一個彎一「拐」，所有你認為的既定的主人公的結局就閃爍出了一種前所未有的突兀。

法國作家托尼諾・貝納吉斯塔所著的《美麗人生》，刻畫了素昧平生的兩個男人蒂埃里・布蘭與尼古拉・格雷辛斯基在很偶然的一天，打了一場網球，蒂埃里以一招對角抽球贏了尼古拉，並打賭要用三年時間改變生活，做另一個「我」。於是，蒂埃里・布蘭整容後改變成一個身份——私家偵探「保羅・威爾美郎」。他為他這種身份的改變覺得很有成功感，為了印證這種成功，他參加了他的會計雷諾亞爾為他發起的「蒂埃里・布蘭失蹤一周年的紀念酒會」，整容後以私家偵探身份出現的保羅・威爾美郎，很輕易地就騙過了所有的熟悉他的人，包括他以前同居的女友那婷，雷諾亞爾甚至還請求他幫忙偵探「蒂埃里・布蘭失蹤案」，保羅・威爾美郎為自己的「另一個我」感到無比的高興。他覺得他與尼古拉・格雷辛斯基關於「另一個我」的打賭比賽他會是一個勝利者。而作為讀者對他的這種勝利慾望也似乎有了一種認同。

可是，出人意料的是，就是那麼一個動作卻摧毀了他這種勝利的慾望。在到達約定的地點前，已變得英俊的保羅・威爾美郎先在網球場上過了一把癮。在那家三年前他們喝酒的的酒吧裏，已到網球場上轉了一圈的尼古拉・格雷辛斯基對英俊的保羅・威

爾美郎說：「你的技術裏有種獨一無二的東西：對角抽球。這門絕技，世界上只有兩個人掌握了，其中一個就是叫蒂埃里・布蘭。」保羅・威爾美郎不無傷感地說：「我把周圍人都瞞住了，可是，我的假面具卻在一個陌生人面前掉落了。」

本來被認為是喜劇的一個故事結局，卻演繹成了讓人啞然失笑的悲劇——保羅・威爾美郎再精心策劃的一切改變，「另一個我」還是拋不開原來的那個我。這種讓人啞然失笑的結局中，正是作家托尼諾・貝納吉斯塔最高明的地方，它不僅增加了小說的怪誕色彩，而且更給讀者提供了一個思索人生的空間和尺度：人的生活，尤其是內心生活果真能夠改變嗎？人的精神、文化果真能夠改變嗎？人的智力、記憶、感情、思考果真能夠打亂嗎？我們學到的東西能夠退回去嗎？這當然是不可能的。我們可以切斷一切社會聯繫，可是切不斷與自我的聯繫。我們可以改變模樣，可是改變不了生命。我們可以改換身份，可是改換不了我們的文化基因。因此，蒂埃里和尼古拉根本無法擺脫自我。尼古拉那個經常留字條提醒他的「夜間人」，其實就是他的本我。而蒂埃里改頭換面，瞞過眾人，可是網球場上的一個動作，就揭開了他的真面目。所以，有評論家對《美麗人生》評價說：如果作品僅僅滿足於揭示一種社會現象，反映一種普遍願望，表現一種衝突，也許還略嫌表淺了一點，加上「網球場上一個動作就揭開了保羅・威爾美郎的真面目」這麼一層意思之後，就一下把作品置於了一個新的深度，就使這部看似荒誕的作品具有了悲劇的現實意義。

托尼諾・貝納吉斯塔的一個小拐彎讓現實生活與舞台劇有著了本質的差距，因為你只能是你自己，不可能是別人。所以，每一個人都應該用心地生活，這才不辜負我們活著的生命意義。

在遊魂的偷窺下

很巧合的，剛看過女性主義作家海男的《表演》，接著就收到了朋友阿聞的新小說《有戲》。把「表演」、「有戲」反覆地咀嚼來咀嚼去，越發地覺得人生這場「戲」，「演」得實在太讓人琢磨、難懂與無奈。

海男的《表演》定位在了三個三十歲男人活生生的現實，而阿聞的《有戲》是把故事定在了「秘聞」多如牛毛的娛樂圈，更有了一種「演」的特質和氛圍，因而「表演」得越賣力，傷得不僅更疲憊不堪，而且還張惶失措。本來嘛，娛樂圈就是天天在演戲，演到後面，誰都說不清，是銀幕上的戲，還是生活中的戲。就像阿聞在後序中所說的：誰也不能說戲都是假的，演戲也同樣是個實踐的過程。編劇和導演給你定出框架，啟發引導你進入情節、進入角色，戲裏的吃喝拉撒都要你假戲真作。越投入的演員，演得越真實，就像你投入生活一樣。生活的大戲，也同樣有個導演，只是不能確定那導演是「命運」，還是自己。

也許是基於「戲·導演·命運」的這一主題，小說的基調始終都很悵然。一開始，「我」郭林就已經變成了一個游離的魂魄，一邊觀看著自己曾經深愛過的沈玉的現在生活，一邊憶述他曾經生活在人間的前世時光。郭林的前生所周旋的女人都是演員，一個是與他青梅竹馬、一直夢想成為大明星的沈玉，一個是偶然間與他發生了風流艷史的明星蔡紅梅。由於郭林與蔡紅梅的情人關係，給沈玉製造了成名的好時機。沈玉為了得到更多演出

機會，「表演」了一場場「劈腿」（移情別戀），與導演鬧緋聞，與編劇同居。郭林和沈玉的美好愛情，一點一滴地散盡了，郭林在傷心中病逝。

小說中勾勒的演藝圈中的是是非非，與我們天天看到的娛樂報導大同小異，應該說是沒有多少超乎想像之外的。不過，欣喜的是阿聞在小說中設計了一個遊魂的角色，以遊魂的眼光來審視過去與現在，在這神秘而又帶有「偷窺」的視角下，不僅一點一滴地把俗世的牽絆與無奈的原色剝離了出來，而且還具有了一種通透的生命色彩：人總是容易在快感和心跳之中建立一種戲劇性的舞台生活，常常分不清戲裏還是戲外，所以，他們不得不「導演」各種各樣的戲，在戲裏他們不得不「表演」自己，而且，永無休止。但不管演了多少的「戲」，最終他們的命運還是被原有的生活所牽絆著！——正如小說的結尾，沈玉為郭林的死傷心欲絕、悔恨不已；而郭林在即將離開陽間之前，不顧父親的勸阻，永生永世地將自己的靈魂附體在一個陌生男子的身上，就是為了能夠永遠陪伴著自己深愛的沈玉。

小說借遊魂的神秘與「偷窺」帶來了通透的悅讀，而其間每個篇章以二十四節氣起筆也給小說帶來了一種意想不到的出彩。從書上說的節氣含義，到已經成為遊魂的父親眼中的節氣意韻，再到「我」郭林眼中的節氣故事。書上的節氣是民間所理解的概念，「我」眼中的節氣故事始終環繞在與沈玉的糾葛情境中，世俗、傷感也無奈。而父親說的節氣，卻顯得非常的趣致，而且有生命的深度。比如，說清明穀雨，父親說，這個時節萬物都在生長，都在吸收，好象處處都是營養。其實呀，這個時候最能顯露貪婪，可這個季節也是掩蓋貪婪的最好季節，分不清是應該吸

收，還是不該有的、多餘的吸收，生長中的迷茫往往就產生在這個時候了。父親的節氣解讀，看似短短的插曲似的故事，卻充滿著辛酸的、幽默的、陷阱似的場景，滲透著生活的哲理。

同時，民間、我、父親，這三種節氣的交叉解讀與互相輝映，又讓小說有了一種跳脫之感，同時也讓生活的多義性，生活的不確定性，生活的可變性，得到了進一步的意想不到的曲折展示，如此也讓小說更具有了一種「演」的戲劇張力。

當疑雲濃成了一鍋湯

　　初讀到讓旅美作家、詩人裘小龍聞名的《紅英之死》時，感覺怪怪的。我說的怪是因為這本小說根本沒有多少的嫌疑可推理，小說才寫到一小半，嫌疑人就已幾乎確立，接下來的文字，就是去挖掘他為什麼殺人的證據。從頭到尾只有一個嫌疑人——神經的觸動的確有點平淡——結果都有了，再看過程，所有的精彩也是缺了一道味兒。

　　但裘小龍最新創作的小說《石庫門驪歌》，給我的感覺卻完全顛了個樣。這讓我想起了阿嘉莎·克莉絲蒂的《尼羅河上的慘案》，小說疑雲叢生，每個人好像都有殺死美麗女繼承人林內特的理由，唯一沒有凶嫌的是死者的新婚丈夫西蒙，而最後出乎意料的兇手竟是西蒙。而裘小龍的《石庫門驪歌》也完全具有了與阿嘉莎·克莉絲蒂相似的調動人神經的疑雲要素——

　　在H市一棟陳舊擁擠的石庫門房子裏，性情孤僻的獨身女作家尹驪歌被扼死在她棲身的庭子間裏，尹驪歌生前曾出版過備受爭議的小說《教授之死》，名噪一時成為海外輿論關注的人物，刑偵隊長陳超和搭檔于光明警官受命緝凶，發現幾乎整座石庫門內的住戶都有動機和條件成為殺害尹驪歌的兇手：從鋼鐵廠退休的老工人萬師傅曾找尹驪歌吵過架，並說要讓她不得好死。成分曾經是資本家而且也遭過厄運連連的任先生，或許想謀殺一位「問題作家」給政府製造點麻煩。還有好賭成性的蔡勇，貧困無助的「蝦姑」……線索還在收查，好賭成性的蔡勇卻被協助破

案的人當作兇手抓了起來，最有嫌疑的萬師傅又主動承認自己殺人，接著又殺出了個新嫌疑人楊彬的侄孫。案情出乎意料地急轉直下，最後關頭，從死者所著的《教授之死》中發現了深埋著的驚人線索——楊彬的詩稿。原來尹驪歌在那場動盪歲月與大翻譯家楊彬有過一段真摯愛情，隨後整理出版了楊彬詩集，早已割斷了親情關係的楊彬侄孫因為貧窮找上門要出版費，與尹驪歌結下了樑子，最終殺了她。

　　這是一本比《紅英之死》更適合「撲朔迷離」特質的推理小說。小說的疑雲是一步步蕩漾開來的，就好像是一鍋湯，初煲時，只飄著淡淡的味兒——性情孤僻的獨身女作家尹驪歌慘死了。然後，是加點半明半暗的火候——石庫門中的住戶全都有殺人的動機。這是一種頭啖湯，好喝，引人，有些許的感動和回味。接著在加一些撲朔迷離的材料——賭徒、萬師傅、楊彬侄孫三個嫌疑人一起出現，攪得疑雲密佈，「誰殺了她」這個強烈的問題突地形成了案情的衝突矛盾。一鍋熬了好幾個小時的高湯，已經濃得化不開了。等待就要揭開的一刻，誰都聞得到它的濃濃的香味。讀者的神經早已給這香味調動得呼吸緊張。

　　當然在逐一撥開疑雲的破案過程當中，作家融入了一些特定的社會元素，比如，住房靠單位分配、買東西憑票排隊，這是一種「中國特殊文化背景下的人物刻畫」。正像裘小龍說的，他是在「借偵探小說的外衣，來寫中國的現實社會」，像造成所有這一切的撲朔迷離，不僅僅因為住房條件引起的衝突和矛盾，更因為這些年的歷史所形成的誤解和偏見。一個偵探小說的外衣，一鍋不停加火加料的湯，再來一種對社會幽微的沉思，很懸疑，很緊張，很社會，當然耐看。

純真的間諜

　　英國小說家邁克爾・弗萊恩是一個非常會捕抓讀者閱讀視覺的作家，其小說《間諜》的開篇筆調非常儷人而又傷感：「六月的第三個星期，它又來了：一股新鮮、令人困惑而又熟悉的氣味。每年大約這個時候這種氣味就來了。走在寧靜的街道，路過那些稀疏有致的花園時，在夜晚溫暖的空氣中我聞到了它，而且有那麼一會兒我又成了一個孩子，所有的事情都呈現在我的面前——所有令人驚恐的、對生活似懂非懂的期望。」——正是在「似懂非懂」的期望裏，一種甜蜜而粗俗，擾亂人心的氣味彌漫開來。小說的基調由此展開，與生活有關的所有東西都是那麼一種深淺不同的灰色。而就在這麼一種灰色的生活色調裏，兩個小男孩對「間諜」產生了一種傳奇的構想。

　　這種構想發生在第二次世界大戰期間的倫敦郊區一處安靜的居民小區裏，兩個男孩——斯蒂芬和基斯——是故事的主要創作者和參與者。孩子們無論在何時在何地永遠都有著充沛的精力和豐富的想像力，只是生活在戰爭年代的孩子們的想像更帶有濃厚的戰爭色彩，他們為自己的想像採取的行動也有著深深的戰爭印記。在戰爭年代，大後方的孩子們，特別是男孩子們會有什麼樣的幻想？間諜以及間諜活動是最能讓男孩子們胡思亂想的，於是一場間諜遊戲開始了：基斯和他的追隨者斯蒂芬成天忙著監視街坊四鄰，記錄他們的行蹤，刺探他們的秘密。然而當有一天，沒有任何緣由的，基斯就非常獨創性地把自己優雅的母親與德國間

諜聯想到了一起，後來這場遊戲又捲進了一個流浪漢，這個流浪漢沒有名字，也從不讓人看見他的臉，關於「間諜」的秘密像個雪球越滾越大。

小說的最後才揭開了這個老流浪漢的身份──原來是「完美」的彼得叔叔，一個英國轟炸機飛行員，帶著特殊任務飛翔在德國上空，他被德軍擊中，死裏逃生回到了自己的家鄉，但是因為軍人的榮耀感讓他無法面對所有的親人和熟人，他只好住在離小區不遠的一個雜草叢生的磚砌廢墟。基斯的母親出於同情，想方設法給他食物，本來他可以平平安安地度過自己的餘生，卻因為兩個少年的「間諜」幻想，把這秘密事情一步步地揭開，男孩子們的想像力毀掉了他們最愛的人──基斯母親的妹妹即彼得叔叔的妻子與基斯的母親成仇；而基斯的父親與妻子反目。最後，「完美」的叔叔因為秘密的被揭穿，一頭撞向了火車。

從表面上看，《間諜》這部小說是小孩子導演了人生的一場大悲劇，但實際上，作者卻很聰明地以這種無邪的童真，反映出了那個戰爭年代給人們的心理造成的影陰是多麼的荒謬。當我（斯蒂芬）聽說了基斯的媽媽是德國間諜時，「我當然立即就感到了興奮，為了可以在黃昏時分藏起來進行監視而興奮，為了可以發出和收到用隱形墨水寫的信件而興奮，為了可以戴上基斯的偽裝用具裏的小鬍子和大鬍子而興奮，為了可以通過基斯的顯微鏡檢查東西而興奮，因為看到各種各樣有趣的、新鮮的，可能發生的事情正展現在眼前。」「我覺得，我因為羨慕嫉妒他的無盡好運又一次得到證明而稍稍感到一陣心痛。有一個為情報機關工作的父親，還有一個是德國間諜的母親──而在我們這些人中甚至找不出一個父親或一個母親能讓人感興趣。」一個孩子對有一

個當「間諜」的母親那麼地羨慕，這種羨慕在成人的世界裏是多麼的充滿了荒誕。其實，這種以小孩的荒誕去反映當時的生活環境，不是對生活那種「懷疑一切」的底色做了更徹底的挖掘和批判嗎？

正像老流浪漢說的這樣——「世界給你一個奇怪的影像……他們曾經信賴你，你卻使他們失望；自此以後，你再不能看著他們，你再也不能和他們在一起。從那一天起，你就是一個被遺棄的人；哪裏都沒有你的位置。」是的，是戰爭讓人們變得那麼的孤獨、恐懼和無助，是戰爭的灰色讓人們的心靈變得脆弱而又反常，暗含反諷又略帶感傷的小說筆調，反映出了特殊年代裏人們的「失重」情緒導致了「失重」人生的悲劇。

只有一個英雄

　　說實話，初初看到《石羊裏的西夏》這個書名，猛地感覺週遭氤氳出了一種故紙堆的氣息。西夏，這個已經在絲綢古道上消失的名字，在我們一般人有限的認知中，既陌生又遙遠，而且也很神秘。我們也只是從史書上略略地知道，西夏立國一百九十年，前期與北宋、遼抗衡，後期與南宋、金成三足鼎立之勢。但是，這個「以武立國」雄霸西北的帝國，卻最終湮滅在蒙古鐵騎之下，至今已湮滅有八百年，而且黨項這個古老民族的文化遺傳幾乎絕跡。就像本書的作者，魯迅文學獎得主、黨項後裔黨益民就如此感歎說：「儘管黨項人的許多風俗文化在同宗同祖的羌族人身上得以傳承，但作為一個獨特民族，黨項早已從歷史的長河中消失了，連同他們創制的奇特文字。所以，西夏文在世界上被視為『絕學』、『魔鬼文字』。」

　　所以，小說落點在陌生的西夏，要具有一種閱讀的誘惑力，開篇角度是非常關鍵的。那麼，在西夏湮沒八百年後的今天，黨項後裔黨益民到底會如何撩開這個消失的西夏王國的神秘面紗呢？小說的開篇，便是《地鐵裏的石羊》：「買下這尊石羊時，我絕對沒有想到其中會隱藏著一個天大的秘密。」地鐵是現代的交通工具，黨益民很聰明，用了一個流行的寫法：穿越式的情節設計。用一隻出土石羊裏藏匿的羊皮上的西夏典籍，帶「我」去開啟西夏的神秘歷史。另外，他的這一種穿越，還具有很巧的一個現實角度——從四川汶川的地震造成羌族的文化損壞切入，而

黨項人原本就和羌族同宗，由此一來，「我」的穿越與訴說，在親切中更顯沉痛。

小說中的「我」即是西夏最後一個國王李睍（小名乻娃）。以「我」的角度，訴說了西夏王朝從它的第六位皇帝純佑，到最後一位皇帝李睍的短短的二十二年末世時間裏，是如何的動盪與蒼涼。李睍的爺爺李遵頊與堂兄李安全、李睍的父親李德仁與李睍的叔父李德旺等三代人，走馬燈式地爭權奪位，每一位皇帝在未登基時，想的都是如何以巧取豪奪的方式篡謀皇位；而登基之後，又都想的是如何不擇手段地排斥異己和驕奢淫逸。西夏人的驍勇善戰不是用在了對外的戰場上，而是用在了爭奪自己權利的對內戰場上，演繹出了一場「人如何成為自己的犧牲品的曠世歷史悲劇」。小說解密了西夏覆滅的一個沉痛教訓：西夏人完全是敗在自己那種扭曲又變形了的皇權之爭中。

可以說，西夏的末世，沒有什麼英雄，相比小說中滅掉西夏人的那些狼毒花一樣豔麗霸道的蒙古人，西夏蒼白得實在讓人不忍目睹。雖然德仁將軍很有智謀，雖然愛上李睍的阿朵很勇敢，雖然統軍沙朗很英勇，但在這個沉溺於皇權漩渦的西夏，終究只是滄海一粟，並沒有給這個驕奢淫逸的西夏王朝帶來任何的改觀，不過，阿默爾算是個例外。阿默爾是西夏王朝的「巫師」，專門為帝王們占卜未來的吉凶，但阿默爾更是一位具有歷史眼光的智者，他時刻懷著一種對西夏的歷史記錄和保存的緊迫感、焦慮感。在冷眼旁觀著整個西夏王朝的皇權爭鬥中，他預感到西夏的諸多不祥前景，於是，悄悄地動筆寫了一部《白高大夏國秘史》，以此記錄下西夏走向衰亡的每一步，希望能警示後人。阿

默爾沉痛地告訴他的帝王，西夏的歷史註定要結束，「除了強悍的蒙古人的進攻，更重要的原因在於我們自己」。

雖然，智者阿默爾，終究也挽救不了西夏王朝的滅亡，不過，他卻在作者的想像裏，給西夏留下了最寶貴的歷史文字記載。在欠缺英雄的末世西夏，阿默爾成了整部小說中一個最令人溫暖與懷想的人物。而這個人物與作者感歎的西夏文在世界上被視為「絕學」相互呼應，更彰顯出了西夏歷史的蒼涼本色。

後退幾步或爬到高處

　　加拿大作家弗萊主張大處著眼的原型批評，他曾把批評比為觀畫，認為我們看畫必須從畫布前後退幾步，才看得出整幅畫的構圖和佈局，文學批評也應該如此，「我們往往也需要從一首詩前『後退』幾步，才看得出其原型的組織」。維特根斯坦也有一個著名的比喻，說讀者讀完他的論著，理解了他要說的意思之後，就應該忘掉他所說的話，就好像「爬完了樓梯之後，就該把梯子扔掉」。而張隆溪教授借用這兩個比喻提出，我們只有後退幾步或爬到高處，才能以新的眼光和批評尺度理解中西方文化與作品，而把自己封閉在單一文化認同的狹隘心胸裏，局限在自己團體的偏頗的眼光裏，就根本達不到那樣一種境界。

　　張隆溪是錢鍾書先生的關門弟子，現任香港城市大學中文、翻譯及語言學系講座教授。他研究的範圍包括英國文學、中國古典文學、中西文學和文化的比較研究。最新出版的《同工異曲》亦是關於比較研究的著作，是由張隆溪教授在加拿大多倫多大學所做的四次亞歷山大演講內容整理而成，這是一部研究性的著作，在東西比較研究的背景上來展開探討，強調東西方文化和文學在各方面的契合與類同。雖然是一部研究著作，但張隆溪的文筆卻生動趣致。讓我們先看一些章節的題目：〈滄海月明珠有淚：跨文化閱讀的啟示〉、〈這柔弱的一朵小花細皮嬌嫩：藥與毒的變化之理〉。在看到這些珠圓玉潤般生香的標題的剎那，我的心裏就被挑勾起了一種急不可耐的閱讀慾望。

　　〈滄海月明珠有淚：跨文化閱讀的啟示〉從「月」、「珠」、「淚」這三個意象入手，把李商隱、劉勰和其他中國詩人作家的作品，與愛默生、繆塞、福樓拜、海涅等西方詩人作家的作品聯繫起來，勾畫出「月」、「珠」、「淚」在文學作品中的碰撞和主題相似的輪廓，由此展示東西方文學和文化在概念構想和表現上的相似點，那種不期然的契合和同工異曲之妙。

　　〈這柔弱的一朵小花細皮嬌嫩：藥與毒的變化之理〉，從莎士比亞聞名於世的《羅密歐與茱麗葉》談起。「這柔弱的一朵小花細皮嬌嫩」是《羅密歐與茱麗葉》中勞倫神甫出場時大段對白中的一句話：「這柔弱的一朵小花細皮嬌嫩，卻既有藥力，又含毒性：撲鼻的馨香令人舒暢，沁人心脾，但吃進口中，卻讓人一命歸西。」在此，張隆溪教授提出了亮眼的觀點，是良藥與毒藥的含混與辯證關係，構成了《羅密歐與茱麗葉》整個劇的中心主題，使悲劇才成其為悲劇。接著，又以跨文化閱讀的角度，把《羅密歐與茱麗葉》和咱們中國沈括的《夢溪筆談》、劉禹錫的《鑒藥》、李綱的《論治天下如治病》以及《醫國說》等中國文人的著作一起比較閱讀，突出了東西方文學對藥物的一個共同觀念：藥物既能治病，又能毒殺人的二重性和辯證關係。張隆溪生動的跨文化閱讀，讓我們看到，原來差異性的背後，更是另一種深刻細緻的大同。

　　張隆溪說，跨文化閱讀的樂趣在於一種新發現：本來毫不相干的不同文本，轉瞬間在思想和表達方面卻不期而遇，發生了意外的契機；而且從東西方比較研究跨文化的視角，還能獲得某些批評的洞見。順著張隆溪這種後退幾步或爬到高處的「契機」和「洞見」，文化變得更具有了一種趣味性和深刻性，這實在是一種快樂的閱讀！

透過哲學大師的眼

《羅素回憶錄：來自記憶裏的肖像》有那麼一句宣傳語：「透過哲學大師的眼，看到現代西方人文大師的生活與交往。」這話說得非常的誘惑我的眼球。在這本「回憶錄」中，「透過哲學大師的眼」，既有羅素本人對自己的人生觀、道德倫理、數學和哲學思想，以及對世界和平的強烈主張做了深刻的陳述；同時對自己的家族也有令人感興趣的描述。最生動的是，羅素以文字肖像的形式記述了與他同時代的學者，包含了二十世紀世界上一群最為傑出的學者、思想家、作家，如蕭伯納、康拉德、懷海德、勞倫斯、約翰・米爾等。在追尋這批知識份子的足跡，羅素不是一味地要記述他們的生平，或是評述他們的業績、表彰他們的功勳，而是親切地記述了與他們交往的點點滴滴。透過羅素的眼，就像看到了一幅幅二十世紀西方知識份子生活、思考、交際的精彩畫卷。

羅素專門說了「約翰・米爾」這個人。從中我們可以看到英國的傳統，英國的學術、文化是一個連續的過程，每一代人都有著上一代人的影子，這也從一個側面表現了西方知識份子在社會生活中的作用，以及其自我價值的彰顯。蕭伯納是羅素一直交往不斷的大師。蕭伯納最初以一個音樂評論家的身份而知名於一個範圍相當大的圈子裏，後作為一名喜劇作家，以逗趣方式贏得觀眾。但後來蕭伯納對莫斯科的聖約瑟夫（指史達林）的讚賞卻簡直等同於聖女貞德。羅素如此評價說：「他是令人欽佩的偶像破

除者，但作為一個偶像則頗有些遜色。」這個論斷，對蕭伯納的個性，畫龍點睛得直讓人莞爾。

最有趣的是說到勞倫斯。對勞倫斯中國讀者絕不陌生，他以小說《兒子和情人》一舉成名，而後的《查泰萊夫人的情人》更掀起一片狂熱，很多批評家都洋洋灑灑地談論過他的文學「性」觀點。而羅素與勞倫斯的交往大約只維持了一年，而且這種交往還一直充滿了火藥味。羅素認為「一個和平的世界無法建立在一個嗜好戰爭與殺戮的群眾之上」，但卻被勞倫斯指控為一名偽君子：「你（羅素）激起的不是對謊言的恨意，而是對血肉之軀的恨意，這是一種變態的心理血液本能。」

這些糾纏著的個人私怨，想必在很多書上都涉及過。但經典的是羅素那種鏗鏘有力的點評——「大部分時候他是活在自己想像的世界中，裏面充滿了如他心中所希望的殘暴鬼魅。他之所以過度地強調性，是因為只有在性當中，他才不得不承認自己並非是宇宙中唯一存在的人類。但是正因為如此，他將性關係視為永久的戰鬥，每個人都極力毀滅對方。」羅素擊中了知識份子致命的一種弱點：脫離實際。大知識份子不光是在日常小事上，而且在重大的社會問題上，也可能脫離實際，他們的思維方式常常以自我為中心，把自己的思想成果絕對化，自以為是真理的發現者而一意孤行。羅素的寥寥數語，勝過了那些批評家都洋洋灑灑的「性」評判。這樣一種關於大師的肖像回憶，親切尖銳得實在讓人大呼過癮。

愛因斯坦曾說：「閱讀羅素的作品，是我一生中最快樂的時光之一，生為二十世紀的人沒有看過羅素的作品，就像十九世紀的人沒有聽過貝多芬的音樂，十八世紀的人沒有看過歌德的作品

一般。」的確，羅素的筆觸優雅而獨到，他以洗煉的筆法，將其長期累積的人生智慧，在「回憶錄書」中完全流露；將深奧的理念，挾以簡單、親切、尖銳的文字來表達。所以，雖是回憶錄，但又像散文一般清新爾雅，生動有趣。

一個中年男人的私語

　　《迷走幸福迴廊》是法國六大主流文學暢銷書排行榜第一名作家菲力浦‧德朗的最新力作。 菲力浦‧德朗擅長於生活點滴的細膩描寫，小說中的十七個小章節全都圍繞著「迴廊」這一個風景展開，處處透出關注日常生活小事的態度以及簡單的喜悅，正如作者所言──幸福的脆弱、不可掌握，才是他想探索的。

　　這也正是本書最讓人關注的一點──探索幸福的脆弱。也難怪會有社會學家認為，因為物質生活高度現代化與精神進化速度之間的落差所產生的衝擊，人們需要借由品味菲力浦‧德朗這樣單純的愉悅，來緩和這種焦慮不安。

　　「可是要如何道出一種難以捉摸的不適呢？」故事一開始，菲力浦‧德朗就透過交織慾望與毀滅的包法利夫人之語，向我們揭示了這本書的企圖與困境。這種難以捉摸的不適就發生在我們自以為堅強而身心突然隱約不適的片刻──作品中的主角中學教師斯巴斯典在某天上課時突然一陣痙攣，轉瞬間一切都不一樣了，於是他的人生發生了一種裂變。這樣一種平和的開篇其實隱藏不平和的基調──不適，包括身體的與心理的，不是大病大痛，只是暈眩、抽搐，不是真的精神抑鬱症，而是藍色的憂鬱、感傷。

　　於是，理當幸福圓滿的歲月，多了一種莫名的惴惴不安。主角斯巴斯典「在書店裏因不適而無法翻閱書籍常讓他不禁淚水盈眶。」除了描寫斯巴斯典的不適，這本書還用了極多篇幅，描述

鄉村生活的庭園、土壤、栽種、花卉……但它絕不是一本歌頌園藝的書，反而是手藝笨拙、與園藝格格不入的斯巴斯典，決定在自家花園裏架設一個「迴廊」，他的妻子希望他憑藉這個計畫能稍微忘卻身心的不適，而他自己則對迴廊有著一絲期待，因為迴廊這個字裏含有「門」的意思，代表通道──是通往美好生活的通道。

於是，建造迴廊的寓意，貫穿著整本書；中年憂鬱與鄉村園藝、年華老去與四季栽種、憶往傷逝與古琴演奏，拆除中的傳統雜貨店、改革中的教學方式、成長中離家的子女……一切的一切都牽牽扯扯在「迴廊」的四周，斯巴斯典盡可能地捕捉尋常日子所有可能出現的讓人欣喜的每一種生活滋味，比如，塗滿奶油巧克力的吐司、早晨的廣播節目、牙膏的薄荷味、去觀賞兒子的馬戲節目、到巴黎重溫因考試繁重而不再爽朗的女兒的笑聲、靜默地凝聽妻子古低音提琴的練習……在斯巴斯典的身上我們看到了一個人為享受時光、觀看表演、讚歎寧靜所做的精美安排。

小說通篇有著一種輕輕的傷痛，這傷疼既鋪陳了對時光流逝的忡忡憂心，也細品著日常生活中使人忘記時光飛奔的快樂片刻；既訴說唾手可得的幸福，也不避諱揭開幸福背後纏人的刺痛。正像菲力浦・德朗所言──幸福與憂鬱不可分開。所以，菲力浦・德朗在文章中不厭其煩、不慍不火、不疾不徐地讚歎單調貧乏日子裏小小的喜悅。在現在很多作家筆下過多地注重把世界描寫得肉慾橫流、人情淡薄、或悲觀、或絕望，給讀者一種過強過重的閱讀疲勞時，讀一讀菲力浦・德朗的小說，就像是與朋友細品生活啤酒的泡沫。所以，雖然菲力浦・德朗讚歎單調貧乏日子裏小小的喜悅，這種樸實的創作主題與沸沸揚揚的年代還顯得

不太協調，但小說卻讓在競爭激烈社會中渴望尋求心靈依託和身心安頓的現代人，有了一種難能可貴的心與心的溫暖和共鳴。

《迷走幸福迴廊》是一個中年男人的私語，它就像耳邊吹過的微風，不知不覺地將我們帶到與作者相像的人物世界裏，讓人以為這個尋常、平凡的經歷其實是自己人生的一個過程，它使人重新感受那曾經有過的私密，對時光的流逝，對生命不可避免的皸裂，模糊的喟歎。但因為全篇是以那種「沒有故事的故事」散文體去創作的小說，章節和章節之間既相聯又各自能大體獨立成篇，通篇情節不太緊湊，調子有點慵懶，當小說某一處語言不那麼出彩時，幾乎沒有什麼對話的行文風格很難吸引讀者閱讀的興趣，這對一本暢銷書來說實在是種遺憾。

毛絨絨的人生美態

　　毛絨絨這三個字，溫溫婉婉的，總讓我想到了那些穿在美女身上的漂亮衣服，透著時尚元素，也透著一種生活的樂趣。所以，當我看到新西蘭女作家簡‧西布魯克的繪本《毛絨絨的邏輯》，書未翻開，就已有了種說不出的好感覺。再看看書封上一頭金光閃閃的獅子安安靜靜地閉著雙眼，享受著、陶醉著，在這個充滿希望的秋天，如此亮眼的毛絨絨的色彩，讓我的心中剎時就有一種溫暖的感動——現世安穩，歲月靜好。而且更好玩的是，在我的閱讀習慣思維裏，總以為這也不過是一本動物的科普書，無非就是羅列在散步中所見的每隻動物的名字、描述其顏色與形態等，給出許多動物的事實與細節。但是在隨手翻了翻幾分鐘，我忍不住呵呵地笑出了聲。想來，閱讀善於堆砌漂亮語言的小說我都難得一笑了，為何這本動物書卻能逗得我笑個不停？——因為簡‧西布魯克的圖文實在逗趣得太出人意外了。

　　這個已有兩個孩子的新西蘭女畫家簡‧西布魯克，用一枝小小的黑貂毫筆，細膩地勾畫出一幅幅精美傳神的動物圖片，配以輕鬆的話語或者沉重的話題，幽默而且富於哲理地表現出生活中的苦與樂。看看這隻正在雙腳交替跳舞的鰹鳥，它高昂著頭，目光堅定而自信：「嗨！我有一個了不起的發現，這個世界上，只有我最有資格成為我自己。」它像不像躊躇滿志的你？再看看這張齜著牙的大猩猩，它像不像你的上司？連口氣都一樣：「說真的，我也不願意老是板著這麼一副嘴臉，可我們畢竟是生活在

一個競爭激烈的年代裏呀！」它可真會為自己找詞兒，想博取你的同情和憐憫，抑或是肺腑之言？最逗人的是那一隻皮皺皺的賴蛤蟆，肚子圓溜得像個大南瓜，沒想到吧，這麼醜的賴蛤蟆，還能出人意表地找到出色的理由：「如果你至今仍未成功，那也沒什麼，把所有努力和沮喪都吞進肚子裏好了，從原諒自己的失敗開始，或許你將因格外寬宏大量而引人注目呢！」也正是這些充滿了秀逗知性的言語與畫的相映生輝，讓讀者與所有的動物站在了同一種情景中，情感的交流躍然紙上，不僅充滿了童趣童真，而且還擁有一種沉澱在歲月厚土裏的底蘊，也正因為如此，閱讀《毛絨絨的邏輯》就有了一種深刻而生動的生活韻味。

　　扯遠一點地說，看完這書，我想起了那個被譽為童話詩人的顧城，我記得十多年前看他的短詩時，就有了一種特別的鍾愛，因為那種短詩表達出的生活哲理厚重得讓人驚歎。如《一代人》「黑夜給了我黑色的眼睛，我卻用它尋找光明」，十來個字，把人生的尋覓人生的困頓人生的盼望透徹地寫了出來。還有那首《感覺》：「天是灰色的，路是灰色的，樓是灰色的，雨是灰色的。在一片死灰之間，走過兩個孩子，一個是鮮紅，一個是淡綠。」當時我就想，要是這些短詩配上一些什麼畫兒去，一定是本好看的書，現在突然看到了《毛絨絨的邏輯》這樣一本文字短小卻韻味深長的繪本，真的就有了種知音的感覺。

　　是的，鮮紅和淡綠是任何時候的人們都渴望的人生美態，只不過，這樣的鮮紅這樣的淡綠，卻常常會有些灰色的影子，正像簡‧西布魯克筆下那「毛絨絨」的邏輯一樣，一顆未經過訓練的心，通常都很敏感，會執著於快樂、排斥不快樂；會執著於所喜愛的、排斥厭惡的，由此而疲憊、失衡，如果我們能像書中那些

毛絨絨的動物們，柔軟地對待自己，但卻堅定不移，誰能保證，
你不會成為那隻站在高峰的花栗鼠？

在節制中調情

　　看書，是講眼緣的。我一直這麼認為。尤其是對於那些平常我不怎麼關注過的作家，眼緣這個說法就更為重要了。這說來有點像素不相識的男女，經人介紹見面，眼睛互望的一剎那，心裏也大概知道有沒可續寫的後文了。連岳的這本新書《神了》，在拿到手上的剎那，我就忍不住習慣性地以「眼緣」來窺視它了。概因連岳的名字雖然不陌生，但我對他的文字從來就沒怎麼關注過，心裏自然就忍不住先得看看書的樣貌兒，對對眼神不可。這一對，還真覺得非常的趣致。金黃的封面，爽朗飄逸得像秋天的陣陣麥浪撲面而來，瑩白的鏤空花勾勒出小巧玲瓏的十字架，鮮紅的書名「神了」，就像兩簇忽遠忽近燃燒著的小小篝火，神秘地跳耀著，飛動著。此時此刻，那種感覺，還真惟有「神了」才能媲美。《神了》，一個好智性的書名。

　　《神了》的內容，一如書名，和「神」有關，是連岳閱讀《聖經》的隨筆。當然，連岳「隨」得很散亂，卻也盡興，他借《聖經》為支點，以人類社會始終存在著的「自然宗教情結」作為梳理工具，切入人文、社會、心靈等紅塵俗世的議題。文章的章法也差不多是這樣一種平緩的調子——以新舊約中的部分段落當作論據或者作為結論，漫談當下文化、生活、道德等等的一舉一動，或嬉笑，或怒罵，皆神妙成趣。

　　比如說吧，目前中國的消費文化，物質進步的進程很快，人人都在趕，小雞快跑，急促得就像在一小時內快進著看完三部

DVD電影，所以，「快生活」成了很多人的真實寫照，還美其名曰「快活族」。但具有諷刺意味的是，根據世界衛生組織的調查顯示，在於生活的抱怨這一點上，大多數人的問題卻出在「速度太快」上。而像《聖經・詩篇》裏說的：「他要像一棵樹栽在溪水旁邊，按時候結果子，葉子也不枯乾。凡他所做的盡都順利。」這些「按時候結果子」的曼妙生活情趣，如今已在急促得像小雞快跑樣的現代人身上根本尋不著北了。連岳就大吼道〈有什麼好急的〉。接著引用《聖經・詩篇》當論據，一邊調侃一邊批駁說「一個人，六根攝入的，都是類似的資訊，他就會變得非常著急。一個文學青年寫下第一個字，就看到了諾貝爾文學獎的支票；一個新聞青年，做完第一個採訪，就已經化身社會的良心；一個受迫害的妄想狂，在網上發幾個帖子，就以曼德拉的口吻說話了……一年結一次果，就是樹的最快，就是樹的節奏。一棵樹聽信傳言，說可以一年結五次果，這棵樹就瘋了。」我一邊讀一邊就感覺頭頂像有個神靈在抽起了陣陣響雷。的確，在生活中，我們有多少人不是因為想「一年結五次果」而快跑追趕，忽略了道路兩旁美麗的風景和本該細細品嘗的生活況味，錯過了身旁關懷的眼神和暖暖的愛意，只好活得左右不舒服，這樣離瘋掉又還能有多遠？

　　還是同樣說樹，但在〈小樹慢慢長大〉裏，連岳卻換了一種口吻，他悲涼地說：「據說種樹會上癮。因此有人會一棵一棵種到死掉那天。這個說法不知相信的人有多少，因為我們看到的行為多是上癮地砍樹，一棵接一棵地砍。尤其是珍貴的樹種，一直砍到死掉那天。」透過連岳的悲涼，我們看到殘忍、短見、缺乏耐性的人類，是他們對所謂「仁慈」的上癮，剝奪了小樹的

「成長」，而導致那些災害就結成了醜陋的繭，一層層包裹著人類「美麗」和「仁慈」的謊言。更可悲的是，人類對樹殘忍得那麼無邊，而對人類自己卻「傲慢」得非常有規矩。連岳在〈傲慢的資格〉譏笑道：「從衛生習慣到宗教禮儀，這個世界上有一套『規矩』。人在對待別人時，總是嚴格按照規矩來，在對待自己時，總是可以通融；而人之所以要認識、接受『規矩』，主要目的往往是要取得『譴責懲罰』他人的權利，從而有了傲慢的資格。」在連岳的眼裏，人類的傲慢，雖然充滿了機鋒，但也著實無趣，為了可以譴責懲罰他人，人人都馬不停蹄地追逐權利的傲慢、知識的傲慢、金錢的傲慢等等，如此又怎能活得不累？當作為人類的我們誰都擁有了傲慢的資格時，生活又只能再度在無趣中升起機鋒遍地的火藥味。如此反反覆覆，這也就難怪，傲慢的人類，永遠都只能陷入不停地爾虞我詐的充滿了「無趣與機鋒」的掙扎中。

有趣的是，在閱讀連岳的《神了》這本書的過程中，我也常常湧起一種「無趣與機鋒」交叉衝撞的感覺。不可否認，連岳的文字是針尖，刺得你奮力地嚷痛。但可惜的是，這種針尖的嚷痛狀態，是斷斷續續的。正像連岳自己說的，他這本書整體上過於莊重了。因而他的很多篇章，讓我讀起來並不怎麼有趣。不過，喜人的是，他的每個篇章，都斷然會有些鏗鏘得擲地有聲的言語，霍霍地響在你的週遭，讓你心動，驅使你沉思。打個通俗點的比喻，這就好像一個不錯的男人，但經常地，看上去好像與別的一般男人也沒什麼兩樣，不過，他懂得時不時地調情一下，讓自己在男人女人面前，閃光發亮。這種在節制中閃亮的男人，有著一種智性的魅力。而連岳的文字，就有著這樣一種在節制中閃

亮的智性美，每當你讀得過於莊重沉悶時，就會突地發光發亮起來，機鋒遍眼。一個作家的文字，能在無趣中時不時地閃亮出一種神奇的智性的機鋒，即使只是片段的，偶爾的，這也已足夠讓人驚喜了。因為，就像生活要過得「神了」，並不容易；而文章要寫得「神了」，也很不容易。

輕淺的生活藝術

　　清淡。隨意。像山水畫。像水墨畫。——這是十六棵樹的《栽在溪水邊》這本文集留給我的喜悅感覺。

　　文集共為五個部分:「透過包裝看山水」、「發現美女」、「小糊塗仙」、「癡人說夢」、「偶讀幾本書」、「心中最柔軟的地方」,閱人、說風景、寫生活、談書、品情,構成了作者紛繁的感悟,《栽在溪水邊》就像一個隨意寫就的城市筆記。也許因為隨意,作者的筆鋒倒是不見什麼刀光劍影的,而是一種軟幽默,像一隻細細指尖,輕輕地把罩在上面的薄紗挑開、使它露出真面目。

　　尤其喜歡作者談生活和風景的篇什,生活的溫馨,風景的秀美,配上作者輕輕淺淺的文字,自有了一番獨特的韻味。在作者筆下,生活的樂趣隨處可見,就連惱人的蚊子也別有一番情趣。在〈親愛的蚊子〉一文中,作者如此述說:「在教室、樹林、花園,我們的愛情在一個個凸現的紅腫中生成。有蚊共舞的日子,未嘗不是種甜蜜。」在「紅腫」中「共舞」和甜蜜,這樣俏皮、可愛的語言,我相信只有熱愛生活的人才會如此生動地感知歲月的美麗。而那篇獲得了2005年「世界華文旅遊文學徵文獎」的〈揮手英倫〉一文,則細膩地把「揮手」這個常人常做的瞬間動作,融了一種美學情趣和美學理想——認識不認識的人之間,以一個「揮手」,就能傳達和流淌出一種溫馨和關愛。生活的韻味在作者的筆下輕淺而又幽雅得入木三分。

　　但說山水，卻又散發出別有一番耐磨的調侃和情調。在〈透過包裝看山水〉一文，作者諷喻道：「拿導遊的介紹語來說每至一處，導遊運用最多的一個詞是「像」，像駱駝，像大象，像蘋果，像月亮，像童子拜觀音，像八仙過海，像九馬畫壁，等等。彷彿桂林山水的特點非柔、非秀、非靜、非奇，僅一個「像」字；可以說，無數的中外遊客就在這個簡單的句型中兜來兜去，完成了心馳神往的桂林之旅。」這段文字真讓我讀得拍手稱快：只用了一個很節制的「像」字，就勝過了千言萬語的評點，但卻不妨礙任何一個人，於淡淡的失落，抑或是無可奈何的惆悵中，沉澱出一種對「風景」的人文思索。

　　轉而談書，作者清淡的文字就稍微辛辣了一點，這有點像我們吃炒青菜，突然吃到了青菜裏面藏著的辣椒，辣得人出其不意，也辣得人警醒十分。針對「乳酪」書籍的越來越多，作者在〈可恥的乳酪在橫行〉辣辣地批道：「乳酪大師們可以歸為兩派，一個是蠻不講理派，人說誰動我，他偏說我動誰，就是和別人對著幹，為了顛覆而顛覆，為了咬人而咬人；另一個是四平八穩派，誰動我，我動誰統統不管，咱只管把陳穀子爛芝麻翻出來，裝到一個新瓶子裏，冠上一頂乳酪帽，做自己的乳酪，反正『乳酪是個筐，什麼東西都可以往裏裝』。」這段文字不僅「刻薄」了「乳酪」的滑稽，同時作者還用「乳酪」生動地傳遞給了讀者一種讀書的藝術──時尚的閱讀往往都像「乳酪是個筐，什麼東西都可以往裏裝」一樣，淺薄、寡味，一陣風似的難於留下觸動人心的痕跡；因而，閱讀應該隨心，心裏覺得快樂，那才是最好的閱讀美味。

　　十六棵樹說：「我是一棵樹，栽在溪水旁」，所以把文集取名《栽在溪水邊》，乃因他嚮往長成一棵「按時候結果子，葉

子也不乾枯」的樹。他還說他最不厭倦的清淡處是廣州蘭圃；最懷想的是母親烙的菜盒和妻子蒸的花捲；最陶醉的是女兒的歡聲笑語。這些情真意切的「最」，總讓我想起他在〈盧浮宮裏深呼吸〉一文中的描敘：「盧浮宮的樸素，是一種整體的情調，不僅藝術作品如此，作品的佈局、配套設施的設計，包括用光等也都散發著這種味道。比如那些供參觀者休息的沙發，造型簡潔平實，像一張張四方的席夢思，可坐可臥，寬鬆隨意。」其實我覺得這段話也正是這本文集最恰當的寫照。作者寬鬆隨意地閱人、說風景、寫生活、談書、品情，讓文集猶如一個好看的花簍子，裏面裝滿了蘋果、香蕉、雪梨、橙子、櫻桃什麼的，色彩繽紛，味道各異，但卻為讀者勾勒出了一種隨意唯美的「生活藝術」。

半個童年一個仙境

　　「『第一名』是我父親，還有我母親，時時掛在嘴上的一個詞。在我童年所處的文化氛圍中，一切都是為了成為最優秀的。無論是因為機緣、命運還是慷慨的宇宙給你的賜福，如果你是一個有明顯天分的小孩，那『第一名』就不可避免地成為了你的符咒。『第一名』成了我的符咒。我從來沒有央求父母減少給我壓力。我接受了那份壓力，甚至喜歡上了那份壓力。」

　　這是二十六歲的鋼琴家郎朗在其出版的新書《千里之行：我的故事》裏充滿辛酸充滿鬥志的一段感慨。郎朗這個名字，在中國乃至世界，已經成為一個年輕偶像的傳奇：他是首位在白宮舉行演奏會的華人音樂家，從五歲至今已在全球演奏過逾千場音樂會，他在2008年奧運會開幕式上為全世界傾情演奏。被「鮮花」和「掌聲」環繞的郎朗，在常人看來，他無疑是命運的寵兒，是高山仰止的大師，是令人難以置信的青春偶像。然而，有誰能看見他那被鮮花遮掩了的憂傷？有誰能聽見他那被掌聲淹沒了的哭泣？有誰能感悟到他宣洩在琴鍵上的愛與痛？在《千里之行：我的故事》一書中，郎朗以跌宕的語調，講述了他童年練琴的坎坷、陰影，傾訴了他對音樂和鋼琴的難以割捨的愛戀，以及為此所遭遇的非尋常人所能承受的創痛。

　　郎朗把第一部分起名為「半個童年」。我想之所以說「半個」，是因他的童年失去了很多應有的快樂吧。比如，第二位愛發脾氣的老師根本不認可郎朗的才華，最終不屑教他，絕望的父

親甚至逼郎朗去死。因為此事，郎朗「想要把雙手砸成肉泥，把每根骨頭都砸斷」，還曾發誓永不碰琴。但是「在我練琴的時候，我唸的那三個字從來沒再離開過我的意識之中。第一名，第一名，第一名。」正是這種對於成功的熱切渴望與破釜沉舟的追求，讓郎朗從瀋陽，到北京，到美國，最後贏得了整個世界。

「妹妹海倫出生時，我兩歲三個月。那天羅絲阿姨帶著她的兩個兒子從聖何塞來玩。飯桌上放了好多巧克力做的復活節彩蛋，羅蘭阿姨把它們切成一片片分給小孩們吃。當我正要拿我的那片巧克力時，父親大叫：不可以給露絲！除非她先彈一首鋼琴曲子給我們聽。我記得我搖搖晃晃地爬上鋼琴椅，兩手摸著琴鍵後，彈了一首常在父親課堂上聽到的旋律。我彈完後，他們報以熱烈的掌聲，我則得到了屬於我的那一份巧克力。」——這是被稱為「美國第一鋼琴夫人」的露絲‧史蘭倩絲卡在自己寫的《琴戀——鋼琴夫人史蘭倩絲卡青春回憶錄》中的痛苦片段。不彈鋼琴就不給巧克力吃，對一個孩子來說，實在是一種不可理喻的殘酷。史蘭倩絲卡三歲半開始接受父親每日九小時以上的嚴苛訓練，四歲演奏了第一場鋼琴獨奏會，八歲在紐約成為一顆閃亮的新星，各地的邀約讓她的年薪高過當時的美國總統。但金錢越來越使父親的偉大理想變了調，十五歲的史蘭倩絲卡在痛苦中與父親決裂，自舞台上消失，十九歲離家出走。但是不管遭遇多麼巨大的創痛，她對鋼琴的愛戀矢志不瑜。1953年，二十八歲的她，又重回舞台，再度成為世界級的鋼琴演奏家。

史蘭倩絲卡要成為世界級鋼琴家是她父親的選擇和意志，是她父親自己未能實現的夢想的延續，郎朗也是；史蘭倩絲卡每天要練九到十一個小時的鋼琴，郎朗也是；在練琴過程中，史蘭

倩絲卡飽受父親的耳光和魔棒的飛擊，郎朗只是程度稍輕一些，棍棒手掌不至於延及臉蛋。他們一樣早熟得缺少童年的歡樂，但他們卻在堅強中，漸漸褪去了抱怨與憤怒，轉而積極地擁抱夢想。郎朗說：「一定要贏的決心當時是流淌在我的血液裏，現在還在我的血液裏。在夜晚，它塑造了我的夢想；在白天，它推動了我的修煉。」史蘭倩絲卡則喟歎說：「鋼琴乃是我個人生命的延伸，與人有心靈交流的演奏是其生命存在的價值。鋼琴對我來說，它好似我生命中第一個發現的仙境。無論將遭遇什麼，無論身在何處，無論將經歷任何悲傷和失落；我知道，鋼琴將永遠在那裏，只要我與它在一起，我的未來必掌握在我的雙手中！」——正是對鋼琴夢想的執著追求，他們把未來牢牢地掌握在自己雙手，成就了各自仙境一般耀眼的傳奇。而我們很多人呢，因為缺乏對夢想的執著，遭遇困境就縮手縮腳，或者自怨自艾，因而，該有的傳奇也永遠只能發生和凋敝在夢裏，所以，只好活得雞零狗碎，平淡得像隻溫吞水裏的青蛙。

　　郎朗和史蘭倩絲卡告訴我們：怨恨命運的不公之前，請先檢討一下自己，有沒為曾經夢想過的「仙境」，付出破釜沉舟的努力。

迷宮裏的幸福與奢望

全唐詩裏有一篇〈七言樂語聯句〉，說的是顏真卿、李萼、畫師、張薦四人一起詩賦「人生最快樂最幸福的是什麼」？李萼說「苦河既濟真僧喜」，顏真卿說「新知滿座笑相似」，畫師說「戍客歸來見妻子」。前面三句說的都是大人的快樂和幸福，而最後一句張薦說的快樂與幸福卻是關於孩子的。張薦說「學生放假偷向市」。那意思是說，學生放假了，能偷偷摸摸跑到鬧市去玩，是最快樂最幸福的事情。由此可見，從古到今，愛玩愛鬧絕對是孩子最最熱衷的事情。

而朱德庸的《絕對小孩2》講的就是九個愛玩愛鬧的絕對小孩的幸福與快樂。披頭、五毛、討厭、寶兒、貴族妞、比賽小子、波波、狐狸妹、狗仔這九個絕對小孩幼稚到透明的心，都長著想像的翅膀，他們的腦袋就像一座活動迷宮，沒有人知道入口在哪兒，也沒有人知道出口在哪兒。所以不論什麼事物，對絕對小孩而言，絕對像迷宮一樣古怪精靈。所以，朱德庸說，「小孩好好玩」，「世界好好笑」。去看現代美展，畫上一個個圓圈，披頭想到的是「漢堡」；畫上一個個橢圓，五毛想到的是「可樂餅」；畫上橫七豎八的線條，討厭想到的卻是「義大利麵」。就算是一個普通的坐廁，孩子們的腦袋也能生發出千奇百怪的想像：「披頭無意間發現通往地心的密道」；「五毛無意間發現通往秘境的山洞」；「討厭無意間發現通往宇宙的捷徑」……朱德庸筆下的絕對小孩們，每天都在玩具國、麵包國、花朵國、空中飛人國的迷宮裏環遊。

　　但是，大人根本不理解孩子們的迷宮。朱德庸說，因為大人的世界已經愈來愈物質化。大人每走一步，都先反覆地計畫計算，該精確地付出多少，然後才小心翼翼地交往，所以，我們每天總是看到步履匆匆地走過鋼筋水泥的城市大廈的一張張灰色的臉。這讓我想起法國作家菲力浦・德朗寫的一本《迷走幸福迴廊》，講述一個邁入中年、頻頻遭到不安侵擾的男人，如何去尋找一條走向幸福的通道。男人經常感歎的一句就是「那兒需要一處迴廊」！雖然幸福就飄蕩在曲折迴廊上，可是，在波濤湧現的攀藤蔓下，缺乏想像的男人總是迷失，幸福越來越成為了一種奢侈和無望。所以，現實生活中的大人們害怕迷宮，因為迷宮裏的幸福看不見，於是，大人總想把「陷」在迷宮裏的孩子快快地曳到出口。就像《絕對小孩2》裏的一個個大人，都急於為孩子穿上他們定做的光鮮外衣：希望自己的小孩成為鋼琴家，希望自己的小孩成為愛迪生、愛因斯坦、牛頓、孫中山這樣那樣的名人。其實，小孩連成為鋼琴聽眾都不願意，只希望自己成為精靈、神仙、怪獸、外星人等有超能力的人。

　　面對大人的狡詰與世故，絕對小孩們不得不玩起了一些花花腸子，喜羊羊偶爾也變成了灰太狼，絕對快樂小孩，變成了絕對麻煩小孩，快樂迷宮演變成了「麻煩大迷宮」。於是，在朱德庸逗樂的調侃和善良的刻薄裏，絕對小孩不斷地模仿和反駁大人的世界，並以他們自己的幻想思維，「四兩撥千斤」地消解大人強加的負擔。比如，那兩幅關於大人們早早灌輸給孩子的「嫁娶」觀念漫畫。前三格漫畫裏，貴族妞、寶兒、狐狸妹都分別說「我媽要我以後嫁給一個有事業、有聲望、有品德的人。」最後一格漫畫，貴族妞的回答「囧」極了：「好吧，你（寶兒）先嫁給這

種人，然後離婚，我再嫁給他，然後離婚，你（狐狸妹）再跟他結婚。」對小女孩來說，這根本和她們年齡毫不相關的「嫁」人，也不過就是她們迷宮裏的糖果，大家排排坐吃果果，一離再離，無非為的是大家共同都能享用到那塊糖果。而小男孩就更鬧了。披頭、五毛說：「我爸要我以後娶一個美麗、賢慧、大方的太太。」輪到討厭了，卻是一副牛逼樣：「我爸要我以後搶你們的就行了。」哈哈，娶太太，還是像糖果，哪個小孩手頭沒有，就搶手上有的唄。因為，絕對小孩主義者覺得有糖吃的那一天最好，所以，所有的幸福，也只不過就是抓一把糖果那麼簡單。

我曾經問過鄰居家那個年僅九歲的小男孩，最喜歡《絕對小孩2》裏的哪個小孩？小男孩回答得很「雷」人：「沒有最喜歡的，只有最不喜歡的，那就是比賽小子。我要是像比賽小子那樣，早就成瘋子了。」但是，對很多家長來說，比賽小子恰恰就是他們心中的好孩子，因為他樣樣第一，最能彰顯出優質父母的虛榮。大人的希望與小孩的願望，錯位得如此格格不入。從這點上說，《絕對小孩2》也是一部絕對的成人讀本。朱德庸刻畫這九位絕對小孩的目的很明確：雖然，在大人的現實世界和小孩世界的拉鋸戰中，大人不可能再用小孩那種直接的方式思考問題，用小孩那種想像的方式觀看世界，但是，大人至少不應該以傲慢與偏見來讓孩子過早承受責任和負擔，而應該盡可能地交還孩子們快樂的密碼，讓孩子在屬於他們的幸福迷宮裏，好好吃、好好睡、好好哭和好好發呆。

《挺好的》閱讀樂趣

　　大凡讀書人，對書總會有些特別的嗜好，比如我吧，很喜歡在書名上找眼緣。《挺好的》這書名讓我在接觸的一剎那就喜歡上了，世俗、通俗，蘊涵了普羅大眾一種很實在的生活場景和生活心態。挺好的，過去挺好的，現在挺好的，將來也挺好的……對人生一切又一切的期望都能夠或已經包涵在很簡單的三個字「挺好的」裏面了。讀著這個書名，就感覺生活的芬芳在我四周蕩漾。

　　書名挺好的，內容也挺好的。這是法蘭西學院院士端木松八十歲前夕憶舊的隨筆集，這隨筆真是四處「隨筆」得讓人開懷。跟隨著作家的視野，我們一會兒跳進對宇宙的追問，一會兒跳進對歷史的反思，這些反思和追問跳動著一份對生活的熱愛，使得這種發散式的憶舊也就有了一種別趣。書中涉及了諸多科學與時間的思考，更有當下法國乃至歐洲人對生存環境和現狀的反思。這些反思和思考儘管很沉痛，但是作家卻始終保持著一種熱烈的情懷。這種熱烈情懷通過趣味的文字一層層地蕩漾開來，自然地時時讓讀者跟隨一種閱讀樂趣的漩渦在打轉。而在我個人看來，讓人打轉得最愉快的是作家對一些文學熱點的趣侃。

　　比如說，關於廣告這個再正常不過的現象，作家卻批判說現在辯別廣告和文學變得越來越難了，長久以來，廣告是文學的僕人，它趨向於變成它的主人或情婦。而「文學是一張牌桌，要學會離開它，為了永遠走開——甚至也為了捲土重來」。文學與

廣告構成的「僕人」、「主人或情婦」、「牌桌」的關係，這麼一些「討人喜歡」和「樂趣」的詞兒，讓人讀出了隱退和風光露面之間的交替和對立。《關於匯率下跌的調查》的作者湯瑪斯·格雷欣爵士提出了一條以他的名字命名的法則：劣質貨幣會排斥優質貨幣。在作家看來，這條法則也可運用到文學上：有許多新書是好書，但是大量無用的書籍足以使其他所有的書都變成了一種虛榮的點綴，也許變成了一種苦澀的點綴，再沒有比平庸傳染性更強大的了。尤其是在洪水般的印刷大潮中，年輕的作家不惜一切去寫具有爆炸性的東西，「色情描寫也成了一種微妙的藝術，它產生了一些傑出作品，可是拔出了蘿蔔，帶出了泥，它後邊又拖出了一些東西，這是一點就著的稻草，而且會很快蔓延開來。」作家筆下一切的諷刺看起來都那麼妥帖和金光閃閃，他讓我們跟隨他的趣侃，輕輕鬆鬆地走進了西方文學的風情和現狀，所以法國書評界這樣評論說——讀端木松的書，那感覺就像是新年裏收看每年一次的維也納金色大廳音樂會，同時品味著一瓶陳年的香檳美酒。

　　端木松在《本書的使命方式》說——您把這本書放入您的口袋中，不時地拿出來翻一下，然後，把它忘記。但是，端木松把文學侃得那麼「討人喜歡」，那麼充滿「樂趣」，我只覺得，能夠像端木松這樣感受生活挺好的，能夠像端木松這樣表達對生活的感受挺好的，能夠把這本書不時地拿出來翻一下，讓自己有一種閱讀樂趣的漩渦在打轉，更是挺好的。

第五部分

閒侃

煽情不要臉

　　一個人的面子和裏子，如果是相映生輝的，那麼這個人大體說來會是個非常受歡迎的角兒。同理，一本書的面子（書封）和裏子（內容），如果也能互相輝映，就能讓讀者在閱讀時進入心曠神怡的境地。不過，這關於書的面子和裏子，卻好像總是會出現些尷尬的事兒。

　　我有位從事編譯法國文學的朋友，他曾獲得法國文學騎士勳章，他編譯的書，檔次和水準沒得說。但前幾天，我收到他寄來的兩本新書，眼剛觸到書封，整個人就懵住了。書封上打著「西方社會紀實譯叢」，書名一本叫《女人的性情——法國傑出女性的感情表白》，另一本叫《男人的眼淚——法國十大成功男士的感情傾訴》。一個「紀實」、一個「女人＋性情＋感情表白」，一個「男人＋眼淚＋感情傾訴」，這樣的字眼煽情得要多庸俗就有多庸俗。而封面的插圖就簡直一個地攤文學樣，《女人的性情》封面上一個女人露著半邊身，金色的長髮零亂地繚繞著充滿了慾望的臉龐和紅唇，《男人的眼淚》封面也好不到哪去，一個男人瞇著一雙深邃的眼睛媚媚地挑逗著。

　　這麼庸俗的書還寄給我看？但畢竟是朋友編的書，我礙於面子，還是匆匆翻了一下書，這一翻又讓我大吃一驚：書裏都是記者與法國成功的男女哲學家、藝術家、作家、劇作家、畫家們論文學藝術創作的內容，就算談情感也只是談文學作品中的情感創作，與「男人的眼淚」、「女人的性情」、「感情表白」、「感

情傾訴」這些媚俗的字眼根本就是兩回事，而且內頁的包裝也雅趣，選了很多名畫、名人畫像做插圖。這麼一看後，我氣不打一處來，立馬一個電話打將過去：你到底哪根筋不對勁，這麼好的書，卻用那麼媚俗煽情的包裝來玷污它？想不到朋友的火氣比我還大：你以為我願意呀？我原本起的是「西方社會文化譯叢」，而且書名也很文化很典雅，但是出版社發行部說這樣的包裝不好賣，要將「文化譯叢」改成「紀實譯叢」，他們說一「紀實」就有了真人情感秀的味道，感情上的真人秀那多有賣點呀，然後又要改書名，我可沒勁了，只好隨他們怎麼改去。

　　裏子上這麼好的兩本文化書，卻被活生生整成了這麼個地攤文學的面子，這就像一個人，很溫情如水的內心，卻給包裝成了一個五大三粗的粗俗樣，怎麼看都讓人彆扭得很，這也怪不得我這位編譯出版朋友火冒得那麼憋氣了。而作為讀者的我們呢，如果說裏子還不錯的書，給這煽情的封面包裝一胡弄，能被吸引住眼球去多加關注，也算沒有白白糟蹋自己的精神和時間；但要是裏子不是很好的書，面子卻炒得風風火火，那不是讓讀者誤入歧途嗎？這麼一想，不由得更無奈：也許人家書商要的就是這種誤入歧途的效果。為了這種效果，當然要竭盡全力地玩一些面子上的煽情文字遊戲，以吸引一浪高過一浪的眼球，因為定住了眼球，也就定住了經濟效益呀。著名作家伊雷娜・弗蘭說，我們總是在談論愛情，這一點都不奇怪，但我們現在在愛情中加入了所有佐料，使之成了一個大雜燴，成了千人一面、最為俗氣的東西。而我們的出版者呢，為了眼球這種「注意力經濟」，對人家作品的一種後續經營，做了如此一番「牛頭不對馬嘴」的煽情包裝，這樣譁眾取寵的噱頭，也還不是成了最為俗氣的東西？

　　不由得想起某個相聲中「吹」高的場景。一個說我頭頂青天腳踩大地；一個說我上嘴唇挨著天下嘴唇貼著地；第一個接著問那你的臉在哪裏呀，第二位答道我吹牛就不要臉了。這話套到一些出版商身上，就成了：為吸引眼球，書也煽情得不要臉了。

你看到了怎樣的花

我一向最頭痛龐大、抽象的問題。所以，一看到張煒先生說的中國作家的精神沙化、精神立場、精神困境，我整個人就暈頭轉向了。精神這個東西，人人都有不同的追求，它不可能像那句廣告詞一樣——「大家好，才是真的好」！但是，這個好該怎麼定位，好像也說不出個所以然來。再想想，就一邊歪到曾經採訪過的一波學者文化人的身上去了。

先是想到寫出了小說《侏儒》並讓這兩個字成了一代知識份子代名詞的金岱教授，他說他的創作理想是讓人像聞到玫瑰花香那樣地聞到思想。接著就想到了激情洋溢永保學術青春的饒芃子教授，她說搞文學、搞學術的人一定要寬容，不應存有排斥他人風格之心，就像世界的花朵是多種多樣的，可以是茉莉花香，可以是牡丹花香，也可以是菊花香，作家批評家都應有自己不同的花香和多樣的思考，讀者也需要欣賞到不同的花香和思考。

兩位學者文人都說到了花，也說到了思想，他們認為有思想的創作之花是最香的花。但在這樣一個消費時代，流行的價值觀和時尚理念以前所未有的方式入侵並滲透了個人生活，寫作變得越來越社會化，也越來越生活化了。只要是寫了一點作品，或者有這個努力和愛好的，都被他視和自視為「作家」，如果能產生賣點，就可以成為「名作家」了。所以，我們每每抬眼一看，自己的四周全是些作家。這樣的結果是，也許花我們是看到了，但有思想的好花呢，就難得一見了。於是，我們的眼前總是亂花

飛舞，作家公開聲稱「身體寫作」、「胸脯寫作」、「私人寫作」，甚至一些成名於八十年代初的老作家，為了晚年能夠跟上形勢，也號稱自己的作品每一章都有兩三個小高潮，用官場加情場的墮落誘惑讀者。創作的觀念如此混亂，商業運作和精神價值胡亂地混淆在一起，人文精神人文道德也就成了一個衣服架子，文學圈這朵花，「美」得是有點過於矯情了。不過，「美」得雖然過於矯情，卻也因此成為了「名作家」了。

矯情的花雖然飄香，但那香味太俗太媚，作為讀者的我總該去找點清香的花來欣賞呀！這又引發了我有很長的一段時間，成了個崇洋媚外的讀者，我總是看外國的小說，雖說因為語言翻譯上的一些隔閡，可能看起來總有那麼一點不夠好看，不過，不好看，不是情節的問題，畢竟人家是從幾千朵幾萬朵甚至於有可能是幾十萬朵裏挑出來的花，總歸可能是好一點的花吧。

回過頭，再接著說張煒。這位始終被當作「道德理想主義者」的張煒，說了那麼多的話，倒是這下面一句特讓我受用：如果一本糟糕的書賣掉了一百萬本，我們可以理解為，幸虧十幾億人口當中只有一百萬個讀者；反過來一本深刻的著作賣掉了一萬本，那可以理解為，畢竟還有一萬個讀者能夠閱讀這樣的書。

這話說得真好！換個說法就是，賣掉了一百萬本的，是一朵暢銷的花，但卻不一定是有思想的花，而只賣掉了一萬本的，卻可能是一朵有思想的香花。暢銷的花會有讀者，有思想的香花也會有讀者，問題在於，暢銷的花會很快褪色，而有思想的香花卻會長長久久。

看長篇，奢侈！

誰在看長篇小說？猛然地被這個問題撞擊一下，想想，再想想，好像真不知該怎麼回答。索性問了問身邊好幾個算是文化圈舞文弄墨的朋友，結果他們都說：看長篇，奢侈！

先不說朋友們的論斷是否對，我轉過來問自己，我呢，當然在看長篇小說；如果再接著問，看的是誰的？說來就有些好玩了，我看的多是被稱為名著的長篇，或者是朋友們推薦的長篇。為什麼會這樣？這裏邊有個小故事。有次，我去開一個新書發表會，有個作家送了我三本書，這是一套關於某個歷史人物的小說，上中下厚厚的三本，每本就有三十多萬字。那時還是個小年輕，對很多的書都抱著很熱情的嚮往。那天回家後，我就挑燈夜戰讀了起來，結果呢？看了三十多頁，總的一個印象是乾巴巴的。再耐著性子看到了十多萬字，但怎麼也看不下去了，本來嘛，對於歷史小說來說，「正史」、「野史」也說不清個味兒的，作者你要「戲說」也罷，問題是，「戲說」不像「戲說」，只覺得就像是原本只可兌一杯的咖啡，現在就兌成了幾大桶。我能說什麼呢？想起那個讓孩子愛煞的卡通人物藍貓挺委屈地對恐龍說——「打人也不要用那麼大的巴掌嘛！」而我也只能很無奈地對這位大作家說一聲——「兌水也不要兌成那麼多桶呀！」結果，自遭遇了這次不幸事件後，我對長篇閱讀的熱情從此一落千丈，對長篇小說就只有敬而遠之了。

　　發生這樣的偏激，這能怪誰呢？對讀者來說，長篇看起來花的時間肯定多，如果挑三撿四地看到一半，看不下去了，自己都覺得懊悔，那是一件多麼糟糕的事呀。當然，被稱為經典的名著一般也會避免這樣的懊悔；而對於一些新出的長篇小說，如果問問：這長篇寫得怎麼樣？得到多數朋友的認可，再會花心思去讀一讀，也算是避免懊悔的一個不得已而用之的辦法。這樣的閱讀態度偏激歸偏激，不過，我對很多長篇小說作品及作者都非常敬佩和仰慕。像學者作家金岱，花十五六年的時間寫成了精神隧道三部曲，其書思考的深度和廣度讓人歎為觀止，而他的第一部《侏儒》一出，「侏儒」這兩個字就成了知識份子的代名詞。當然，還有像《紅樓夢》這樣的長篇是個例外，很小就讀了，還讀得滿臉春光乍洩的，每次想起來就覺得匪夷所思。

　　長篇小說的創作很繁複，其艱其難可想而知，就像做一道精美華麗的「滿漢全席」一樣，朋友說「看長篇，奢侈」的確有些絕對。不過，話又說回來，就算所有的長篇小說都像滿漢全席，誰都知道它好吃，但恐怕不會有多少人能享受得起，這道奢侈的大餐對現在端著「來一桶」湊合著打發一頓又一頓的快節奏的現代人來說，即使知道它好吃，又有多少人能夠動念頭去嘗試嘗試呢？更何況還會經常碰上貌似滿漢全席，但其實卻是狗肉端上正席的「流嘢」盛宴呢！

炒作要趁早

張愛玲說——「出名要趁早」，現在看來，似乎有點落伍了。如今，青春小說的旋風刮得人發暈，充斥著人們眼球的似乎已是「炒作要趁早」。

北京某出版社的朋友曾對我說起那麼一個事兒，他們社出版了很多關於青春的書，其中有一本寫得棒極了，這是個四十歲男人寫的，但是，出於宣傳的需要，他們不敢在書中登出作者的照片和出生年份，因為考慮到書是針對少年讀者群的，對於成年人來說，書是好是壞，不關乎作者的年齡和長相，但少年讀者呢，看書多半要看人，他們要追星，只有年輕才易成為他們眼中的偶像。出版社為了吸引眼球，只好一個勁兒地把原本不再青春的作者包裝成青春的偶像。儘管後來這個四十歲的男人寫出的書銷量非常好，比他們社同時出的那幾個真正處於青春期的少年寫的書要好，而且現在也將要再版了，但出版社還是不考慮放上四十歲男人的照片和出生年份，無他，只是為了保住吸引少年閱讀者的眼球。

用一個炒作的誤區去吸引讀者，也怪不得那麼多少年人會在這誤區中「中毒」——原來這麼年輕就可以寫出這麼好的作品。從這個炒作的事件上也就暴露出了那麼一個問題：對很多少年人來說，他們是出於好奇去閱讀，並不是出於欣賞去閱讀，所以，作品的「轟動」並沒有超越他們所處的那個年齡層次，思想深度往往欠缺也無關緊要。如此的「炒作要趁早」怎麼會不催生出

一大堆早熟的花朵呢？再進一步說，這些「少年作家」之所以會受到大眾的關注，更多的原因在於包裝的狀態，書商的金錢夢，還經常有名家瞎湊和地推薦，許多讀者實際上是被作者小小年紀就能寫書這一事實所折服，所以，作家馮驥才一針見血地指出：「寫作低齡化」不是文學現象，而是市場現象！這的確是一個讓人深思的問題。

出版社炒作出來的早熟花，媒體又再加點油鹽醬醋大炒一把，再然後父母們過度地引以為榮，少年在家長、媒體和出版社的宣傳上大放光芒，有「光芒」了總得要個身份來陪襯吧，於是「少年作家」的帽子就飛上了枝頭。「少年作家」在我們的眼前刮起了滿天滿地的樹葉，但就只不過是樹葉，離成長為一棵真正的大樹還有待時日。因為再怎麼說，文學作品經過時間的洗禮，有些留下來，有些被淘汰，這都是正常現象。但是有多少在青春期裏轟動一時的小說留了下來呢？就這個問題，我曾經採訪過作家何大草，他說：我覺得要真正寫好一部青春小說，是要在走出青春之後，走到一個高度來回首往事，那時候，我們會發現當初只看到表象的東西，都露出了它們的真相；這個高度是由年齡、生活以及寫作的技巧積累起來的；小說中的主人公還是迷惘的，而作家的心裏已經雪亮了，因為他熬過了青春期，成了一個成熟的男人；塞林格寫《麥田裏的守望者》、村上春樹寫《挪威的森林》，都已經是人到中年了，但這兩部書都成為了青春小說中的經典。

我很贊同這一觀點，小說是經驗和閱歷的產物，好小說都是嘔心瀝血才醞釀出來的，從這一點上說，也許少年人的寫作很難成為文學的一部分，他們只能是青春的一部分，或者說是青春中

叛逆性的那一部分。但家長、媒體和出版社的過度追求「炒作要趁早」，很容易誤了他們青春的發育、成長和爆發力，如此本來可以變成肥沃的土壤卻因被過早地炒作的虛幻而淘空，最終只落得個「門前冷落鞍馬稀」的憂愁場景。

時尚心態

　　2004年夏天的那段時間，閒來無事，我上各個書網上去溜了一圈，一看，嚇了一跳，《英雄》和《洪昭光健康忠告》竟然高居很多書網的十大暢銷書排行榜很長一段時間，而且後者還連續好多天排在好幾個書網裏的十大暢銷書排行榜的首位。如果說《英雄》能有這樣的勢頭倒還好理解，但那本《洪昭光健康忠告》的書能有那麼好的賣相，實在出乎人的預料。

　　看到這個消息後的幾天，我去一位朋友家裏玩，朋友家有很多書，他對書的閱讀很唯美，要不就是像沈從文、巴金這樣的大師，要不就是像村上春樹這些小資得一塌糊塗的書才入他的眼，可我一走進他的書房，卻看到他的書桌上也擺有《洪昭光健康忠告》這本書，我真的是非常非常的驚詫，要知道我這位朋友離男人四十一朵花還有十四個年頭那麼遠，他正是青春無敵的年紀呀，他怎麼肯買這種書讀這種書？所以，我想也不想，就一口斷定：這書，肯定是別人送給你的。朋友說：去，這書是我到書店賣的，我是看到網上說它暢銷我就買了，我很認真地讀了一遍呢。我問：寫得好看嗎？朋友說：也不是，我看它，是因為我也想健康狀況一路綠燈，你想想，我現在有車有房還有每個月都在遞增的一筆閒錢，這樣的生活很小康，我希望我這小康的生活不要被一些意外的事故中斷，對於我們來說，意外的事故，當然就是得什麼重病了，一病我的小康就會給折騰得底氣都沒了，所以看看這些忠告，心裏也好一點。

巧的是，從這個朋友家回來的當天晚上，已是十一點了，有位朋友又打電話來說，她剛去探望過一個博士導師，那導師頭上有很多令人羨慕的耀眼光環，但卻老是小病大病不斷，已給折磨得不成樣子了。她說：那博士導師老是嘮叨著那麼一句話——假如能醫好我的病，假如我能有一個健康的身體。她說：看到他這個樣子，她就深有感觸——什麼都是假的，只有身體健康才是最主要的，我的新年新氣象就是要把身體健康這種無形資產好好地保持下去。

聽了這兩位朋友的感歎，再想想《洪昭光健康忠告》這本書能賣得那麼火，也就不足為怪了，因為這本書緊緊地抓住了現在已經小康之人的一種時尚心態——害怕病不起。

回頭再說說《英雄》，這兩個字現時貼著人的眼皮轉得如同七月太陽光般火辣辣得很，它有多好買，那都是沾了老謀子電影的光。

基本上我這個人對什麼潮流都是後知後覺的，不過，這一次卻是個例外，因為我們的報紙在連載這部小說，我趁便啃完了，只有那麼一種感覺：亂亂的，好像所有的人物和故事都是處在三級跳中。幾天後，看到關於此書的一則評論：翻開這本書你就知道，作者並沒有在為讀者講故事，而是在炫耀所謂的才華——古龍大語感加上更加玄奧朦朧的敘述語言，難以卒讀。

其實，都是趕一陣風，誰也不會想把它的成色做得好到哪去。現在往大書店一看，都把此書放在暢銷書的顯眼位置，就算小小的書店，也一樣必在一進店門最搶讀者的眼球之地就能看到。聽說電影票房已過兩億，想來，小說也會賣得不錯。

有人說：這小說就是一股時尚嘛！不用求那麼多。大家對時尚都有那麼一種寬容的諒解。趕《英雄》的高明在於抓住了讀者

這種好奇的心態，追《英雄》的讀者在於這種好奇的心態得到了滿足，看了電影很滿足，看了小說是滿足上的滿足，這樣的時尚欣賞心態共同造就了《英雄》的火爆。這很好——你好，我好，他好。就像那句讓人聽了最舒服的廣告語——大家好，才是真的好。

閱讀是一種飲食

有很多時候，很不起眼的字兒勾搭在一塊，就成了一片風生水起的格調主張。比如說「網路」與「書」，按現在流行的說法，書籍，是一種傳統形態的網路；網路，是一種新形態的書。那麼，「網路」當然是一種很時尚很都市的元素，而「書」是一種很文化的載體，時尚+都市+文化勾搭在一起，也難怪這套《網路與書》的主題系列圖書紅火得讓人驚歎，而兩岸三地五十位薦書人更是蔚為大觀，不僅有老中青學者、作家和漫畫家、設計家，還有著名的導演和音樂人，這麼龐大的薦書團，可算是圖書出版的一最了。

閱讀可能是一種氣氛，一種味覺，一種戀物什麼的。而《網路與書》呢，卻說——閱讀是一種飲食，給大腦的飲食。「如果說一般飲食是供應我們軀體的養分，那麼閱讀就是供應我們大腦的養分。閱讀也同樣可以分成四種：第一種是為了解決學業、工作、生活的需求，很像主食，如閱讀教科書、企管書、學習書、語言書、勵志書等等；第二種是為了思想的需求，很像美食，如文學、歷史、哲學、藝術等等；第三種是為了輔助和工具的需求，很像蔬果，如詞典、百科全書、地圖、年表等等；第四種是為了娛樂、消遣，很像甜點，如羅曼史小說、漫畫、寫真集等等。」而如何恰當地獲取自己所需要的營養，體現出一個「美食家」的格調呢？——那就是要超脫飲食的表象，培養閱讀的均衡品味。

　　「網路與書」這種主題書正是鮮明地印證了這一時尚的閱讀觀點，它把各類與之相關的知識綜合到一起，讓你一點點地濾掉讀書「偏食」的毛病。無論是《閱讀的風貌》與《一個人》，還是《詞典的兩個世界》與《音樂事情》，都包含著均衡的四種品味：有關這個主題的歷史以及中外大事記（像是美食）；有關這個主題應該掌握的基礎知識（像是主食）；有關這個主題應該閱讀的五十本參考書或與之相關的網站（像是蔬果）；有關這個主題好玩的人物，或地點，或掌故（像是甜食）；也就是說，在每一本主題書裏，讀者都能享受到關於這個主題的四種「美味」。

　　古話說「一葉知秋」，而「網路與書」則是「一書知全貌」。「網路與書」提倡主題閱讀，讓閱讀以雜誌書呈現圖書新形態，而雜誌書與傳統圖書最大的不同是，在相對集中的主題下，圖書結構和內容更像是一本雜誌。讀這套書，你就像讀了一本時尚雜誌，很優雅，很自得。正像「網路與書」系列主題書的策劃者郝明義先生所言，在「網路與書」還在這個多元化的時代，幫助讀者培養多元化的興趣，通過這本書告訴讀者要進入某一個新的領域應該閱讀哪些書。而我的理解是：換一句雅俗俱宜的話來說，在最短的時間內，一個人通過閱讀「網路與書」就能讓自己變得非常的有「美食家」的閱讀格調。

　　說實話，如此美味俱全的情調之書，真的讓人充滿了閱讀的熱情，也讓人對閱讀有了一種更時尚的主張。而流淌在系列書中的文字也的確熱情得讓你無法抗拒。像《如何設計一個人的快樂或者感傷》把「感傷」戲說成了一種「設計」，像《你是霜淇淋怪獸，還是食欲旺盛的暴龍？》把閱讀「秀」成了「霜淇淋怪獸」、「食欲旺盛的暴龍」。這樣的文字風格與網路與書的搭

配，相當印象、現代、都市，很容易讓人發亮、顫抖。我喜歡這種發亮、顫抖的感覺，因為在發亮和顫抖之間，我也培養出了一種「美食家」的閱讀熱情，「美食家」的格調與主張！

變臉

　　說到變臉，大家最熟悉的該是川劇的「變臉」，演員根據劇情的需要，在極短的時間內，在一抬手、一拂袖、一甩頭之間，變換出不同的面目來。而文化是一種傳承與延續，在這過程中，自然也免不了會玩一些「變臉」的藝術。

　　余斌在〈海倫三題〉一文認為，海倫是希臘神話中的一個美女，雖然她的故事歧說紛紜，但種種傳說對海倫結局的關注僅限於一點，即情奔一事的罪與罰。帕里斯死了，墨涅勞斯與海倫和好如初。不過，我們在好萊塢大片《特洛伊》裏，卻看到了一個很現代版的結局：特洛伊陷落之際，海倫與帕里斯於一片火海中逃脫了——為情私奔的人終於「有情人終成眷屬」。

　　《特洛伊》裏的海倫，雖然與希臘神話有所差異，影片對海倫與帕里斯二人關係的處理也從一開始就很「現代」。雖然，這種結果對古希臘神話的重寫，有所偏頗，但卻合於當代觀眾的愛情心理學。而且，這種變臉創作，畢竟也是基於一種文學流變的爭議性，所以，即使有人不贊同，當然也不至於完全倒了人民大眾的口味。

　　海明威的第三任妻子葛爾紅在1978年曾出版過《我與自己及另一伴侶的行旅》，用十分風趣且不乏自嘲的口氣記錄了這為期一百天的中國之旅。而香港記者摩瑞拉也寫過一本傳記文學《海明威在中國前線——他與葛爾紅二次世界大戰中的間諜任務》。聳人聽聞的標題，怎麼看都有譁眾取寵之嫌疑。其實，根據歷史

記載，海明威到中國的最初目的，只是為做一名「隨行配偶」罷了，他的新婚妻子葛爾紅當時受《考利葉》雜誌的聘請，即將前往中國採訪中日戰事。海明威力阻不果，最後卻被勸服隨行。既然要隨妻同行，海明威也方便地從PM雜誌要到了一紙合約，為該出版物著寫幾篇中國報導。

而摩瑞拉將葛爾紅以第一人稱敘事的回憶錄，轉化成一部似有全知敘述角度的人物傳記，這中間去掉了很多的歷史真實和個人情感的真實，傷及一本踏實傳記的完整感。正如蘇友貞在〈海明威在中國〉一文如此評判說：摩瑞拉勉力地將海明威中國之行框架在文學觀照中的努力──也就是將一本自足的傳記文學，轉化為能在文學領域中發出迴響的文學傳記──實在沒有必要的。即使撇開文學的參照，海明威中國之行的記錄，無論被閱讀成一部不尋常的旅行記遊，或是一部瞭解戰時中國的微型歷史，或是一部上世紀東西方文化間嘗試的初探，都有它自身的趣味與意義。牽強附會地為這旅行加上並不真正存在的意義，反而剝奪了單純敘述裏可能有的趣味。

摩瑞拉的變臉，就像女人的整容，動刀子的那種，對作品的內容和表現都來一個大變臉，這當然是一項很考人的藝術。問題是，在人家美麗的模樣上動刀動槍的，結果動完刀子動完槍後，出來的卻是一個完全一塌糊塗的模樣兒，你讓人民大眾如何能不跟你急呀？

吆喝年代

「這是一個吆喝的年代」——有天和電影界的一個弄潮兒聊天，他冷不丁地冒出前面一句話來，接著他感慨道：現在的影片票房大多不理想，一是因為影片可能和一些電影消費者的口味不太合適，但除了消費群因素外，我想最重要應是與有的好影片的藝術價值不能夠變成商業價值有一定的關係，這裏有一個營銷學的原因，現在好酒都要講究吆喝，市場營銷對我們非常重要，這是我們要趕緊學習的一點。你看看，現在的影片哪個在上演前不排排吆喝的場面，就說馮小剛的《手機》吆喝得全中國想知道該知道的人都知道了，電影還沒上市就吆喝得收回了成本，而且後來還吆喝出了電影裏主角「嚴守一＝崔永元」的爆炸事件，暫別說這爆炸事件是鬧劇也罷，是正劇也罷，是炒作也罷，但不可否認，這一爆炸事件讓《手機》的吆喝更是「長江後浪推前浪」，結果《手機》賺足了票房，觀眾養足了眼球。這可算是電影界最成功的雙贏吆喝典範之一。

電影要吆喝，那文學呢，更是吆喝得「群鶯亂飛」，一會一個新名詞，各領風騷三五月，比如身體寫作，比如美女寫作，現在呢還流行起了美男寫作，一個個爆炸的字眼，炸得你氣都喘不過來。不管是什麼寫作，寫完了總會出書吧，那些圖書的吆喝又是一番令人刮目相看的景致。

就說我曾經看到過的一個圖片新聞，圖片是一個美女，披肩頭髮是彎彎曲曲的爆炸型，上身穿著兩點式，坦胸露肩露肚臍，

手臂和下身著紅色透明霓裳，不僅雙手和耳朵都掛滿了彩色的珠鏈，就是連額頭上和鼻子上也分別各掛著一串金光閃閃的珠鏈，我想當然地以為肯定又是一個時裝秀，或什麼選美之類的宣傳，但是一看僅有的兩行圖片說明，真真讓我大跌眼鏡。你能猜出是做什麼秀嗎？我問了不下十個朋友，朋友的答案分別是：時裝秀、珠寶秀、內衣秀、秀髮秀。結果沒一個猜得能挨上邊的。朋友感歎說——也許是我們太落伍了點，但最主要的是她糟蹋了文化。圖片說明是這樣寫的：前天，徐懷鈺化身「印度女神」為朋友台北的新書發表會走秀。新書發表與一身珠光寶器的「印度女神」牽扯到一塊，這樣的吆喝場景不可謂不創新，只是這種創新讓人咋看都覺得滑稽可笑。我不知道這台北出的是怎樣一本書，圖片上也沒加以說明。朋友說：有什麼好書會用露這露那的美女去吆喝呢？這不是明擺著告訴讀者，自己的作品俗不可耐嘛。就是嘛，圖書就該有圖書的文雅樣呀，朋友的批評真是一針見血。

毋庸置疑，吆喝是一種適應市場經濟下的炒作手段，你愛咋吆喝那是你個人的事，但是你要吆喝得讓消費者既接受又養眼，那就關乎到你吆喝的質地和你的產品是否相映生輝。就像前面談的新書發表會走秀，不是說新書走秀不好，而是你這珠光寶器的「印度女神」卻是讓消費者咋都很難與書對上號呀，這也無怪乎消費者批你糟蹋了文化。

倒還是覺得人家英國著名小說家毛姆吆喝得像那麼回事——毛姆未成名之前，一度窮困潦倒；為了抬高自己作品的身價，有一次，他在一家報紙上刊登了一則徵婚啟事：「本人愛好文學和體育，是一個年輕而又有教養的百萬富翁，希望能與毛姆小說裏的主人公完全一樣的女性結婚。」不久，各大書店裏毛姆的作品

果真銷售一空。這樣的吆喝，頗有文人的文雅風度，而且還頑皮有趣。再說了，對愛讀書的人來說，多看一本書，也不是什麼壞事兒。而且我想也沒多少個讀者會蠢到讀一本書就想或非想嫁或娶一個類似書上主角的地步。想買書的讀者只不過借作者的吆喝，多找件事兒來消消遣，這種消遣的消費心態正好合了吆喝的作者想多銷點書、多賺點版稅，抑或有可能讓名氣火一把成為星級人物的理想，作者和讀者在吆喝中都各有收穫，這就足夠了。

叩問文化的N種姿態

　　近年來掀起了一股歷史文化閱讀的熱潮，易中天、《三國》、「百家講壇」、梅毅、當年明月等這些關鍵字成為了人們閱讀歷史的一種燦爛表情。而近期的文學月刊，似乎對歷史文化的創作也有著一種熱切的關注，不間斷地刊出大量的歷史隨筆，如《一言難盡漢武帝》、如《閒話三國人物》，這些帶有娛樂性質的「過去的故事」，生動通俗，就像當年明月說的那樣——「歷史本身很精彩，所有的歷史都可以寫得很好看」。

　　與這些鬧得風風火火的歷史隨筆不同的是，作家蘇童的《碧奴》則獨闢蹊徑，重寫中國神話歷史。在古老的中國傳說中，孟姜女是一位對愛情忠貞不渝、徒步千里為丈夫送寒衣的奇女子。而在《碧奴》中，孟姜女化身為碧奴，蘇童帶我們回到了遙遠的古代，以其豐富的想像力為我們重現了一幕幕令人目眩神迷而又驚心動魄的精彩場景——為了生存，碧奴練就九種哭法、送寒衣前為自己舉行葬禮、裝女巫嚇走頑童、被當作刺客示眾街頭、眾青蛙共赴長城……小說中，碧奴的堅韌與忠貞擊退了世俗的陰謀、人性的醜惡，這個在權勢壓迫下的底層女子以自己的癡情、善良在滄桑亂世中創造了一個神話般的傳奇。

　　在現代社會中，誘導享樂的大眾文化的合理性被不斷強化，當傳說、神話等民族文化遺產，已經越來越成為邊緣文化的一部分，而蘇童對傳說、神話等民族文化遺產這種邊緣文化的關注，無疑提供了一種叩問文化的新的向度。正如蘇童在〈顛覆，並不

一定意味著進步〉一文所言：對於民間傳統文化的尊重應該是一種大眾心態，神話是資源文化的一部分，只有一次次的再流傳，才能夠讓老祖宗的東西煥發出活力。

　　小說《活捉》講述了一京劇名伶李長林，從小香水到小水仙，如何度過了一個受盡磨難的學藝過程，他一心撲在戲上，簡直中了魔了。後來只要一登台，他就會讓自個兒忘掉現實生活中的各種煩惱，彷彿從肉體到精神都得到了解脫，進入只有在舞台上才能享受到的自由境界。小說涉及到了很多京劇的藝術表演，如李長林怎樣練就「唱念坐打」一身本領，怎樣突破傳統戲劇中「手眼身法步」固定程式，創出自己的戲路子。小說為讀者構築了中國京劇的興盛繁華，從這種繁華的背後，讀者對京劇這種歷史文化遺產的昨天有了一種生動的感受，而對京劇的當今更有了一種關注和沉思。

　　〈梔子花〉是一篇以中草藥名命名的小說題目，小說開篇就寫道「梔子瀉大毒，化淫穢，為神樹，人多罪孽，可在梔子下蘇醒。」小說以中藥「梔子」串起，講敘一個在毛家中草藥堂診樓坐診的毛四梅，以梔子湯清除了肖家老爺的病毒，卻也結下孽緣，生下了私生子。二十多年過去了，這個私生子走進肖家大院，並由此在肖家掀起了一場腥風血雨，一場關於人性的善惡交替上演。作者說，他喜歡在小說中寫一些有毒的人，更喜歡寫一些有小毒的人，他們真實地活在世上，直面自己的朋友和敵人，重視或忽視自己的血緣，在善惡的生存線上搖擺。在這裏，「梔子」不僅是一種草藥文化，還更映射著一種人性的真實寫照。

　　對神話的重寫，對京劇的再現，對草藥的關注，這種多角度地叩問文化與歷史的姿態，擴展了人們回顧與沉思的力度和廣

度，也同時拓展了小說創作的空間，這無疑也給文學的創作帶來了一種新的多角度的創作之路。作家孟繁華在〈邊緣的發現〉一文，就對多角度地叩問文化歷史創作的這一現象做了一番精闢的深思。他說，阿來《空山》中中機村的傳說、鐵凝《笨花》中「窩棚」的故事、賈平凹《秦腔》中的秦腔、范穩《悲憫大地》中的藏傳佛教、徐名濤《蟋蟀》中對陳腐的舊生活的昂然興致、蘇童《碧奴》中對孟姜女故事的重新書寫、周大新《湖光山色》中對農民「王權」文化心理結構的發掘等等，都是對邊緣文化的重新理解和再創造。作家從這些具有超穩定的文化結構中找到了他們希望找到的東西。在日常生活經驗日趨匱乏的時代，重返歷史，不僅適應了全球主流話語——即保護口傳與非物資文化遺產的呼聲或潮流，而且也緩解了作家經驗枯竭的危機。

極端的心情極端的審美

　　閱讀，更多的是關乎一個人的性情的選擇吧。比如我，日常生活中持的是一種溫婉的心態，所以，我的閱讀，也多半是流流連連在溫婉的書海裏邊了。

　　木心這個名字，在2006年成了一種閱讀的風向標，於我而言，就算其成不成為風向標，我肯定也會一頭墜入下去的。概因木心的文章就一如他的名字一樣，非常的溫婉，而且還是帶有古典詩詞式的溫婉。尤其喜歡他的隨筆《哥倫比亞的倒影》、《瓊美卡隨想錄》，清清淺淺地透著一份靈動。我喜歡用靈動去評說木心，因為這一份靈動，於曲曲折折中，讓木心的文學煥發出了一種智性之美。讀木心的隨筆，很隨性，隨情，閒閒的、短短的文字，很小的細節，但沉思卻是深深的，有一種不斷向裏深入的奇異美感。

　　《花間十六聲》是一本古典詩詞式溫婉的書，從「倚聲填詞之祖」的《花間集》中，將女性飾物用品逐一描繪，筆尖在屏風、口脂、黛眉、添香、熏籠、香獸、香囊等逗留，細緻婉約，一派閨情本色。豔色無邊的女性對象在古人詞句裏閃爍耀眼，在今人孟暉的手裏，把舊貌與新顏「籠」在「花間」，燙貼出纏綿不盡的況味。

　　吉娜‧馬萊的《美食的最後機會》非常的古味盎然。吉娜‧馬萊追溯了五種流行食品雞蛋、乳酪、牛肉、蔬菜、魚的興衰變遷，以及美食是如何悄悄從我們的飯桌上溜走的倉皇。她的筆調

閒閒地，不是那種誇張的寫法，也不是那種小資的寫法，而是非常「懷舊」的寫法。在吉娜・馬萊的筆下，自由享受時代的烹飪藝術與美食，淒豔動人得已如前朝的小家碧玉，只能淪落到在倉皇間挑逗我們的神往。我喜歡馬萊貫穿書中的那種縱樂筆調，以及魅惑人心的風格，讓美食仿如「白領結、穿燕尾服的紳士，身披浴袍、腳著涼拖的美女」的趣致，挑逗著我溫婉的神往！

當然，一個人，再溫婉，也總是會有出軌的盼望。閱讀也當是如此。傑克・凱魯亞克是美國「垮掉的一代」的代表人物，其自傳體小說《在路上》，宣揚狂喝濫飲，吸大麻、玩女人、瘋狂聽爵士樂的怪異形象，與我的溫婉心境離得實在很遠。但在2006年裏，想不到的是，凱魯亞克卻完成了我的一種「出軌」閱讀。我不僅讀了《在路上》，而且我還閱讀了傑克・凱魯亞克的另一本小說《荒涼天使》，1956年的夏天，傑克・凱魯亞克在荒涼峰做了六十三天的山火觀察員。《荒涼天使》就是從這座叫荒涼峰的山上開始，但凱魯亞克卻永遠也希冀去「生活、行走、冒險、祈禱，並不為任何事感到內疚」。我喜歡凱魯亞克這種「永遠在路上」的激情，我喜歡凱魯亞克說的那句話：「我的生活就是一首自相矛盾的長篇史詩。」我以為，「永遠在路上」、「自相矛盾的史詩」，都是對生命的一種關照，一種激情。生活需要溫婉的美麗，也需要隨意、挑釁與充滿激情的美麗。

這一年的閱讀，融合了兩種極端的心情，或者說是極端的審美，這的確是不錯的收穫。

荒誕中的疼痛美

　　《我叫劉躍進》是曾經鬧得非常火的一本小說。小說的主人公是地位卑微的工地廚子劉躍進，劉躍進意外地丟了一個包，在找包的過程中，又撿到一個包，這個包裏藏著一個天大的秘密，涉及到好幾條人命，許多人又開始找劉躍進。在情節的一步步發展中，小說談到了關於「賊」的一些荒誕場景：「賊」每時每刻都潛伏在每個人的身邊，妻子是丈夫身邊的「賊」，下屬是領導身邊的「賊」，兒子是父親身邊的「賊」，等等。一群群誇張變形的人群、一個個喧鬧混亂的場面，似乎讓每個人都活在了被「吃」掉的羊和狡詐的狼的荒誕混戰中。

　　作家劉震雲如此解釋自己在《我叫劉躍進》裏構架的荒誕：只要有羊和狼的地方，就會有這樣的荒誕混戰。通常世界上所有的狼，都把自己打扮成羊，和藹可親，俗話說，「披著羊皮的狼」；而世界上所有的羊，又在裝大尾巴狼，裝腔作勢。每個人都忙著打扮成羊和狼，這個時候是狼，下一個時候是羊；或者該露臉的時候，露出的這邊臉是羊，沒露出的那邊臉是狼。不僅如此，每個人都可能做賊，偷東西的在做賊，有賊心的也要做賊，賊未必偷物質上的東西，也偷精神上的東西，比如在說話、行為上總是佔便宜。這樣下來，被捉住的是賊，沒被捉住的還是賊，都潛伏在這個世界上。

　　劉震雲的「荒誕」，揭示了存在於人們情感深處的一些生存悖謬：羊性與狼性並存。也正因為人性的複雜，所以我們看到了

人生更多的悲傷與疼痛。說到疼痛這一點，作家們在創作中似乎都有著一種偏愛。

李繼慧的《玩籃球的男孩》講了一個荒誕得極其催人淚下的故事。一個愛玩籃球想當喬丹的男孩，生活在一個貧困的家庭，沒有球衣球鞋，手裏只有一個破籃球，他非常想要一個新籃球，還有球衣球鞋。有天，他陪父母去送別將離開人世的奶奶。奶奶過世後，他偷了奶奶遺留下來的手鐲，想換成一筆錢。家族裏的人到處尋找手鐲，並因此引發了口角。男孩回家後，向父母坦承了自己偷手鐲的事實。母親沒有責備他。辦完奶奶的喪事後，給男孩買來了新籃球、新球衣、新球鞋，並做了一整桌好吃的和兒子一起吃。男孩覺得很幸福。但是，吃完後，他覺得肚子很痛。母親說，睡一覺就好了。男孩睡下後，聽到母親對父親說：「這個手鐲，你明天給弟弟送去。我走了以後，你另外找個老婆。」故事到此，原來一切才明白，為了一個手鐲，絕望的母親下毒在肉裏，把自己和孩子都毒死了。

讀完這個故事，心裏冷冷的。一切，都荒誕得無言，也疼痛得無言。母親雖然生活在一個卑微的環境裏，但是做人的原則卻如此的追求完美。這一種疼痛中的美，荒誕得很絕望。李繼慧如此解讀說：「我喜歡寫生活中蘊藏在悲傷中的美。在我的中篇裏面荒誕的成分多。這個世界已經很荒誕，人也跟著荒誕，結果也是如此。」

雖然說《我叫劉躍進》、《玩籃球的男孩》這些小說，都是描寫了荒謬命運導致了疼痛和悲哀，但另一面卻也賦予這種荒謬感以輕鬆、幽默的品質──「給予人世的弱者以康健與喜悅」。像劉躍進遇到了一個讓他終於擺脫追殺的老員警；就算最絕望的

男孩，也遇到了愛他愛得絕望的母親，給予了他最後的新籃球、新球衣、新球鞋的夢想。也許正因了這種「康健與喜悅」的憐憫的人生態度，在對人物的荒誕式的誇張上，更揭示了人性的溫存與生命的堅強。

　　毋庸置疑，每一個作家都有自己認識生活和表達生活的方式，荒誕只是作為寫作方式中的一種，並不是唯一。但一些作家喜歡用荒誕體現生活，自然是因為荒誕與生活的緊密聯繫。就像作家閻連科所說的那樣：「在我的眼裏，不是我的小說荒誕，而是生活本身和社會本身的荒誕。我不是用荒誕去寫小說，而是荒誕的生活要讓我那樣去呈現——是呈現，而不是寫作。我只是通過文字把這種荒誕真實地表現出來罷了，並用我的想像更真實的描繪和揭示這種荒誕、深刻的真實。而且我還認為，經由荒誕途徑，抵達生活的內部，才能把生活的靈魂、生命的靈魂表露得更加準確和完整。」

背靠背的愛情

　　遠在上海的朋友管舒寧美眉發來了一封伊妹兒，上面寫著短短的幾句話：有一本挺有意思的書，書名叫《冷靜與熱情之間》，書封很有味道喲，是日本小說，男女兩位作家一前一後合著的，我給你寄過去。

　　上海美眉朋友的話說得有點賣關子，而忙忙碌碌的我也沒細追問。只是有天閒下來，我忍不住對「書封很有味道喲」及「男女兩位作家一前一後合著」之語把玩一番，想來這與自己編讀書版有一段時日有關吧。

　　「書封很有味道喲」，這句話不免勾起了我的一些瞎想，現在書商書店對書封這一點都頗落力，前一陣子我曾寫過一篇〈書封上那雙眼睛〉的短文，大意是說書商書店為了吸引讀者的眼球刺激讀者的購買欲，都頗用心在書封上加了張巴掌大的腰封，腰封上的宣傳語真是八仙過海各顯神通。我想上海美眉朋友說的「《冷靜與熱情之間》的書封很有味道喲」，大概也不過是在那塊巴掌大的腰封上更傾盡全力一番罷了。

　　至於說「男女兩位作家一前一後合著」這一點，我猜想也不過是類似一些接龍小說，這也沒多少新意呀，這樣的創意，讀者在媒體早看得多了呢！

　　這麼一想，也就沒太把《冷靜與熱情之間》放在心上，隨之呢，也就對此書的特別少了期待。

　　但是，十天後，收到《冷靜與熱情之間》一書，我當時的感覺就只有四個字——眼前一亮！

　　先說說書封，書的出版者把它設計成了背靠背合體書，顏色非常奪目，一面是紅色，書名寫著《冷靜與熱情之間Rosso》，一面是藍色，書名是《冷靜與熱情之間Blu》，這讓我的眼睛立刻晃出了多年前讀過的王朔的那部《一半是火焰，一半是海水》，封書上那種「火焰」的熱烈＋「海水」的冷靜，非常到位地把小說的主題作了一番昇華，而且，這樣背靠背合體書的匠心獨具，給人造成了一種視覺上的衝擊，它很容易就勾起了讀者主動去細細品味一番的心情：冷靜與熱情，他們的交界點在哪裏？碰撞時會擦出怎樣的火花？無可置疑，背靠背合體書的封面設計，除了在讀者眼中產生一種視覺上的新鮮，同時它又讓讀者有了一種主觀閱讀的能動性，因而也更容易進入一種熱情的愉悅的閱讀狀態。

　　此外，《冷靜與熱情之間》的另一大特色是，兩面都可以作為封面。一面是冷靜的藍色，以男主角順正的視角出發，追述這段往日戀情。另一面則是熱情的紅色，以女主角藍的視點來描述她和順正的純愛物語。作者江國香織認為，任何一個戀愛中的人所持的戀情都是這段戀情的二分之一，所以她嘗試了一種全新的方式，找來辻仁成合作，共同創作了兩本頭的戀愛小說《冷靜與熱情之間》。這樣的全新創作方式我以為它很好地抓住了現在讀者們閱讀的潮流心境。

　　那麼，讀者們閱讀的潮流心境是什麼呢？現在許多人很喜歡閱讀類似「口述實錄」這類的情感故事欄目。但這些情感故事欄目都是由單一的一方敘述，故事的真實性曲折性難免會局限於敘

述者的角度而變得模糊起來，讀者讀起來也總會產生一些意猶未盡之感。而《冷靜與熱情之間》卻是由男女兩位作家聯手推出，他們以男女主角分別敘述，這樣切入故事，不僅更引人入勝，而且故事也自然而然飽滿得多。

　　另外男女作家的故事都是很完整的小說，既可單獨成篇，卻又與另一篇環環相扣、遙相呼應，所以你可以從紅藍兩篇的任一面開始看起，等再看另一個人寫的小說時，讀者可以按前面看的小說故事，想想情節，這就有了一種玩味和設計故事的空間，我以為在這點上，也不失給讀者提供了一種更唯美的閱讀享受。

一面隱藏著溫情的湖

在電話的那一頭，閻連科說的話語裏，最多的是「荒誕」、「黑洞」、「回家」、「疼痛」的字眼。這些字眼，很混亂，很無序，碰撞來碰撞去，讓我感覺自己的身邊，有一股冷颼颼的寒風刮過。雖然，這當時正是豔陽高照的夏天。和閻連科聊天，只是寒意陣陣；但如果你讀他的小說，可就會遍體鱗傷了。

每一個作家，都會有一塊自己的土地。這塊土地，就是寫作的生命。也許，一些人的寫作土地是在鄉野，在山區，在河邊，而另一些人的寫作土地，是在城市的高樓之下。而閻連科的寫作，是滋生在鄉野的大地上。所以，閻連科說，他更願意把自己的小說看成是一部「野生小說」。閻連科的筆尖，一針一針，深深地紮進了村落中最小的人物，最底層的人。村落的日常呈現，本來已是中國社會最低層生活的一種代表，但在低層的村莊裏，也同樣分別分為三六九等，那些患病者和殘疾人就更是生活在低層中的低層。

因為總是從生活低層往上看，閻連科寫的故事，常常就讓人陷入一種窒息的疼痛中。所以，在我的閱讀經驗裏，對閻連科第一個深刻的感覺，那就是每每閱讀他的小說，總覺得心口堵得很，就好像做了一場可怕的夢，並且久久無法從夢魘中醒來。

比如說，他那部被稱譽為中國的《百年孤獨》並獲第三屆老舍文學獎的《受活》，在那個受活莊，所有村民都天生殘疾，視健全者為另類，後來在縣長帶領下，期望用「受活莊」裏上百

個聾、啞、盲、瘸的殘疾人組成「絕術團」巡迴演出賺來的錢實現鄉民的天堂之夢。而那部被譽為研究中國當代小說史重要作品的《日光流年》，則講述了耙耬山脈的三姓村人，為了解除活不過四十歲的宿命般的咒語，在幾代村長的帶領下，進行了曠日持久的生存鬥爭，甚至三姓村後來還發明了發財之道，即遇上有需植皮的燒傷病人，就把自己腿上的皮賣掉來換錢物。雖然賣腿皮如賣青菜一樣自然而平常，但抵抗死亡的夢想卻以悲壯結束。就連那部最新出版的《風雅頌》，雖然描述的是大學人文素養的缺陷，但最終還是回歸到耙耬山脈裏那些完全無法掌控自己的命運，甚至連生命、愛情也都是無法掌控的村莊人身上。閻連科如是說，一部長篇小說，對一個作家最起碼的要求，就是你的小說中必須有一種疼痛感，有一些黃連的苦味。而我覺得，閻連科的黃連苦味，總是散發得濃如炮彈爆發，灼得人遍體鱗傷，會不由自主地沉浸到某種流血的思考之中。

對閻連科小說的另一個深刻感覺，那就是情節很多都很荒誕。我一直覺得在中國當代最具分量的作家之中，閻連科是非常注重用荒誕去構思去思考的一個典型代表。他的最新小說《風雅頌》的封面上就印有一句話──中國荒誕現實主義大師。儘管閻連科說很不喜歡這個大帽子，不過，他也並不否認荒誕對其人生與寫作帶來的蛻變。閻連科說，他第一次強烈地感覺到荒誕，是在少年時期，他想永遠永遠當村長，因為他覺得當村長主管一個村子的生殺大權，是一件特別牛的事情。因為想當村長，他少年時期經常夢到自己和不知道是明朝還是清朝的穿著宮廷衣服的皇帝下棋，也像贏了，而且皇帝確實把用紅布包著的大印和宮廷都給了他。他在夢中笑醒了。可他想當村長是現實

的，但腦子裏的那種影像，或者是最靈魂的東西是荒誕的，是不能實現的。

也許，正是這種荒誕，影響和形成了他的創作觀世界觀。閻連科說，這個世界最根本的東西，最真實的東西，最靈魂的東西，就是荒誕。所以，雖然「想當村長」這僅僅是他少年的一個夢，但這種荒誕之夢，在現實中百分之百的不可能，但它恰恰在小說中是可能的。

藉由荒誕之路，閻連科創作出的小說，呈現出了一種特有的冷竣與疼痛感。讀他的小說，你會感覺像深入了一個個黑洞裏，心很疼痛，眼很疼痛，週遭全散發出黃連的苦味。但穿過這黑洞之後，你能望到一面湖，一面隱藏著人類溫情的湖。

下里巴人VS陽春白雪

　　2006年的五一黃金周，我溜達到了繁華時尚的上海，被朋友扯到上海第二工業大學閒逛，滿天滿地細碎的花兒，張揚著粉紅粉紅的笑臉迎接我，我驚詫於粉紅的魅力，飛蹦進花旁，一看，卻多少有點失措，這不就是那種叫酸丁的花嘛，葉兒三瓣，梗還可吃，吃起來有種酸溜溜的味兒，所以被家鄉人叫了個土裏土氣的名字。可上海朋友說，這是在時尚的上海呀，它叫三葉草。三葉草，從嘴裏吐出這三個字，像作夢似的，總讓人想起有著嬌媚身姿的江南女子。哎呀呀，那麼個下里巴人似的酸丁，到了上海就有了個陽春白雪般的美名──三葉草？不由牽起了另一個關於花的故事。多年前曾到過廈門，有一種花，花朵兒也是細細碎碎的，還有各種顏色雜在一起，可惜的是它散發著一種淡淡的臭味，家鄉人便給它起了個很刻薄的名字──臭花。可這臭花到了廈門那個朦朧女詩人的筆下，就流出了一個音樂般動聽的名字──五色梅。五色也罷了，還冠上了梅字，想想梅在中國人的眼中是多麼的高潔呀，你看看，臭臭的花簡直就陽春白雪得太不像話了。

　　同在一件事兒上，出現了「下里巴人」與「陽春白雪」兩種截然不同的解讀，讓人意外，也讓人驚喜，因為它讓我在自以為該發生故事時卻看到了一些事故。文化這種東西，也許就是需要這樣那樣的事故，不停地啟動人們的想像，啟動人們的閱讀。

　　也真湊巧，昨天我又遭遇了文化事故，我看得滿心歡喜。這一回是關於金庸先生的，對於金庸先生，不必多說，他的小

說一向以豐厚的歷史文化底蘊而著稱，評論家讀者作家們對他的解讀，戴的帽子要多漂亮就有多漂亮，而且漂亮得全是陽春白雪一片。但是，美國暢銷小說評論家阿爾‧蒂爾對英文版《金庸選集》的評論，比起國人的讚美言辭，雖然單薄，卻十二分的逗樂。

阿爾‧蒂爾說：《射雕英雄傳》對人類的智力的作用提出了質疑。書中有五個擁有最強內力的人，驕傲地將他們自己封為五個方向的虛擬君主（原文如此）。但在小說結尾，他們驚奇地發現自己並不比一個略有弱智的青年更強。書中一個似乎是擁有罕見美貌和聰明的女子，最終也被這個青年擁有了。更為微妙的是，這五個虛擬君主中的那個西方君主，後來似乎擁有最強大的內力，但他的智力情況卻更糟——成了一個嚴重的失憶症患者。而《神雕俠侶》從一個側面反映了蒙古興起之初的畜牧業狀況。書中有一個孤獨的少女，是一位養蜂專家，但看來這個行業在當時實在不受重視，她的唯一的一個學生——後來成了她的丈夫——並沒有學會這門技藝，而是成了一個養雕專家，並因此一舉成名。最後這門技藝只好傳給了一個無所事事且極富孩子氣的百歲老人。當然，他們都是很高級的格鬥家，特別是其中的養雕專家後來可以通過吼聲指揮許多動物，但其中惟獨沒有蜜蜂。他的妻子曾經想通過蜜蜂向他傳遞消息，但他視若無睹。

阿爾‧蒂爾的對金大俠的評論，有點像周星馳的無厘頭風格，下里巴人自不必說了。但是，無厘頭風格又怎麼樣呢？周星馳還不一樣被大家稱為了「星爺」。其實，要是我們的文化中常有這樣的事故，生活中的我們，倒也多了幾分驚喜和享受。事故和故事既是生活中截然不同的兩種美味，也當可以是文化閱讀中

截然不同的兩種美味，只嘗其一未免太單調了點，那麼就不妨放寬心懷去享盡齊福之樂吧，還管它是下里巴人，還是陽春百雪的幹啥？

舊書翻新

　　2004年年初，有北京出版界的朋友告知，石康的青春三部曲的到期版權最終塵埃落定，青春三部曲也很快要再版了。想起去年莫言的《豐乳肥臀》再版，聽說銷量還不錯，王小波的「時代三部曲」由陝西師大出版社重新推出，也熱鬧了好一陣子。有消息說，賈平凹的《廢都》是有這個可能的，棉棉的《糖》的策劃人和出版人丁曉禾，也在考慮這個問題。看來，名人舊書再版也將弄起出版業的一種潮流。

　　但這些再版的書能給讀者怎樣的一種期待呢？先說說今年元月新版《神雕俠侶》出爐了，相比舊版，新版可稱為現代激情版，據稱該書最大的改動之一是大幅增加了楊過與小龍女談情說愛的場面。小龍女在新稿中，不再是冷若冰霜，不食人間煙火，與楊過的對白直白而奔放。據說原來角色含蓄的、不會明白說出來的感情，在新版裏都「講清楚了」，這讓金庸迷普遍不能接受。再版的書，遭讀者挑剔，那是自然的，因為它曾經刻下的印象太深了。而且實在也讓人弄不明白，為什麼金老硬要去追求現代的元素，把過去的故事弄得那麼的激情？有朋友乾脆毫不留情地批道：還不如按原樣子再版算了。

　　在這一片舊書再版中，倒是覺得還是王朔的再版有味兒，你看人家王朔就是精靈，同樣是《看上去很美》的書名，但人家就以一種全新的方式去定位──以漫畫再版《看上去很美》。書中詼諧的造型、「老照片」式的插圖，儼然將王朔小說《看上

去很美》中的主人公方槍槍活靈活現地展現在讀者面前。雖然形象有些誇張，但是感覺上卻真有些「小王朔」的感覺。對創新語言方式情有獨鍾的王朔面對自己的作品被改編成漫畫，覺得挺新鮮的，還自言漫畫版《看上去很美》和他文字原作的感覺比較一致，甚至有些「過分」地一致。不管這是否如作者所說的真的「過分」一致，但起碼我們看到了一種全新的版本，它給了讀者一種全新的閱讀視角。

好書再版不是個壞事情，中間已間隔了這麼五六年，又一批讀者起來了，只要內容和思想沒有和今天的生活嚴重脫節，再加上名作的號召力，好書再版也會有再版的市場。但是我以為再版得有再版的由頭，再版應該有再版的樣兒，如果只是換張封面就拿出來賣，儘管可以賣出去，總讓人覺得沒多大意思，如果能在內容上有所刪減，而且刪減得又符合情理，另外在設計上有所突破，定位上有所改變，那對讀者、作者、出版者來說都是一件大好事，這是一個三贏的美好境界，我們期待著。

叫好又叫座

　　消費對象是個頗讓人玩味的詞兒，通常地，它與叫好叫座一起被人們相提並論。早前曾採訪過兩個名家，一個是珠江電影製片廠總經理廖曙輝，一個是廣州粵劇團團長倪惠英，巧的是他們都談到了叫好叫座與消費對象這個俗話題。廖曙輝說，所謂的叫好與叫座，關鍵是要你針對什麼樣的群體，這個群體有多大的範圍和有多大的消費力；而說到電影這種文化產品它應該是適合市場經濟以後的多元化消費的不同需求，所以要研究它的消費對象，力求做到你針對的消費對象叫好叫座。倪惠英則說：市場是殘酷的，要提升市場競爭能力，就得擴大觀眾群。為了吸引年輕人把目光落在認識粵劇這種傳統的藝術上，她創造出了一種注重研究青年人品味的「都市粵劇」。這種「都市粵劇」還真時尚新潮得讓人大開眼界，僅燈光投資就花去近百萬，整場戲節奏非常歡快，男女主角跳起了現代交誼舞，還唱起了《真的好想你》的流行曲。儘管這種時尚得一塌糊塗的「都市粵劇」惹起了很大的非議，但它爭取到了更多的消費對象來捧場和消費，應該說它真的稱得上是叫好又叫座了，因為連我那年僅八歲的小兒看了都拍手稱好呢。

　　文化產品要讓針對的消費對象叫好叫座，甭管你針對的是什麼消費對象，當然都希冀消費對象越多越好，因為多人叫好自然也可以叫座了，投資也跟著有了回報。電影如此，粵劇如此，那麼圖書呢？

　　一位在書商這一行浸了多年的朋友說，現在的書都喜歡做得養眼——一味地朝「美圖美文美書」的方向去構思和包裝，就連一些很專業的書籍，也在趕這種潮呢，其實這樣做無非都是想達到讓讀者叫好又叫座的目的，以提升書的影響力。這話說得不假，連主編《中國民居建築》叢書的陸元鼎教授也說過，很多人認為寫建築的書就是學建築的人才會去看，我們就是要打破別人的這種觀念，讓它在學者眼中是關於民居建築的學術書，而在一般讀者眼中卻成了風俗讀本、文化掌故、地方誌，因為就算是學術也要讓更多的讀者知道它呀。我曾經很認真地看過這套書，先別說那些經過多年實地考察的文字多麼的厚重，光是看那些實拍的全景鳥瞰圖，手繪的立面圖、側面圖、剖面圖、平面圖的精巧構思，就算從不與建築發生過任何關係的人，也會覺得生動有趣。而著名攝影家鄧偉的《八年》，以「日記文字+圖片」再現攝影者與被拍攝者之間心與心的交流，那天在簽名售書會前鄧偉開了一個講座，不僅若大一個廳子，坐得滿滿的，而且後面還有一大片站著的人，不用說簽名時要多熱鬧有多熱鬧。

　　對於讀者而言，閱讀是一個很私人的體驗；但是對於提供閱讀書籍的書商和出版社來說，卻應該是大眾的共同體驗，因為只有讀者讀得舒暢，然後才可能口口相傳，再然後才會出現書商越賣越開懷的場景。寫書和出書還不都是為了讓更多的人與你一起分享你的故事、你的快樂。鄧偉說：買不買書不重要，讀不讀書不重要，重要的是你我之間能通過交流產生共鳴。這不是廢話嗎？——不買你的書，怎麼能夠讀到你的故事？不讀到你的故事，又如何與你這個作者產生共鳴和交流？他也只不過在賣口乖，實際上還不都是為自己的書多增加幾個讀者而吆喝。還是那

句話，誰不希望自己辛辛苦苦做出的文化產品，讓更多的消費對象來捧場和消費呢？

　　但是，消費者捧場了嗎？我有個朋友，對於一部電影是否好看，有一個低俗標準：即能否從每一個鏡頭中看得出製片人花了多少錢，花錢多的電影當然好看。這樣的看法常被朋友們取笑，但細想一想，也不是全無道理，它起碼說明了一個問題：花錢多的電影相對來說製作上也會費盡心機一些，畢竟這可是在砸銀子呀，總是希望砸多一點，響聲就大一點。同理，對一本書也可套用類似的標準。當然，作為讀者的我們倒不是說希望看出書的作者為寫每一個段落花了多少錢，而是希望看出作者確實付出了多少，這種付出既是物質上的也是智力上的，譬如作者進行了多少的實地考查或翻閱了多少的參考資料等，作者顯露出多少的知識積累及精巧構思。可以這樣說，書中有多少的知識積累及精巧構思，相對而言也就會有多少讀者為你叫好叫座，因為作為讀者的我們誰都不會相信天上能夠隨隨便便地掉下一塊好吃的餡餅來，就算有餡餅掉下來了，也得讓我們被它的香味感染，才會彎下腰去撿起來嚐一嚐呀。

門檻上的視野

近來看到一個非常有意思的觀點——門檻上的視野。這個觀點出自〈「門檻上人」看香港〉一文。文中談及了李歐梵先生評價嚴飛所著的《還君明珠：香港瑣談》的一番話。李歐梵先生認為嚴飛是在力圖還原一個真實的香港，用他在為該書所寫的序中的說法，這個「還原」工作所用的是「門檻上的視野」：「他（嚴飛）來自中國內地，我來自中國台灣和美國……我們的論述角度都是『門檻上式的』：『一隻腳在裏，一隻腳在外』，因此內外可以兼顧，但有時也內外夾攻，自相矛盾……但嚴飛仍然能保持一個既深入又不失客觀的立場。」這種「門檻上的視野」的好處，亦如安替所論，「有了相對超然的立場可以講述香港的尷尬」。誠然，包含著「一隻腳在裏，一隻腳在外」的「門檻上式的視野」，打破了那種「只緣身在此山中」的狹隘，對問題自然會更有一種透徹。

不過，可惜的是，這種「門檻上的視野」在現實中卻往往被劈為兩半，要不就是「一隻腳在裏」，要不就是「一隻腳在外」，所以，打起文字仗來一派的狼煙四起。

比如，我還曾經看到另一篇〈草根・江湖・招安〉，內文就談及了一時洶湧的「山寨文化」，重點談及了「山寨版《百家講壇》」與央視版《百家講壇》的烽火。話題的引出是2008年10月初，一個自稱為「青年學者韓江雪」的網友製作的一段名為〈從靖康恥到風波亭〉的視頻突然在網上流傳開來。一張小桌子，一

台筆記本電腦，一塊幕布，雖然條件相對簡陋，但短片無論從演講風格還是表現形式上都明顯帶有模仿《百家講壇》的痕跡，片頭動畫、片中的畫外解說也頗具專業味道。因此，這段視頻被諸多網友稱為「山寨版《百家講壇》」。曾經因為三次被央視拒之門外、才把希望轉向網路的韓江雪還很牛逼地說：「現在百家講壇讓我去我也不去了。」而學者許紀霖則認為「山寨文化」持續時間有限，因為所有「山寨文化」目標都在於進入主流，唯有被「招安」，才能「修成正果」，「即使在網路中也有主流，如果不能被傳統媒體接納，那就在網上就地招安。」就像現在的韓江雪與專業視頻網站開始合作那樣。

　　雙方看似針鋒相對，其實，一個站在門檻外，一個站在門檻內，一個文化平民，一個文化霸權，你說你的，我說我的，過程烽火沖天，結局還是一頭霧水。尷尬的依然尷尬，狹隘的依然狹隘。說到底，根源還在於沒有一種「門檻上的視野」。

看故事VS製造故事

最早看到「親友團」三個字，是在電視上某些談情說愛的娛樂節目，這些節目一般先是通過多個環節的考驗和選擇，最後偶有現場的一兩對陌生男女配成了對兒，接著成了對兒的兩邊親友團出場，親友團成員都表現得非常有娛樂精神，他們對現場配成對兒的男女的將來說了很多祝福話。不管這種現場配成的對兒在將來是否可以拉埋天窗，毋庸置疑，因為有親友團的捧場，這些娛樂節目才有了更多的真實感、親切感。

如果所有的「親友團」都能擁有這種讓人產生真實感、親切感的娛樂精神，這對我們這些作為觀眾的看客來說，倒不失是一種很好的娛樂境界。遺憾的是，當「親友團」之風在書界花枝招展起來時，那種感覺和境界卻怎麼也談不上親切和真實。

張咪的異國男友寫了部《我的性感女友》，劉歡夫人便大談《嫁給劉歡》，葛優他媽和他妹聯合炮製出了《都趕上了》……名人「親友團」趕趟兒似地製造出的名人故事，行文上驚奇地一致：變著法子誇，繞著彎子捧，名人高大全得好像上天入地求之遍了也找不著這麼好的一個人來。誰相信呢──名人從小到大都總是這麼光鮮？

這讓我想起了2004年新鮮出爐的電視劇《林海雪原》，因其把楊子榮過去那種高大全形象塑造成有情的血肉漢子引起了很大爭議，我倒覺得這改編起碼讓人物有了生活的真實感。創作都在求真實，可那些名人的親友團呢，在求什麼？要說他們搭承名人

這種捆綁式火箭去求名聲或Money，好像又太絕對，因為有大名人在前庭風聲水起，而他們這個後院哪可能缺Money嘛；而名呢再響，也響不過他們要吹噓的那個名人，試問一問，劉歡太太、張咪男友、葛優他媽他妹叫什麼名，有多少人能馬上答出來？那麼唯一剩下的功用就是捧場了。名人的親友團捧場，全把高大全的名人捧得離觀眾越來越遙遠。文學是要把真實的生活最接近地還原，而名人的親友團卻反其道而行之，把原本真實的生活最大限度地虛誇。

　　有那麼一個說法：世界上有兩種人，一種是看故事的，一種是製造故事的。而「親友團」大體是合二為一的角色。不同的是，電視節目裏捧場的親友團，看故事時是一種真實的心態，製造故事時也是一種真實的心態；而名人的「親友團」，看故事時的心態是真實的，但到了製造故事時，卻是一副「人有多大膽，地有多高產」的心態，把真實的生活寫得比文學創作還更有創作的痕跡。如此，也怪不得讀者批親友團製造的名人故事——白看也不看！

中西合璧的「石破天驚」

　　青春年少時，第一眼讀到唐代李賀的〈李憑箜篌引〉，裏面有兩句詩，就一直喜歡得很——「女媧煉石補天處，石破天驚逗秋雨」。總覺得「石破天驚」道盡了人生對「新奇驚人」的響往和渴望，這是一種極美的並具有顛覆性的狀態。

　　這一次，讓我品味到「石破天驚」的卻是一個名叫加文·孟席斯的老外。話說，這個孟席斯，居住在有名的霧都——英國倫敦，不僅是個英國作家，還是退休海軍軍官，曾任戰略核潛艇艦長，執行過戰略核威懾任務，更是個專注於中國明代鄭和航海的調查研究者。十四年來，他追蹤鄭和船隊的全球航線，調查、訪問了一百二十個國家的九百多家圖書館、檔案館和博物館，尋訪了中世紀末期世界各主要港船隊的遺跡，然後寫就了一部《1421：中國發現世界》。這個「發現」真的很具顛覆性——鄭和的船隊首先發現美洲大陸、澳洲和麥哲倫海峽，鄭和船隊先於哥倫布七十年到達美洲大陸，鄭和是世界環球航行第一人……。

　　到達美洲大陸一直都是標籤在哥倫布的身上的，這個結論顛覆了既有的航海歷史認知，當然堪稱「石破天驚」，最重要的是這個「石破天驚」與鄭和「親密接觸」著，我們中國人更應該「石破天驚」。還有呢，這個孟席斯還說，秘魯專家發現美洲土著人的DNA與廣東人相似。嘿，我是個正宗的廣東人，想想，這「石破天驚」還與我這個小平民有了一種緊密瓜葛、「親密接

觸」。總算有那麼一回「石破天驚」讓我榮耀了一把。我怎能不更「石破天驚」！

　　儘管，孟席斯這「石破天驚」的發現在歐美學術界引發巨大爭議；儘管，中國不少史學家和學者對孟席斯書中提出的觀點和研究成果表示質疑和審慎。但他的「石破天驚」不僅為中國學者研究明史及鄭和提供了豐富線索，也開拓了研究的視野，就像雲南鄭和研究會會長高發元所說的那樣：「鄭和研究基本上是中國人自己的研究，鄭和下西洋基本上還是中國化的概念。」而今，英國人孟席斯這個學者的參與，也許讓鄭和下西洋從此就從單一的「中國化的概念」，走向了一種「國際化的概念」。

　　一個早已作古的中國人鄭和，一個居住在霧都倫敦的滋潤生活著的英國作家孟席斯，在二十一世紀，共同創造了一場中西合璧的「石破天驚」。不管這「石破天驚」的觀點是否顯得蒼白，這個叫孟席斯的英國男人，他十四年的努力和勇氣，都值得我們感動和感激。

就這麼鬧騰你

　　我向來對獲獎的書都有一種青睞的眼光，無他，只是覺得在千萬的小說中，我能這麼不動腦子就找到一本過得去的書，真好。要知道，在中國一年要產生上千部長篇小說，經過層層篩選，儘管評出來的不一定是最精華的，但最終出來的幾本我相信怎麼說也是精華。想當年，路遙《平凡的世界》帶給我的感動和震撼是前所未有的，而我閱讀《平凡的世界》，也純粹是因為老師說了句：這可是一部獲得過茅盾文學獎的作品。從那時開始，文學獎作品就總是鬧騰著我的閱讀神經。我特喜歡英國布克文學獎評委會主席凱瑞說的那番話：「布克獎的最大的作用之一，就是使好的作品廣為人知，廣為人議。布克獎直接影響著大眾的閱讀習慣。」文學獎作品真的直接影響到了我的買書習慣和閱讀習慣。

　　當然，我只對文學獎作品感興趣，至於作品是怎樣得獎的我毫不關心。對「更具文學探索精神的作品沒能獲獎是種遺憾」這樣的不和諧聲音我也從來不關注。其實，什麼樣的獎，不都是有著這種遺憾的聲音嗎？想那諾貝爾文學獎也還不是一樣？我何必為書外的那些細節去鬧騰自己呢？

　　不過，2005年的茅盾文學獎揭曉風聲唱了又唱，媒體一天鬧騰出一個樣，對獲獎作品的看法更是指責得五花八門：一會說大家既不看好的作品得了獎，一會說莫言《檀香刑》落選讓人很意外，一會又說獲獎作品不痛不癢，不再是完全意義上的文學或

藝術評獎，一會又說這個獎項只是文學圈裏的作家和評論家們的「自娛自樂」……說來說去，似乎茅盾文學獎的主角都變成了媒體，媒體正在以自己的「自娛自樂」鬧騰著讀者的神經。

　　媒體的鬧騰就像讓人看了一場江湖的亂陣，但甩了一堆臭雞蛋爛蘋果後，我相信很多如我一樣的讀者會去閱讀獲獎作品。正像著名作家葉兆言說的：「得獎只是媒體的話題，我寫東西，最希望大家關注作品。」——關注作品，這才是作為讀者的我們，最喜歡在鬧騰中的「自娛自樂」。

不疼了，不癢了

　　年輕時，我們很多人都曾這麼自信地說過：等我到了中年，該是票子、房子、車子，什麼都有了！為了能給未來的中年攢足這種「享受的資本」，所以，年輕時的我們是多麼的意氣風發，不辭勞苦，幾夜不闔眼也不在乎，天南地北地飛個沒停也樂此不疲。而作家們呢，為了一部小說，上山下鄉忙上個一兩年收集素材，再構思了三五年方敢動筆，邊寫邊改中，還得琢磨上個三五年……終於，石破天驚地，劃時代的巨作誕生了，作家們的背也駝了，鬍子也長了，頭頂也及時地聰明而絕了。在讓一部部的巨作走進讀者的眼中的同時，他們那個不太遙遠的中年享受的資本，也在一點點地在增厚。

　　終於，到中年了，票子、房子、車子，這樣的夢想也許很多人並沒有實現，但是，對於在上個世紀七十和八十年代左右曾經以作品說話，並且今天仍然擁有文學主流話語權力的那個群落，例如賈平凹這一波發動一時風雲的人物來說，這樣的夢想當然是成為現實了。

　　既然成為了現實，就是該有點享樂主義精神了。你把這種精神說成是放任自流也罷，但是人家的確有這個放任自流的資本呀。為什麼不能一邊享受去也？換做了你，還要你像小年輕一樣，從小職員做起，亂忙個不停的，你願意嗎？你可以接受嗎？而對作家們來說，為什麼就不能容許他們在想不想再花時間去寫小說上，作出自己的選擇呢？要知道，一部堪稱劃時代的好作品

既費時又費力也罷，更重要的一點，曾經欣賞他們的一波讀者也和他們一樣地走向中年走向不疼不癢了。這一波讀者的欣賞口味就算沒改變，但時代卻在不停地前進著，而且，一個時代會有一個時代的閱讀，「手機文學」、「網路小說」、青春文學、「女小說」等等，一個比一個鬧得風聲水起，一個比一個受到了新讀者群的追捧。這些速食式的「速朽文學」衝擊著我們這個時代的文學閱讀範式，中年作家們的讀者群自然就會越來越少了，有些中年作家們的讀者群可能都已經斷層了，你還要他們依然孤獨恬淡地完成一部又一部劃時代的作品，這容易嗎？尤其是〈文學走下坡路中年實力派放任自流難辭其咎〉一文還更是認為近期中長篇小說的創作，呈現著一個比較低迷的狀態，其實很大程度上，正是上個世紀七十和八十年代左右曾經以作品說話並且今天仍然擁有文學乃至社會主流話語權力的中年群落，如賈平凹、馮驥才、王安憶、莫言、馬原、余華等一些中年實力派的沉悶或曰斷裂直接締造的，其直接原因是「他們大約缺乏一種這個年齡和經歷所應該具有的平靜心態——對身邊種種物慾能夠坦然面對的平靜心態。」

其實，屬於中年作家們的蓬勃，與他們的青春一起都已經成為過去了。中年作家們創作慾的減退和創作力的疲憊，這本來是很正常的，為什麼非要把中國文壇的低落全怪罪到他們的頭上？雖然說，在中年這樣一個生命中最富思想力和行動力的時段，生活的淘洗歷練，使他們最有資格，當然也最有實力，在最應該有影響的時段中呈現出好的作品來。但是，請別忘了，中年也是一個最有資格，最適合享受名聲和慾望的時段，為什麼就不能去尋覓一些實在的財富，比如，當當主編，做做論文，開開講座，或

者換手如換刀地去寫寫寡淡無味的「散文」，乃至於頗為滋潤地充當批量炮製泡沫劇的機器手柄呢？……哈，如此有名有利的無本生意誰不想去做呀。就算不再把自己當作是一個寫小說的角色了，又有什麼要緊的？

　　雖然不時地想起文學評論家何向陽說的一句話——：「我們沒有了文學的疼痛。」但，在可供享受的「資本」十分豐厚的中年文學家們不可避免地都淪落成了不疼不癢的角色的時候，在今時今世的票子、房子、車子越來越重要的時候，在網路、手機、泡沫劇越來越暢銷的時候，除了說一聲「也罷了」，又還能說些什麼呢？

後記

距離，這是很有意思的

　　「這是很有意思的」——這個短句，清淡，卻氤氳著無限的妙思，這是清少納言的散文集《枕草子》裏出現頻率最多的一句話。清少納言，是日本平安時代的一個宮女，在她的眼裏，無論晚涼、菖蒲的香氣、鳥鳴、月夜渡河、濕衣、青麥條……種種微小事物，都是很有意思的。

　　無比地喜歡清少納言的這個短句。其實，與其說我喜歡清少納言的短句，不如說我喜歡的是清少納言那一種對生命與生活的姿態。是的，世間那些「很有意思」的事和物，其實都存在於我們身邊，只要你用心地感受。比如說，距離，人與書的距離，書與書的距離。

　　前個星期，有兩家出版社約我寫兩部新書的書評。一部是圖文版的旅遊書《走，出去玩》，一部是青春小說《坐著看花，站著消逝》。說來，這幾年，我自己花錢跑了國外國內的不少地方，而且，一直在《青島早報》開著「國外隨筆」專欄。可以說，對前一部旅遊書所關注的內容我是比較熟悉的。而後一部的內容呢，對於遠離青春的我來說，卻多少有些陌生了。但好玩的是，不管是熟悉還是不熟悉的，我看到的都是很有意思的「距離」。

　　近年來，西藏已經成為一個生猛無比的流行語彙，不管是文學作品、地理雜誌，還是旅遊風尚的書，都頻繁地出現，而且

關乎的無一不是西藏的文化歷史歲月，或者就是旅遊線路以及途中遭遇的險境等等，這多少也讓人有點審美疲勞了。所以，當出版社約我寫《走，出去玩》的書評，並告訴我說這是一本關於西藏的旅遊書，有很多西藏的風土人情，我一聽，情緒就怎麼也上不來了，因為這樣的旅遊書雷同得實在太沒距離感了。待後來收到書後，卻有種意外的驚喜。原來這是一本以狗的眼睛觀看西藏的旅遊書，這隻狗叫小U，跟著U媽U爸，不停地在西藏的角角落落上奔跑著，刹那間，西藏在我眼前變得既新穎又陌生起來。與現在流行的很多以理性認知西藏的旅遊書相比，雖然《走，出去玩》也關注了西藏充滿神奇與神秘的歷史文化、風物人情，以及沿途可能會遇到的危險，還有哪些不該錯過的風景，但是它更關注的是一種感性的領悟，這種領悟，就是旅途上狗與人、狗與狗的患難與共，喜樂相隨，這些情感交融的點點滴滴，美好又溫暖。這種述說角度，讓我覺得，西藏與我，仿如鄰家一樣的親切。可以說，閱讀這本書，「距離」兩字演繹得一波三折，先是沒距離沒什麼情緒，接著是新穎又很陌生的距離，然後是溫暖如鄰家。也許是我的感覺過於沉浸到最後一種距離了，我評論這部書時，對於書中關於西藏的歷史文化、風物人情隻字未提，說的全是與狗相關的字眼。這多少有點以偏概全了，相信與出版社渴望的，也一定很有距離的吧。

而《坐著看花，站著消逝》更意想不到地又把距離拉長了一大截。當時出版社煽風點火地說，這是九十後首位暢銷書作家「直面青春轉折期的生死拷問與人性選擇」的爆炸性作品，有對早戀的強烈思考，有對「五‧一二」大地震的深度拷問。但待我

把書看完後，只覺得作者筆下的早戀，尤其是老酉與萬花豆生死相許的早戀，與很多反映九十後早戀的小說過多地局限於逛街、購物、泡吧、打遊戲等相比，雖然有著一種對生活渴望著主動擔當挑起責任的信心，但是這種信心，呈現得太理想化。老酉和萬花豆家都很富有，那是金王子配金公主，所以萬花豆治療白血病根本就沒有金錢上的憂心。其所謂對早戀的強烈思考，根本沒有觸及真正的現實人生，充其量也不過是有著富裕金錢做底的理想早戀罷了。更失敗的是，為了突出老酉和萬花豆的這一種生死相許，小說在最後還融入了「五‧一二」大地震，但走出校園去尋找正在山裏療養的萬花豆的老酉，對現實中面臨著的生死關頭，呈現給我們的也只是類似「地震、餘震、災區、淚水、熱血、良知、感動」很新聞很單薄的關鍵字，與號稱「直面青春轉折期的生死拷問與人性選擇」的深度拷問相差甚遠。說來說去，我對這部書的閱讀，與出版社所推崇的那些爆炸性的字眼，都有著很大的距離，結果，弄得我寫書評時，只顧得上喋喋不休地批駁個不停。

不管是熟悉的旅遊，還是已經陌生的遙遠青春，我看到的都是與出版者所說的大相徑庭的「距離」。其實，我挺高興的，這樣一波三折的閱讀，怎麼也比一湖平靜來得趣致。呵呵，說到底，其實，閱讀從來就是很有距離的，而這樣的距離，通常來說，也是很有意思的。

就像我現在這部《村上春樹的三張面孔》的小書，這是部有關閱讀的隨筆與書話的書。書名有些張揚，其實內文就只有一篇是真正寫村上春樹的，另外的，也只不過有三幾處提到了村上春

樹的簡短文字，抑或只是僅僅提到村上春樹的名字罷了。所以，
親愛的讀者，也許你們會對我這本小書，讀出很多的距離感。但
不管你們讀出了多麼長的距離，我亦覺得這是很有意思的。

2009年11月

國家圖書館出版品預行編目

村上春樹的三張面孔 / 潘小嫻著 .--一版. --
臺北市：秀威資訊科技, 2010.06
　　面；　　公分.-- (語言文學類；PG0380)

BOD版
ISBN 978-986-221-490-9(平裝)

1.言論集

078　　　　　　　　　　　　　99009002

 語言文學類　PG0380

村上春樹的三張面孔

作　　　　者 / 潘小嫻
主　　　　編 / 蔡登山
發　行　人 / 宋政坤
執 行 編 輯 / 黃姣潔
圖 文 排 版 / 郭雅雯
封 面 設 計 / 蕭玉蘋
數 位 轉 譯 / 徐真玉　沈裕閔
圖 書 銷 售 / 林怡君
法 律 顧 問 / 毛國樑　律師
出 版 印 製 / 秀威資訊科技股份有限公司
　　　　　　台北市內湖區瑞光路583巷25號1樓
　　　　　　電話：02-2657-9211　傳真：02-2657-9106
　　　　　　E-mail：service@showwe.com.tw
經　銷　商 / 紅螞蟻圖書有限公司
　　　　　　台北市內湖區舊宗路二段121巷28、32號4樓
　　　　　　電話：02-2795-3656　傳真：02-2795-4100
　　　　　　http://www.e-redant.com

2010 年 6 月　BOD 一版
定價：370 元

讀　者　回　函　卡

感謝您購買本書，為提升服務品質，煩請填寫以下問卷，收到您的寶貴意見後，我們會仔細收藏記錄並回贈紀念品，謝謝！

1.您購買的書名：_____

2.您從何得知本書的消息？

　　□網路書店　□部落格　□資料庫搜尋　□書訊　□電子報　□書店

　　□平面媒體　□ 朋友推薦　□網站推薦 □其他_____

3.您對本書的評價：(請填代號　1.非常滿意 2.滿意 3.尚可 4.再改進)

　　封面設計____　版面編排____　內容____　文/譯筆____　價格____

4.讀完書後您覺得：

　　□很有收獲　□有收獲　□收獲不多　□沒收獲

5.您會推薦本書給朋友嗎？

　　□會　□不會，為什麼？_____

6.其他寶貴的意見：_____

_____

_____

_____

讀者基本資料

姓名：_____　年齡：_____　性別：□女 □男

聯絡電話：_____　E-mail：_____

地址：_____

學歷：□高中(含)以下　　□高中　□專科學校　□大學

　　　□研究所(含)以上 □其他_____

職業：□製造業 □金融業 □資訊業 □軍警 □傳播業 □自由業

　　　□服務業 □公務員 □教職　□學生 □其他_____

To：114

台北市內湖區瑞光路 583 巷 25 號 1 樓

秀威資訊科技股份有限公司　　　收

寄件人姓名：

寄件人地址：□□□

(請沿線對摺寄回,謝謝!)

秀威與 BOD

BOD（Books On Demand）是數位出版的大趨勢，秀威資訊率先運用 POD 數位印刷設備來生產書籍，並提供作者全程數位出版服務，致使書籍產銷零庫存，知識傳承不絕版，目前已開闢以下書系：

一、BOD 學術著作—專業論述的閱讀延伸
二、BOD 個人著作—分享生命的心路歷程
三、BOD 旅遊著作—個人深度旅遊文學創作
四、BOD 大陸學者—大陸專業學者學術出版
五、POD 獨家經銷—數位產製的代發行書籍

BOD 秀威網路書店：www.showwe.com.tw
政府出版品網路書店：www.govbooks.com.tw

永不絕版的故事・自己寫・永不休止的音符・自己唱